新时代
学术进阶丛书

如何研读经济学文献
从ABC范式出发

白军飞 著

HOW TO STUDY
ECONOMIC LITERATURE
STARTING FROM THE ABC MODEL

清华大学出版社
北京

内 容 简 介

如何从浩瀚如烟且层出不穷的经济学文献中高效获取有价值的信息困扰着很多经济学人。本书作者从经济学作为应用科学的底层逻辑出发，结合科学研究的基本目标与方法、对科技论文的基本认知，提出了"主体 - 行为 - 约束"的经济学问题分析范式（简称 ABC 范式）和"约束如何影响行为"的科学问题提出范式（简称 C2B 范式），并结合大量案例，讨论了经济学文献研读的实操方法，以帮助读者深刻体会两种范式在提升经济学文献研读效率、厘清文献前沿、发现文献缺陷、打好科研创新根基的实践意义。本书适合广大经济学相关学科的硕博士研究生，以及在文献研读、经济学问题剖析与期刊论文写作方面存在困惑的科研人员参考。因为作者在书中始终把经济学置于科学研究和科技论文的更大框架中讨论，所以本书的大部分章节内容对于经济学之外的其他应用学科研究生和科研人员也有一定的参考价值。

图书在版编目(CIP)数据

如何研读经济学文献：从 ABC 范式出发 / 白军飞著 . —北京：清华大学出版社，2023.4（2024.8 重印）

（新时代学术进阶丛书）

ISBN 978-7-302-63252-8

Ⅰ.①如…　Ⅱ.①白…　Ⅲ.①经济学－文献－研究　Ⅳ.① F0

中国国家版本馆 CIP 数据核字 (2023) 第 058317 号

责任编辑：朱晓瑞
封面设计：汉风唐韵
版式设计：方加青
责任校对：王荣静
责任印制：沈　露

出版发行：清华大学出版社
　　　　　网　　　址：https://www.tup.com.cn，https://www.wqxuetang.com
　　　　　地　　　址：北京清华大学学研大厦 A 座　　　邮　　编：100084
　　　　　社 总 机：010-83470000　　　　　　　　　邮　　购：010-62786544
　　　　　投稿与读者服务：010-62776969，c-service@tup.tsinghua.edu.cn
　　　　　质 量 反 馈：010-62772015，zhiliang@tup.tsinghua.edu.cn
印 装 者：北京鑫海金澳胶印有限公司
经　　销：全国新华书店
开　　本：148mm×210mm　　印　张：11.25　　字　数：326 千字
版　　次：2023 年 5 月第 1 版　　印　次：2024 年 8 月第 3 次印刷
定　　价：68.00 元

产品编号：096467-01

致所有撞过的墙与经历的痛

自 序

我为什么不是一个理工男？拿着一把尺子、一把圆规和几把钳子、螺丝刀和锤子比比画画、敲敲打打，时而对着纹丝不动的电铃苦思冥想、不得其解，时而对着突然亮起来的灯泡傻笑，间或手舞足蹈。那才是小时候梦想的长大后的样子。哪怕就是让我成为后来一度梦想过的超级农民，我也会更开心一些，把水稻——一种直到上研究生后才第一次见过的南方农作物——种在今天常常见到的立体停车场般一层层叠在一起的农田里，水稻从人造灯光获取能量，水会从上到下逐层从边缘流下，再在最后一层通过一个动力装置抽回上层，形成循环的水流，滋养着其中的禾苗——这是我小时候的一次梦境。

然而，1994 年，我阴差阳错地学了农业经济学。

殊不知，这个从来没有出现在梦里的农业经济学，在后来十多年的时间里让我无数次怀疑人生。本科四年，硕士三年，外加博士四年，我懵懵懂懂地上着课，似懂非懂地读着自己不知道从哪来找来的文章，抓耳挠腮地写着学位论文，佯装专业地做着学术报告，愣是到 2009 年回国开始了自己的科研生涯数年后，依旧摸不着门道，以至于有数年，非到不得已，是不敢也不愿写文章的。每每不得不写时，也都是一副为赋新词强说愁的痛苦状。因此，我数度想改行。

这种深陷迷雾中的彷徨感和做梦时才有的民间俗称"鬼压身"的无力感，直到后来从中国科学院转到中国农业大学，并在次年应学院领导安排给研究生开设了一门"经济学文献研读"的院选课后，才终于迎来稍许转机。

按照最初的设计，这门课主要是想让我带领博士研究生读一些前沿的经济学文章，目标是让大家更好地了解经济学研究的前沿与方法，潜台词是希望我们的研究生能把某些"牛人"的"牛"思想、"牛"方法用在自己的研究中。不幸的是，我从一开始就遇上了一个巨大的障碍，什么是"牛文"？我甚至连回答这个问题的一般标准都说不清楚，简单地用期刊级别判断当然是个办法，但一则那个时候我对期刊的级别认知模模糊糊，二则担心万一哪篇混在"牛刊"中的"滥竽"被我当"牛文"了，岂不丢人。再者，即便讲解一篇文章的人不能在讲解中给出对这篇文章"独到"的评价，但起码应该能给出喜欢或不喜欢的态度，并能够说出个头头道道，换作自己是学生，这也应该是对老师的最低期许了。但是，即便我能够从头到尾背下一篇文章，我依旧说不出喜欢不喜欢，也全然不知道该从什么角度、依据什么来判断优劣。

我找来了很多教人怎么读文献的资料，包括文章、随笔、现身说法，"牛人"的、"草根"的，能找的都找了，从中确实学到了不少之前从来没有意识到的"新知"，也不时会有忽隐忽现的灵光，但始终觉得隔靴搔痒，找不到那种畅快淋漓的、让人不自觉地手舞足蹈的感觉。而这个时候，按计划开课的新学期正步步逼近。

情急中想起来初中一年级暑假自己用了两天时间拆解和重新组装一个物理教学实验中废弃下来的电铃的经历。那次经历中，除了在家人催促下草草吃几口饭外，我两天两夜没有睡觉，愣是通过一片一片拆解那个已经不动的电铃，并用自己初中一年级物理课上的一点点知识，用一把剪刀、几个薄铁片、一个自行车上拆下来的铃铛、两小块不知道从什么地方得到的不规则磁铁和一小把漆包线，做出了一个接上电池就可以响的电铃。

我就这样开始了经济学论文的拆解和组装。

我问自己：为什么每篇文章都要有标题？没有标题会怎么样？为什么要有关键词？为什么绝大多数的文章都有摘要？如果没有摘要会怎么样？引言是什么？为什么有的文章专门有一部分讲文献回顾，而有的文章没有？为什么有的文章有理论框架，有的却没有？什么叫研究背景？什么叫研究意义？什么叫关键科学问题？带问号的是不是就是科学问题？我问自己：什么叫问题导向？什么叫研究创新？我问自己：什么是研究目标？研究内容与研究目标有什么不同？一篇文章那么长，作者写了那么多话，怎么样才能做到准确引用？是不是所有和某个文章某句话完全相同的语句，就要加上引用？我问自己：为什么参考文献要把作者的"last name"放到前面？哪些地方必须有参考文献，哪些地方根本不需要？我问了不少今天看来很多人都问过的问题，也问了很多"这还用问？！"的问题。

在整个文章拆解过程中，我充分发挥"理工男"的优势，不仅要求自己闭着眼睛都能说出每个零件安装在哪里，还要看到零件与零件之间那些表面上看不到的连线，并能够一步步重新组装起来，用环环紧扣的逻辑、严丝合缝的推导，把每一部分、每个段落有机地联系起来，对于拼接上的每个组件，都要求自己说出最少一条哪怕不正确但自己相信的理由。我用这种方法，不但拆解了文章的整体结构，也用这种方法拆解一个个段落，直到分解成不能再分的语句单元。

诚如您可以预想的那样，这一理工直男式的拆解对我准备那门课十分有帮助，但令自己意想不到的是，在这样反反复复的拆解过程中，那些过去只有在考试的时候才一知半解，考试后就会还给老师的很多课程知识点，居然在不知不觉中一点一点地开始活了起来，而且以越来越快的速度在脑海中向某个方向慢慢聚拢，并联结起来。那种一直以来对经济学认知的混沌状态一点点地开始变得或隐或现，虽依旧散落着，但局部开始变得清晰起来。再后来板块与板块之间的模糊也逐渐消退，连成了一体，整体的画面感变得更加清晰，边缘则不断向外延伸，那些零零碎碎甚至已经遗落在大脑某个角落不知过了多久的或许尚可以称之为知识的东西也开始记起来，加速融入。整个过程像极了玩拼图游戏时的感觉——起初，每拿起一块拼片都不知道该放哪里，不得不一片一片地试，渐渐地，随着拼出来的部分越来越大，新的拼片就可以以更快的速度正确拼接起来。我似乎找到了一点久违的畅快淋漓、不自觉地手舞足蹈的感觉。

后来，虽然已经不再像第一次备课时那样夜以继日地拆解和组装文章（这多少令自己沮丧），但时至今日，这个过程中按照自己的逻辑拼装起来的经济学蓝图依旧缓慢地向外延伸着，随着新知的加入和对旧知的咀嚼，中间的一些板块会时不时被替换掉，使之与周围的知识板块更恰当地融为一体。同时，我也能更加清晰地看到哪些地方仍旧模糊不清、磕磕绊绊，哪些地方还完全漆黑一片，这给了我继续学习的无穷动力。

在整个组装的过程中，最令自己愉悦的莫过于我自己总结的 ABC 经济学分析范式和 C2B 科学问题提出范式。① 这里的 A 代表市场主体（agent），B 代表主体的行为（behavior），C 代表主体行为决策时面临的约束（constraint），三者共同构成了经济学问题的底层要素，这是由资源稀缺是一切经济学存在的前提及经济学的应用科学属性共同决定的。尽管在实际研究中，研究人员会根据不同的情况，选择是否在其论文中呈现 ABC，其底层的思辨逻辑始终离不开这三个要素。一旦缺失其中任何一个，就可能使得整个研究给人一种说不出来的困惑感，甚至迷惑研究人员自己。

一旦分解出一个想法（idea）的 ABC 三要素，就很容易用 C2B 范式（读作 C to B 范式）提出相应的科学问题，其基本表述

---

① 感谢 2020 年上"经济学文献研读方法"课的皮芷颖同学，是她在做课堂练习时第一次把 agent、behavior 和 constraint 缩写成 ABC。

就是"C 对 B 有什么影响？"。这一范式中，经济学视角下一切痛点的根源都体现在 B 上，也就是主体 A 的资源分配和利用行为上，而这一行为是该主体在面临的约束 C 下，根据自己的目标得到的最优结果。在现代西方经济学体系下，这里的目标基本上被假定为效用最大化、利益最大化或社会福利最大化，在马克思主义政治经济学体系下，还有一个更大的目标，就是与个人或阶级行为有关的生产力和生产关系之间和谐的辩证发展关系。这样，C 和 B 就构成了一对因果关系，C 是 B 的因，B 是 C 的果。但是，直到实证研究或实践检验之前，C 对 B 是否真的有影响仍是未知的或只能是理论逻辑上的推理，也就是计量经济学上常说的待检验假说。只有通过研究证明 C 确实是造成 B 的显著原因，并在人类的实践中得到验证，理论上的因果关系才可能成立，我们才能通过主动改变 C 来实现改造 B 的目标，而这正是经济学作为应用科学的基本目标。

把这两个范式想象成带孔的标尺，拿着一一比照我们正在研读的经济学文献，就很容易透视出其深押在晦涩难懂的理论和复杂多变的模型背后的底层思维与逻辑，也就更容易定位其在浩瀚的文献中所处的位置，更容易洞察其对文献的贡献与不足，更容易表达自己对这篇文章的喜好，更容易说出背后的原因和逻辑，甚至更容易提出自己认为可能的改进方向与思路。就这样，这两个范式成了我此后研读经济学文献和指引自己与学生做研究的随身法宝。

当然，在不断的实践与反观中，也产生过许许多多的质疑，包括对上面两个范式的质疑。所幸的是，每一次质疑要么帮助我看清楚了一块之前尚且模糊或漆黑的地方，要么帮助我替换掉了一块此前并不正确的拼图，要么把对经济学的认知边界继续向外扩展，但时至今日这块拼图的基本框架结构和底色始终没变。当然，必须承认，时至今日的幸运大概率仅仅是因为自己对经济学的认知和研究实践还极为有限。他日，或许随着自己认知的积累，我会反过来否定了这两个范式，也未可知，唯一可以确定的是，真到了那个时候，我也会坦然甚至带着些许兴奋去迎接。

怀疑习得的一切，这本身就是一个辩证唯物主义认识论信奉者的自我要求，也是我希望读者在看这本书时秉持的态度。事实上，从我 2014 年为了准备那门课开始的经济学文献拆装，到今天终于鼓起勇气以文献研读为主题写这本书，已经过去八年多时间了。这期间，在友人和同学们的鼓励下，数次想要动笔，又数次搁置，除却当今大学里普遍存在的"内卷式"忙乱之外，最主要的原因还是不确定自己对经济学文献的认知是否经得起考验。正是来自"经济学文献研读方法"课上每年六七十名选课同学的质疑与讨论，以及近几年来受邀在南京农业大学暑期"卜凯讲堂"、在华中农业大学"达尊论坛"、在北京林业大学经管学院和北京工商大学经济学院等做交流时收到的很多同人十分有价值的反馈，鼓励我不断向纵深探索，不断完善自己对经济学研究的认知，才终于在 2022 年夏有了这本书的初稿。

细心的读者也许已经注意到，在上一自然段中，我在"经济学文献研读"课程名的后面悄悄地加上了"方法"二字。这也是我在自序中想要特别强调的一点。除了 2014 年第一年上课之外，之后这门课的全部内容都是围绕着文献研读方法展开，而不是像最初设计那样带着同学们研读一篇篇的文章。我曾经算过，即便能用四个小时研读一篇文章，两个学分的课程时间全部用来研读文章，也只能完成八篇文章。尽管我从来不怀疑这样做对引导学生进入学术殿堂很有价值，但也担心这样做会不会像自己当年读博士和职业生涯最初几年一样，读了不少文章，却始终不具备评判文章的能力，而这会从根上打击我们从事科学研究的信念。无从判断文献的价值与局限，何谈科研与创新？把课程的重心放在文献研读的方法上，训练的正是这种能力。

最后，必须感谢在准备这本书之前和过程中参阅的几本著作及其作者。首先是路德维希·米塞斯（Ludwig von Mises）1962 年

出 版 的 *The Ultimate Foundation of Economic Science An Essay On Method*（中文版《经济科学的最终基础：一篇关于方法的论文》）。书中，米塞斯从人类行为学的哲学层面上强调经济学研究的科学基础，同时十分清晰地指出"古典经济学没有能够解决价值问题"；其次是唐·埃思里奇（Don Ethridge）1995 年出版的 *Research Methodology in Applied Economics*（中文版《应用经济学研究方法论》）。在该著作中，作者用了一整篇的内容讨论一般意义上科学研究方法论及其哲学基础。这两本著作中，作者都把经济学研究置于科学与人性的本源上进行考察，这不仅启迪了本书的构架，也使得我们今天看到的太多经济学作品黯然失色。

另外一本案头的著作来自小罗伯特·埃克伦德（Rober Ekelund, Jr.）和罗伯特·郝伯特（Robert Hébert）的 *A History of Economics Theory and Method*（中文版《经济理论和方法史》）。在这本书中，两位经济学家像十分负责任的导游，引领着读者在人类数千年经济思想发展演变的历史丛林中穿梭，不时地停下脚步，一边如数家珍地把每个经济故事与人物活灵活现地呈现在读者面前，一边不经意间拂去蒙在其上的历史尘埃，以帮助读者更清楚到看到那些生动的思想是如何照亮人类艰辛的生计之路。

这几本著作并没有试图把其讨论的科学哲学、科学方法论、经济思想与理论对接到经济学的研究实践中，这留下一点遗憾，那就是，即便很多读者能体会到其中追本溯源的科学真谛和经济学经世济民的初心，也很难把这样的体会转化成自己的研究实践。隐隐约约地，感觉自己这本书正是想要回应这一点遗憾，以试图在令人高山仰止的伟人思想与众生脚下坎坷曲折的山路间搭起一座小桥，哪怕只是在山间小溪上铺设一块木板，好让深邃的科学思想多少可及。

为此，起草本书的过程中，我始终都把这些著作置于案头，每每思维不清或休息间隙，随手翻来，总会从中得到如雨露般的滋养。这些经济学家对科学研究哲学层面上追本溯源的思考、对经济社会深不见底的洞察与体恤和对人性的细致入微的敏锐，无不像风儿吹过寂静的湖面，轻柔地荡起了涟漪，层层叠叠、井然有序，不时地在眼前闪现出穿越千百年的历史光芒。

我要特别感谢我的挚友南京农业大学徐志刚教授、中国人民大学仇焕广教授、北京林业大学程宝栋教授、北京大学盛誉教授、浙江大学的茅锐教授、同济大学的程名望教授和中国农业大学的司伟教授，感谢团队中的陈祁晖教授、郑志浩教授、朱晨副教授、杨树副教授、孟婷副教授和路西博士，感谢我的两位博士后朱秋博、罗丽和所有研究生。正是平日里和他们之间亦师亦生亦友般无拘无束的讨论给了自己不断增进对经济学问题和经济学研究认知的动力源泉。特别的感谢也要送给中国农业大学的王秀清教授、辛贤教授、何秀荣教授、北京大学的黄季焜教授、华南农业大学的罗必良教授、上海交通大学的史清华教授，他们就像夜路上的明灯，始终为我指引着前进的方向，并给我勇气与胆量。

更要感谢家人在我写作期间给予的所有陪伴、关爱和允诺，让我得以专注。

感谢清华大学出版社的朱晓瑞老师，感谢为这本书的出版付出所有努力的出版社工作人员。本书的出版得到了中国农业大学2021年度研究生教材出版项目的资助，在此一并感谢。

最后，要感谢离学校不远的塞纳左岸咖啡、天堂吧和觅+，每每脑子卡壳的时候，就喜欢从办公室跑到这些地方，用咖啡、茶、酒和音乐浇灌一下大脑、收纳一下烦恼，间或悻悻然地提醒自己：我其实一无所知。

白军飞

2022 年 5 月于北京

目　录

绪　论

如果说我看得比别人更远一些，那是因为我站在巨人的肩膀上。

——艾萨克·牛顿

每个试图形成任何创见的人都离不开文献研究。人类作为大自然中的一个物种，天然地对周遭的一切充满好奇，也对包括自己在内的个体或群体的遭遇充满正义感。不管是否能够察觉到，这两种力量都时时刻刻在牵引着我们的思维，促使我们形成各种各样的观点与认知，还不自觉地希望形成自认为创新的见解，简称创见。这就不可避免地需要先知道别人的认知，然后才有可能让自己的见解独一无二。这个了解别人认知的过程就是最一般意义上的文献研究。这样的创见不管在工作中，还是在日常生活中，都十分常见，只是由于多数情况下受潜意识调动，以至于人们很少能察觉到。

现代意义上的科学研究更离不开文献研究，只是与日常创见相比，科学研究中的文献研究更具准确性和严谨性，比较范围也要宽广得多。科学文献研究必须把比较的范围放宽到全人类的已知范畴，换言之，如果在世界范围内，已经有任何人对某事物或事件发表过某种"深思熟虑"的观点，其他人如果不带任何批判地发表相同的观点，这些观点就不是独一无二的，就不是创新。因此，理论上，做好文献研究是自己的研究能够独一无二的必经之路。

但是，世界范围内每天产生的科技论文数以万计，更何况历史长河中日积月累、形形色色的人类认知，更是不计其数，即便放在一个学科领域内，也是成千上万，日新月异。以经济学为例，仅仅以 Thomson-Reuter 收录的社会科学文献索引期刊（SSCI）进行统计，2021 年发表的论文就不下 3.7 万篇，如果按照年增长率 5% 计算，过去十年内发表的 SSCI 检索论文将近 30 万篇。[①] 然而，与科学文献索引（SCI）相比，SSCI 检索论文数量连其 1/10 都不到。如果再把各类媒体文章、著作、研究报告等算进来，每天产生的认知或观点可谓多如牛毛。显然，即便试图阅读其中的千分之一，也完全不可能跟上新成果产生的速度。

因此，提高文献阅读的效率就成了每个想要在科学研究中有所建树的人必须掌握的基本功。首先要做的就是怎么在最短的时间里找到需要研读的文献，其次就是要有能力判断一篇文章的价值与局限，最后还要试图从中找到突破口，作为自己开展创新性研究的起点。

对于没有进行过专业训练的人来说，这些听上去简单的事情，真正做起来却异乎寻常得艰难。有读者可能会说，文献研究不就是找几篇最重要、最前沿的文献去读吗？那我的问题是，怎么判断哪些文章是最重要的、最前沿的呢？显然，如果想要从全世界每天成千上万的新发表文章中，找到这几篇文章绝非易事，更不用说科研创新还需要从文献中找到缺口。这就不仅需要能高效研读新的文献，更需要有能力避免把不重要的甚至错误的文献当作重要的、前沿的文献。

在硕博士研究生中，不会读文献的现象十分普遍。在我后来的教学或研究生指导过程中，常常会给同学们一些文章，让他们读

---

① 数据来源：汤森路透集团（Thomson Reuters）发布的 Web of Science 核心合集 SSCI 数据。

后进行概述。不管给同学们一周、两周还是更长时间，都极少有同学能把文章清晰地概述出来，即便从他们手中文章上记录的密密麻麻的批注上，并不难看出同学们的认真与努力。那些自己找文章读的同学，要么拿着自己可能早就读过的文章来掩饰心中的不安，要么就是不知从哪来找来一篇甚至谈不上有学术性的文章，同样做满了标注，同样无法清晰地概述出来。当我问他们是否喜欢这篇文章时，多半会对这个问题支支吾吾，对于为什么喜欢或不喜欢的问题，同学们更是常常语塞。

问题远不止看不懂、讲不出一篇文章这么简单。由于无法有效地对看过的文章进行批判性学习，同学们常常发现，去伪存真十分困难，把这些文章按照一个主线有机地串起来更不容易。一个十分熟悉的场景是，在一篇期刊或学位论文中，同学们常常把大量文献简单地堆砌在一起，参考文献罗列了一大串，给人一种看过很多文献的感觉（我现在更加倾向于他们真的看了不少文章），但稍加仔细阅读，就不难发现，从这些堆砌起来的文献中很难找到清晰的线索，更难窥见超越所有文献的洞见。即便很多同学喜欢在文献结尾处加上一两段总结性评述，十之八九也只是为了满足形式上的要求，全然无神。

类似的现象远不止只在硕博士研究生中存在。近年来，我有幸受领域内同人的邀请，每年在一些高校主办的各类中青年教师科研培训类项目中讲授经济学文献研读方法。学员中，尽管多数是刚入职没几年的讲师，但也不乏前来听课的副教授，甚至教授。讲课过程中，我常常会邀请大家就一些正式发表的论文内容谈谈自己的看法，也有很多学员会把自己的文章或基金申报书拿给我看，希望我能给些反馈意见。我发现，在读研究生做文献时碰到的很多问题，在这个群体中也普遍存在。

这让我意识到，跟我一样在学生时代有文献研读困难、还没有掌握读文献基本技能就懵懵懂懂地开始了职业科研生涯的人，真的不在少数。

　　毫无疑问，这种状态对于个人和学术界都不是好事。对个人来说，除了过程中很多只有自己才能感受的艰难与折磨外，更让人沮丧的莫过于花数月、数年时间写出来的文章、学位论文、项目申报书被评审人质疑缺乏重要性、没有创新性，而我们自己却无力辩驳，不单单是因为评审人不给机会，更主要的是自己其实也说不清楚真正的创新与贡献在哪里，或者勉强说一些，也是言辞闪烁、杂乱无章，透着的尽是不清不楚。有多少当年怀揣着成为一名经济学家梦想的同学，由于经受不起这样的折磨，从此对科研失去兴趣？没有统计过，但估计不会是少数。这实在太正常了，如果在付出经年累月的辛苦后，连自己都无法说清楚自己的研究贡献是什么、价值何在，这毫无疑问是十分令人沮丧和绝望的。这种状态对学术界的影响毋庸赘言。

　　或许在很大程度上，缺乏良好的文献研读能力恰恰能够解释当前常被批评的科研"内卷化"。对于这样一个时下流行的词，有着很多的解释，我个人更愿意用这样一个例子来打比方：科研"内卷化"就像是把汽车架在空中踩油门，不管司机把油门踩得多深，轮胎多么高速地旋转，汽车也无法前进哪怕一小步。坐在后排的领导还可能怀疑司机出工不出力，不断催促继续加油。这与我们今天很多高校科研管理体系中主管与科研人员之间的关系是不是十分相似？一边是想方设法甚至不惜威逼利诱，希望研究人员能出好成果的管理者，一边是加班加点、抓耳挠腮赶本子、写文章的科研人员。结果是，项目经费越来越多，文章列表越来越长，却很难做出像样的研究成果，真正从无到有的开创性成果更是奢谈。

　　这一点都不奇怪，所谓开创性的成果，无一不是与人类既有认知与既有眼界有着本质区别的视角、方法和奇思妙想。做到这一点，除了离不开科研人员必备的敏锐与想象力外，还离不开好奇心、同理心以及对人类既有认知准确、深刻和有益的批判。那些建立在言辞闪烁、含含糊糊、模棱两可的文献总结上的研究是断然不可为之的。

由此可见，掌握高效的文献研究方法是多么重要，之于个人、之于整个学术界，皆是如此。

遗憾的是，今天活跃在我们国家学术界的绝大多数科研人员，都没有正儿八经上过文献研读方法类课程，多半是在自己的研究实践中，靠摸爬滚打，慢慢休会、慢慢领悟。这中间，一些人逐渐总结出来了适合自己的、行之有效的方法，而另一些人却始终不得要领，即便已经进入科研领域多年，仍然对文献研究缺乏信心，不但无法准确、高效地评价别人研究的价值与局限，更无法用文献支撑和引导自己的研究。滥竽充数、掩耳盗铃地混迹在学术界也就在所难免。美国经济学会经济学研究生教育委员会（1991）就曾指出"我们在教授理论和工具方面比在教授如何使用它们方面做得更好"。

好在现代科技论文写作的程式化为科研人员掌握高效研读文献的技能提供了可能。科技论文的一个基本目标就是把人类对自身和外在世界的新知高效地传播出去，以满足人类的好奇心或把新知转化成现实的生产力，帮助人类更早地认识或改造周遭世界。用程式化的表述方式无疑最容易在作者与读者之间形成同频，从而达到高效传播的目标。想象一下，当说和听的人用不同的语言和表达方式进行交流时，他们之间的信息交换效率会是什么样子？必然是鸡同鸭讲。正是出于提高科技成果传播效率这样的追求，科技论文在其长期的历史演化中，逐渐形成了其特定的程式，这也使得科技论文明显地区别于其他文学作品类型，如诗歌、小说、散文等，后者并不以高效传播新知为目标，而是试图通过与读者之间形成共情，共享见闻、启发智慧，潜移默化地提升读者的修养。

想要提高文献阅读的效率，就必须掌握科技论文的这种程式化表达方式。这正是本书试图呈献给读者的核心内容之一。

除此之外，不同的学科还有其不同的底层逻辑。如果科研人员能在掌握科技论文的表现程式同时，深刻理解所在学科的底层逻辑，就更加有利于提高领域内文献的研究效率。这就要求科研人员必须深刻洞察本学科与其他学科之间的本质区别，或称学科特征。值得庆幸的是，不管是大学科还是小学科，不管是古老学科还是新生学科，绝大多数敢自称为"科学"的学科都有其学科特征及由此决定的底层逻辑。相对于其纷繁复杂的理论体系，底层逻辑总是简单的、易掌握的。只是，在很多国家的教育实践中，学科底层逻辑常常被忽视，取而代之的是对各种新的理论和方法的无限着迷。

正是科技论文本身具备的写作程式和多数学科具备的底层逻辑，使得科技论文的文献研究在很大程度上成为了可以教学的内容。

当然，掌握这些程式化方法和底层逻辑不等于说就能轻松攻克每篇文章。事实上，很多有价值的文章，特别是理论类和方法类的文章，其最硬核的部分往往是这项研究最重要的创见所在，却也恰恰是这些程式化方法无能为力的地方。对于这类文章，本书试图帮助读者的仅仅是如何高效地筛选出这些文章，并高效而准确地剥开缠裹在文章硬核上的层层包装纸，以更准确、快捷地找到文章的硬核所在，而怎么打开硬核、怎么认识硬核，不仅依赖于读者下多大功夫，还取决于对相关知识的掌握程度与积淀，取决于是否具备批判性的思维习惯，是否具备刨根问底、锲而不舍的求索精神。正因为如此，科技论文的程式化表现形式并不会掩盖真正优秀科研成果内在的独一无二，相反，掌握了这样的程式化方法，可以帮助我们避免纠缠于那些披着华丽外衣但内在却没有新知的文献，徒费时间与精力不说，还有可能被带入歧途。

这本书将围绕经济学文献研读方法来展开。书中所讨论的方法主要针对最常规的学术期刊论文，也就是 research articles，但不包括短评（comments）、科学通讯类（scientific news, communications or letters）、研究报告（research reports）与著作（books）。书中所用的例子主要是微观应用研究，这很大程度上与我的研究主要在微观应用领域有关。

在筹备这本书的过程中，我也找来不少纯理论研究、方法导向型研究和宏观经济领域的文献，并认真思考书中的方法能否适用于这类文献。我发现，尽管在一些时候，这些方法似乎并不能像在微观应用领域那样直观可见，但依然可以有效地帮助读者更准确地把握文献。如果说运用时有一些困难，多数情况是因为对本书讨论的方法掌握的灵活度还不够，同时，在一定程度上会受到对相关领域内的经济学理论掌握不够的制约。从这个角度来说，具备一定的微观、宏观经济学和计量经济学基础，对于深刻理解本书讨论的文献方法，并能灵活地运用这些方法指导文献研究和科研实践，是十分重要的。

这当然不是说，缺乏足够的经济学理论基础，就不能从这本书中获益。据不少此前没有什么经济学基础就上我的"经济学文献研读方法"课程的学员反馈，即便上课过程不能完全跟上，但在上完这门课后，很多人都觉得此前囫囵吞枣地学过的一点经济学知识变活了，更重要的是，构建起了他们学习经济学和从事经济学研究的信心。所以说，不管你当前掌握的经济学理论处在什么水平，都能多少被本书讨论的文献方法赋能，并很快能形成与经济学理论学习之间的相互正反馈。

事实上，把文献研读方法置于经济学这一特定学科上进行讨论，正是本书的第一大特色。这也使得本书与市面上一些有关文献综述和文献研究类的著作有明显区别，如哈特（Hart，2018）、雷德利（Ridley，2012）、马基和麦克沃伊（Machi and McEvoy，2020）、张黎（2008）、周新年（2019）等的著作。诚如读者将要在本书第一章和第三章看到的，在讨论文献研读的方法与实操前，本书首先就把经济学置于科学研究的大框架下进行解析。我当然不会把这本书写成宏微观经济学，或任何流派的其他经济学，更不可能像斯密、马克思、米塞斯这些大师那样把经济学嵌入到科学与人性的光辉中，我所要做的只是努力回到经济学的初始本源上，试图从经济学的本源目标，认识其学科特征。用当下流行的话说，就是首先搞清楚经济学的初心是什么。

然后，从初心出发，本书将用最简单的科学逻辑，推演出经济学研究需要遵循的最一般的，也是最底层的思维逻辑和范式。在此基础上，本书才开始解剖式讨论经济学文献的研读方法和实践举例，并在这个过程中，经常性地把讨论的内容与经济学的底层思维逻辑与基本范式进行联结，以帮助读者更容易、更清晰地看透每篇文章美艳的帽子和华丽的模型背后最本真的价值或局限，更深刻地理解这些方法在提高文献研读效率与批判能力中的作用。这个过程正是我在本书自序中提到的拿着标尺对照地审视每篇文献的过程。

本书的第二个特色是把文献研读方法与科技论文写作遵循的第一原则紧密结合起来。什么是科技论文写作的第一原则呢？科技论文作为一种科研成果的展现形式，首先要遵循的原则就是"用最高效的方式把科研人员发现的新知在学术界内外传播开来"。这其中的关键词就是"最高效的方式"，这就使得科技论文自然地形成了我们前面谈到的程式化表现方法。正是基于对科技论文写作原则的这一认知，本书在讨论文献研读方法时，会采取渐次推进的实践方法，即在每一步过滤掉大量没有明显价值的文献，从而筛选出那些真正值得反复咀嚼、细致打磨的文献。我在本书中把这种方法称之为递推法。这部分内容主要在第二章和第四章讨论。

本书的第三个特色是加入了文献汇总分析和文献写作部分。在分析一篇篇文献的基础上，文献研读还需要在一个更高层面进行汇总分析，这样我们就可以从一个更系统、更宏观的视角审视相关文献呈现的整体特征和发展脉络，找到文献缺口和潜在的突破方向。

在实践层面，这样的分析与讨论有助于研究人员有的放矢地写好期刊文章、学位论文、研究计划书中的文献部分，使得文献研读真正能支撑和服务于自己的研究与创新。如果说对单篇文献的解析有助于大家"读得懂"和"读得快"，那么，通过加入文献汇总分析与文献写作内容，本书想要帮助大家解决的是"用得上"的问题。本书的第七、第八和第九章会讨论这部分内容。

　　掌握了文献研读的方法也就掌握了做好研究和写好文章的方法，因为这本来就是一个硬币的两面。研读文献是帮助研究人员系统地掌握别人做了什么、发现了什么、创新了什么和怎么做的；而自己做研究写文章是要清晰地告诉别人自己做了什么、发现了什么、创新了什么和怎么做的。知道了别人怎么做、怎么写，也就知道了自己该怎么做、怎么写，有能力看清别人研究的价值与局限，也就有能力看清自己研究的价值与局限。因此，尽管这本书从文献研读方法切入，但读者很快会发现，本书讨论的文献研读方法对于开展经济学研究、写好经济学文章一样有帮助。

　　当然，用程式化的方法研读经济学文献，有把经济学作为哲学社会科学皇冠上的明珠地位拉低的嫌疑。仅以亚当·斯密、大卫·李嘉图、阿尔弗雷德·马歇尔、约翰·凯恩斯等为代表的西方经济学来说，不管是在理论大厦的构建上，还是在诸多领域的应用与发展中，都早已硕果累累。19世纪中叶的边际革命更是在推动西方经济学迈向科学化的道路上实现了腾飞与狂奔。即便如此，我们今天常说的现代西方经济学也只是经济学流派中的一支，马克思主义政治经济学也是如此。客观地说，经济学已经不只是一门学科，而早已经成长为一种思维方式或哲学流派，从而渗透到社会经济与人类发展的方方面面、角角落落。因此，与迄今为止人类在经济学上打开的鸿篇巨作相比，这种程式化的文献研读显然太过单薄且不自量力。

　　正因为如此，我必须再次强调本书的定位与局限。经济学已有成果浩瀚如烟，经济学的未知领域更是广阔无垠。如果把人类社会迄今取得的经济学成就当作肥沃的大地，您手中的这本书充其量只是一个在自己的一亩三分地里获得一点经验的老农在给刚刚下地的新手介绍如何区别禾苗与杂草，以确保在干活的时候不会把禾苗拔掉而留下杂草。至于新手们将来能不能受本书启发种出自己的禾苗、培育出自己的优良品种，是本书断然不敢奢望的。

在书稿写作中，我提供了一些支持某些重要观点与立场的文献，但并未力图旁征博引，更不想在不同的论断间进行比较，我所努力呈现的是一个自认为逻辑自洽且具有一定可操作性的文献研读方法体系。我也不奢求读者同意我的所有观点或做法，在阅读本书的过程中，如果读者能多少感受到我把自己的认知、思维与文献研究实践一丝丝地剥开来呈现在大家面前的努力，就已十分欣慰。如果用戴维·奥尔德罗伊德（David Oldroyd）在《知识的拱门——科学哲学和科学方法论历史导论》中的话来说就是："通过这本书，只是希望帮助大家探明（经济学）阶梯的最下面几级，使得今后攀登起来更加轻松自如，而不至于一开始就因劳而无功搞得筋疲力尽、灰心丧气。"

第一章
科学研究的若干重要问题

本章和下一章，我将首先把经济学和经济学论文放在更宏大的科学体系和更一般化的应用科技论文中进行讨论，以为后面的章节讨论经济学的学科特征、经济研究的底层逻辑和经济学期刊论文做好铺垫。这就像是在认识一个新事物时，通常要先从远处观察，以免一上来就因为深入庐山而不见全貌。

科学研究涉及面非常宽，本章讨论的内容仅仅局限在与经济学研究密不可分的几个方面，重点包括科学研究的本源目标、为什么现实痛点是包括经济学在内的应用科学研究的中心、现代科学研究的基本方法、围绕现实痛点的三类应用科学研究基本类型，以及因果关系与作用机制。

本章的内容不只适合对经济学感兴趣的读者，还适合所有对科学研究，特别是对应用科学研究感兴趣的读者。

一、科学研究

1. 研究对象与本源目标

有关科学研究的定义有很多。20 世纪 40 年代，范内瓦·布什（Vannevar Bush，2004）就曾在其《科学：没有止境的前沿》中提出：科学研究既包括基础研究，即产生普遍知识和对自然及其规律的理解，也包括为解决某个实用问题提供方法的应用研究。在 20世纪 60 年代，经济合作与发展组织（OECD，2010）将科学研究视为"研究与开发"（research and development, 简称 R&D），并在《弗拉斯卡蒂手册》中将其定义为"为了增加知识储量而在系统的基础上进行的创造性工作，包括有关人类、文化和社会的知识，以及利用这些储备来设计新的应用"。中国教育部则将其定义为"为了增进包括关于人类文化和社会的知识以及利用这些知识去发明新的技术而进行的系统的创造性工作"。

尽管对科学研究的定义不尽相同，各有侧重，但不难看出，这些定义基本都强调认识世界和改造世界两个关键点，这与马克思辩证唯物主义认识论相吻合。

据此，我们可以定义科学研究为：人类为了认识世界和提升改造世界能力而开展的一系列创造性活动。在这个定义中，我们清晰地看到，科学研究的对象是——世界，也就是人、自然以及人和自然之间的各种关系：人与自然的关系、自然与自然的关系、人与人的关系。

科学研究的目标是什么呢？从定义中不难看出，就是认识世界和改造世界。但是，这种说法不足以让我们更准确和清晰地把握科学研究的本源目标，我们不妨再回溯一步问：人类为什么要认识世界和改造世界？

首先，人类为什么要认识世界？

简而言之就是，满足人类对未知的好奇心。人类对已知的不满足和对所处世界未知的好奇心是人类认识世界的一个本源动力。这是人类作为动物界一员与生俱来的自然属性，就像我们见到的很多刚出生不久的小动物一样，总是对周围的一切充满好奇。正是这种好奇心日复一日地激励着人类把望远镜伸向无垠的深空，驱使达尔文、钟扬等生物学家足迹遍布世界各地，收集千万生物化石标本，也让科学家不断把目光聚焦在显微镜下，让"潜龙号"不断下潜，探索人类目之未及的世界。

迄今为止，人类科学研究所取得的诸多跨时代的成就，都是人类对未知世界好奇的结果。唐纳德·斯托克斯（Donald Stokes，1997）认为以诺贝尔物理学奖获得者波尔为代表的原子物理学家对原子结构的一系列探索及其所取得的瞩目成绩，是好奇心和求知欲在科学研究中拥有巨大潜力的典型代表。著名微生物学家巴斯德在学生时代就对科学研究表现出浓厚的好奇心，这帮助他在战胜狂犬病、鸡霍乱、炭疽病、蚕病等方面都取得了举世瞩目的成就。爱因斯坦曾说过"好奇心是科学工作者产生无穷的毅力和耐心的源泉"，而他也正是在好奇心的驱动下叩响了科学世界的大门。我们无法想象，没有好奇心的人类世界将是什么样子。

除了对好奇心的满足，认识世界还将为人类改造世界提供更多的可能性。比如，我们的祖先对青蒿的朴素认识为科学家屠呦呦及其团队开发抗疟疾青蒿素提供了思路和可能，发现金属元素钨为人类后来制造电灯泡创造了可能。

需要注意的是，认识世界并非人类改造世界的必要条件（Gomory and Schmitt，1988）。人类在对大自然漫长的探索中，学会了很多改造自然的能力，如驯化动植物、采集野生植物制作药材等，都是在不断尝试中总结出行之有效的方法和手段，但从现代科学的角度而言，这些很难说是严格的科学研究，而是只知其然而不知其所以然的实践经验。

其次，人类为什么要改造世界？

对这个问题最直观的回答就是，当前所处状态让人类不舒服、不和谐，这既包括人类自身身体、心理、生存和成长中的各种状态，也包括我们对周围环境及其中的各种生命体的状态的感知。当这些状态被认为不舒服和不和谐的时候，人类就想要通过改造，使之进入一种更舒服、更和谐的状态，当然，这依据的是人类自身的价值判断。

这样,科学研究的本源目标可以概括为:满足人类的好奇心,提升改造世界的能力。我把这种表述称为"双目标法"。

满足人类的好奇心既包括发现尚未发现的个体或现象(英文为 search),也包括解释尚未解释的个体与个体(或现象与现象)之间的关系和作用机制(英文为 research)。前者促使人类不断向外延伸认知的"雷达"探测边界,强调的是探索性;后者则将每个新现象或新个体与人类已知现象或个体联系起来,从而能够将其纳入到已知的知识版图中,就如同拼图游戏中把一块新的拼图片嵌入拼图中一样,强调的是对已发现的个体或现象之间关系的再探索。这里的"关系"可以是任何一种,如独立、互补、替代、从属、因果等。

提升改造世界的能力,就是要通过研究使得人类有更强的能力从当前不舒服、不和谐状态过渡到舒服的、和谐的状态。为了达到这个目标,人类就必须认识个体或现象间的关系,也就是解释未解释的关系,同时,还要在认识的基础上开发相应的设备、产品、工具、制度等,才能最终进行世界的改造,这就是常说的研发(英文为 research & development,简称 R&D)。①

注意到,在认识世界与改造世界的科学研究中都涉及"解释未解释(的关系)"。与认识世界中的"解释未解释"不同的是,为改造世界而进行的"解释未解释"十分强调其中的因果关系(causality),其中的"果"就是当前让人类不舒服、不和谐的个体或群体状态(如疾病传播快、火车跑得慢、农民工收入低、企业创新无动力等),因为只有找到导致当前不舒服状态的"因",才有可能找到改变这种不舒服状态(也就是"果")的办法。

这样,科学研究的本源目标也可以概括为发现未发现、解释未

---

① 有必要强调一下"提升改造世界能力"中的"提升"在科学研究中的重要性,其对应的正是我们在科学研究中常常讲的创新,但"提升"并不排除不能证实但可以证伪的研究,因为证伪的研究也是人类在探寻改造世界道路上向前推进的一步。

解释、改造不舒服（简称为"三目标法"）。"三目标法"与"双目标法"之间的关系可以用图 1-1 表示。

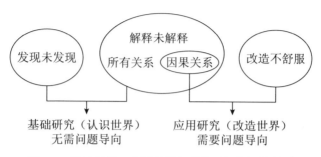

图 1-1　基础科学、应用科学与科学目标之间的关系

2. 基础研究和应用研究

认识世界与改造世界两者之间的本源目标之不同，反映的正是基础科学与应用科学的根本区别。为认识世界而开展的研究属于基础科学研究范畴，为改造世界而开展的研究属于应用科学研究范畴（见图 1-1）。①

认识世界纯粹出于满足人类好奇心，至于发现一个新个体现象或探索了一个现象与另一个现象之间的关系是否有助于人类改造世界并不重要，因此，这类研究不以任何专门或特定的现实应用为目的（Vannevar Bush，2004），带有一定的盲目性。这就是我们常说的基础研究。

与之不同的是，为改造世界而开展的研究现实目标性很强。这类研究要求必须从判断人类当前不舒服、不和谐的状态开始，带着改变这种状态的目的而开展，具有明确的应用目的，因此属于应用研究。

---

① 把以改造世界为目标的研究归入应用研究，只是为了强调其出发点不同于以满足人类好奇心为目标的研究，这与应用科学研究中是否有认识世界的成分和基础研究是否能转化为应用都没有关系，完全取决于如何定义"认识"与"改造"的边界。

　　有人可能会说，为满足好奇心而对世界产生的认识，或迟或早都会转化为人类改造世界的能力，从而怀疑这种划分方法。姑且不论这种说法是否正确，起码从我们今天对宇宙的探索、在青藏高原上发现新的昆虫等这类研究中，还未能看到将研究发现转化为提升人类改造世界能力的可能性。这种划分方法强调的是，在开展探索或研究之初，基础研究并不带有清晰的改造世界的目的，而应用研究则一定是从人类改造世界的现实需求出发的。因此，区分基础研究和应用研究的关键在于研究的初始目标，也可以称之为研究的本源目标或初心。

　　应用研究所针对的令人类不舒服、不和谐的状态，正是我们常说的开展"问题导向"研究中的"问题"所在。这一点对于本书来说是如此重要，以至于我觉得有必然插入一个框表（Box 1-1）进行必要的解释与说明。

Box 1-1 Problem vs. Question

　　英文中的 problem 和 question 是完全不同的，但翻译成中文时都有"问题"这一义项，这就导致"问题"这个词在中文条件下常常被误用。科学研究中常说的"问题导向"中的"问题"对应的是 problem，而非 question。前者在表述上通常是用陈述语气对事实进行客观表述即可，比如城乡差距不断拉大、经济发展进入滞胀、生态环境持续恶化、教育不能增加收入等。后者则可以改写成一个带问号的疑问句，比如：花儿为什么这样红？太平洋海沟 5000 米以下是否有生物存在？征税能提高水资源利用效率吗？为什么收入补贴不能改善农民工健康状况？经济发展必须首先以环境破坏为代价吗？显然，在一些 questions 中，我们能够看到背后的 problem，但也有很多 questions 并不包含令人类不舒服、不和谐的状态信息，也就无从判断是否存在 problem 了。

应用科学研究正是希望通过研究揭示或解决 problem。为此，研究人员就需要有针对性地提出 questions，并通过回答这些 questions，找到解决该 problem 的方法或手段。这个时候的 question 也就我们常常说的科学问题（对应英文 research question，此后缩写为 RQ）。

为更容易区别，我在本书中，常常把上面说的不舒服、不和谐的状态称之为"痛点"，专门指代 problem；而把"问题"或"科学问题"用来指代 question 或 research question。这一点读者很快会就会在本书随后的内容中看到。

在实践中，还有一种分类称之为应用基础研究，常常与基础研究和应用研究并列。这类研究从初心上看，与应用研究是一样的，是为了帮助人类实现改造世界的目标；从研究所处的阶段和所用的手段上看，又接近于基础研究，具有一定的探索性，强调的是新视角、新理论、新机制、新方法、新材料等。比如，育种科学家为了培养产量更高的新品种，需要筛选大量种质资源，并分析各自的生物学与遗传学特征，如染色体结构、变异特征、基因突变等，以及各种远缘杂交特性、栽培特性等，同时，还可能在研究过程中开发新的基因或染色体分析工具、遗传性状表达的识别方法等。这类研究都是培养新品种过程中的重要组成部分，但通常单独一项研究并不能实现最终培育出新品种的目标，因此称之为应用基础研究。直观地，我们可以把图 1-1 中间的"解释未解释"中的以改造世界为目标的一部分研究，也就是 research & development 中的 research，看作应用基础研究，同时把利用研究成果改变不舒服的状态的阶段称之为开发研究（development）。

上述关于基础研究、应用研究和应用基础研究的讨论，对于本书后面讨论的文献评判具有重要作用，因此，如果读者对此有疑惑，一定要先认真体会一下。当然，我并不期望能据此对每项研究，甚至每篇文献进行三选一的准确划分，事实上，在实践中很多文献可能同时有基础研究和应用研究的属性。我这么细致地讨论这个问题，只是希望读者在评判一项研究或一篇文章时更清楚要以什么为评判依据。

比如，我们可以用是否揭示了一个新痛点、是否有利于解决或改善一个现实痛点为依据评判一项应用研究，但却不应该以是否发现了新现象为依据对其评判；反之，对基础研究就不能以是否揭示痛点或有利于解决现实痛点为依据进行评判，如果非要评判，也只能评判其过程以及过程与结果之间严谨关系，以确认其研究结果是可靠的。从这点上来说，科学家在经过严谨的探索后发现某个区域内什么新个体、新现象也没有，这本身也是一项重大的基础研究成果。对于应用基础研究，因其首先是应用研究，所以研究是否具有明确的问题导向（或痛点导向）就至关重要，其次，才要考虑其基础研究属性，强调研究过程及过程与结果之间的严谨性。显然，这样的划分对于完善科研管理体系也具有十分重要的参考价值。

本节关于基础研究与应用研究的讨论，与科学研究中常常提到的三个基本问题（"是什么（what）""为什么（why）""怎么办（how）"）有着清晰的对应关系。以探索人类未知的个体现象或现象与现象之间关系为目标的基础研究，对应回答的主要是"是什么"和"为什么"两个问题，而以改造世界为目标的应用研究主要回答"为什么"和"怎么办"两个问题。

有两点必须再次强调：一是，基础研究在回答"是什么"的时候，特别是涉及认识现象与现象之间的关系时，也常常会问"为什么"，从而才能更加准确地把一个现象与另外的现象联系起来，但基础研究不会回答"怎么办"的问题。二是，为了改造世界，应用研究在其研究之初，也常常会涉及"是什么"的问题，比如，我们常见的"现状是什么"就是这样的问题。对于一些新出现的现象，人类尚不了解其基本现状的时候（当然也无法准确地说出其是否会令人类不舒服、不和谐），回答"是什么"往往是第一步要做的事情，只有搞清楚"是什么"，才能知道"痛不痛"、"要不要改"。但与基础科学中的"是什么"不同的是，应用科学回答"是什么"往往是阶段性的，还需要跟着在后期回答"为什么"和"怎么办"。这就意味着，只有当该问题的答案带来了令人类不舒服、不和谐的痛，才有进一步研究的必要。反之，无须继续后面的研究。

3. 可重复性或可预见性

　　除了研究对象和目标之外，判断科学与非科学还需要考察可重复或可预见性，但与研究对象和目标不同的是，可重复性主要针对探索现象与现象之间关系的研究，而不针对为认识世界而开展的个体现象探索的研究，其中为了改造世界而开展的因果关系研究尤其强调其可重复性，因为不可重复就意味着对现象与现象之间关系的认知只能停留在事后解释的层面上，而无法基于此认知实现对现实痛点的改造。从这个角度而言，应用科学理论上比基础科学更需要强调科学研究的可重复性。

　　讨论科学研究的可重复性不可避免地会涉及哲学上的决定论与变化论之争。这个问题早在古希腊时期的哲学家赫拉克利特（Heraclitus）和芝诺（Zeno）之间就开始了。芝诺认为世界上的一切变化都是表象的，其背后都离不开不变的、可预见的本质，这是决定论，其引申就是世界是可以改造的；而赫拉克利特则认为世界处在永恒和持续变化中，因此，根本上是不可重复的、不可预见的，这是变化论，其引申就是世界是不可能被改造的，人类只能秉持着认识世界运行规律的世界观去观察世界。广为人知的"人不能两次踏入同一条河流"就是变化论的写照。时至今日，哲学上的决定论与变化论之争仍在继续，甚至连哪一方占有支配地位都很难达成共识。

哲学上的决定论与变化论之争深刻地影响着经济学（埃克伦德和赫伯特，2017）。从经济学鼻祖亚当·斯密提出"看不见的手"的理论开始，经济学的发展总体上秉持着决定论的哲学，比如需求理论的基本观点就是，在其他条件不变的情况下，个人对某种商品的需求量大小与该商品的价格有关，价格越高，需求就越低，反之亦然。在马克思政治经济学中，决定论观点也是随处可见，比如，"生产资料的私人占有和产品社会化必然导致产生周期性的经济危机"就是典型的决定论表述。

但经济学在约瑟夫·熊彼得（Joseph Schumpeter）和索尔斯坦·凡勃仑（Thorstein Veblen）把经济学的动态变化引入理论之后，也大量融合了变化论的思想，形成了众所周知的制度经济学学派，致力于研究制度对于经济行为和经济发展的影响，以及反过来经济发展又如何影响制度的动态演化。这一研究方法论的核心在于，不以任何客观的指标来衡量经济活动，而是从人与人的关系作为出发点，通过研究人与人之间、群体与群体之间的互动关系来理解经济运行规律（埃克伦德和赫伯特，2017）。因此，以制度为视角研究经济问题，首先要求确立以人与人之间的关系作为研究的起点，而不是以人与物的关系作为起点。在他们看来，制度经济学所研究的是活生生的、不确定的人，因而无法以一个确定的、总量的标准，对整个经济活动作出安排。这种视角的改变直接推动了一系列经济学分支的诞生与高速发展，如产业组织学、劳动与健康经济学、比较经济学、经济史等。

显然，哲学上的变化论对科学研究的可重复性构成了严重挑战，这对包括经济学在内的社会科学影响尤其巨大，其中最大的挑战就是会导出因果关系识别无意义的结论。关于这一点，受知识积累欠缺的影响，我无法进一步展开讨论，唯一想强调的是，我认可并坚持唯物辩证法关于发展的概念：

所谓发展，是指事物由简单到复杂、由低级到高级的变化趋势，其实质是新事物的产生和旧事物的灭亡；事物的发展是一个波浪式前进、螺旋式上升的过程；一个个有限的过程组成了无限发展的世界。

辩证唯物法关于发展的概念既体现了世界是变化的，也体现了变化是循环往复的，只是一个循环的结束并不会完全回到该循环的起点上。这一概念使得因果关系的识别具有了现实意义。这一点恰恰是包括经济学在内的应用科学研究具有实践意义的根基，也是为什么经济学研究要十分强调其可重复性的根基所在。

4. 科学研究的基本方法

观察和实验是人类认识世界最基础也是最朴素的两种方法。比如，如果想知道一片林地中有多少种植物，研究人员就可以对这片林地中所有的植物进行识别、归类并计数；如果想要知道哪种药物可以抑制新冠病毒在人体内的复制，就可以对所有人类已知的药物或材料进行实验，并观察每种药物的治疗效果。但显然这种总体观察、逐个试验的朴素方法十分低效。

现代科学研究方法经过漫长的演化与成长，逐渐形成了一套程式化的方法。这种方法的核心在于研究人员可以基于既有的有限认知，经过逻辑推理，提出假说（hypothesis），然后通过观察和 / 或实验等方法，验证该假说，进而推埋该假说在多人概率上成立或不成立，最后再返回来对既有认知进行发展或修正。这一科学研究程式化方法比朴素的"总体观察、逐个实验"方法的效率要高很多，而且十分契合螺旋式上升的发展论，因此，成为现代科研与朴素科研最本质的区别。

有必要解释一下这个程式中的几个关键词。这套程式中的"既有认知"包括很多学者强调的既有理论参照（reference or benchmark）（钱颖一，2002），也包括了尚未上升到理论层面的既有观察、经验等；程式中的"观察和实验"，在现代科学产生前后并无本质差异，所不同的只是人类观察的尺度和利用的观察工具今非昔比。

程式中的"逻辑推理"，则是指人类根据已有信息和逻辑推导出合理结论的过程。逻辑推理可以有很多种表现形式，如两千多年前在不同文明中（如希腊和中国）就已经产生并沿用到今天的思辨，还有我们现代科学常用的图形、数学模型等都是逻辑推理的表现形式，这些形式之间核心区别主要体现在严谨性及与此密切相关的专业门槛上，如数学模型就需要很强的专业性和十分严谨的逻辑性，而思辨则可以被大众利用，尽管也需要逻辑，但通常并不需要像数学模式那样严谨。

程式中的"验证假说"则指的是通过各种实验或利用统计学和基于统计学和计算机科学形成的计量经济学工具，在一定置信水平上，判断之前提出的假说（或猜想）被拒绝或无法被拒绝。[①] 正因为如此，通过验证的假说也可能会在一定概率上是错误的，从理论上讲，这是现代科学研究方法的一个缺点，但考虑到实现对总体的观察和逐个实验即使在一个小范围内也几乎是不可能的，因此，为了效率，人类便坦然接受了这一具有一定犯错概率风险的研究方法，并使之逐渐成为了现代科学研究的基本方法。

这一程式化的研究方法可以简化为"从既有认知出发→提出假说→验证假说→修正既有认知"，这就把现代科学研究中的核心步骤与所用工具区分开来了（见图1-2外环）。

---

① 从这个意义上而言，逻辑学和统计学为现代科学研究的快速发展提供了关键基础。现代信息科技和计算机技术在信息收集和数理运算方面进一步助推了现代科学研究，但其本质上无法动摇逻辑学和统计学在现代科学研究中的基础地位。

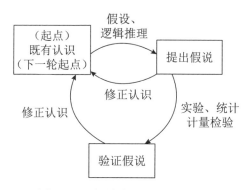

图 1-2　现代科学研究方法示意图

　　需要指出的是，并非只有完成了"螺旋式上升的闭环"中所有环节的研究才是现代科学研究。从"既有认识"到"提出假设"，再返回修正既有认识也是一种现代科学方法（见图 1-2 内环）。这种"内环"与"外环"方法的区别是科学研究完成的程度问题，前者只完成了理论认知部分，而后者既完成了理论认知部分，也完成了实证检验部分。对于一些没有实证研究的理论研究来说，有时候是研究实践能完成但尚未完成，因此只是阶段性的，有时候是因为受人类能力范围所及，还不能通过收集数据或实验的方法进行实证检验，只能在给定的假设前提、既有认知和逻辑推理条件下成立，比如"引力波"在 2015 年人类首次通过实验测到之前，就只能停留在理论认知阶段。但我们不能因此认为爱因斯坦提出"引力波"的过程不是现代科学研究。

　　此外，上述"外环"与"内环"的界定，并不是说在研究实践中，"验证已有假说→既有认识"这样的活动不是科学研究。这可以理解为研究人员把"已有假说"当作既有认知。但之所以没有把这一模式等同于前面的"内环"模式，是因为，如果这样的实证检验只能得到"该理论假说成立或不成立"的结论，并把这一检验结果反馈到既有认知中，其本身并不能推动认识进入下一个认知螺旋，也就是未能达到提升人类的认识世界或改造世界的能力的本源目标，除非基于证伪的结果，研究人员提出了新的假说，但那样的话，就相当于开启了另外一个认知螺旋。因此，实证研究如果不是从提出自己的假说开始，也不是基于自己的实证检验结果提出新的假说，那么就很难表述其创新性，只能认可其补充实证研究的贡献。

5. 现代科学研究

基于上述讨论，我们就可以把现代科学研究方法加入之前科学研究的定义中，进而把现代科学研究与朴素科学研究区别开来，具体可以表述成：现代科学研究是人类采用现代科学方法，为认识世界和提升改造世界能力而开展的一系列创造性活动。

这一定义用"是否采用现代科学方法"区分了现代科学研究与朴素科学研究；同时，这一定义也依据科学认知完成的阶段区分了理论研究与实证研究；其中的"提升"则强调科研成果的转化与科研活动的创新性。

显然，现代科学研究方法只是借助逻辑工具、统计学和现代计算机技术等对朴素科学研究方法的改进，科学研究本身的对象和目标并没有改变，研究工具也离不开观察、实验这样的基本工具。这与一项研究是不是属于科学研究，是基础科学还是应用科学，是自然科学还是社会科学，都没有关系，其决定的只是该研究是否属于现代科学研究。

二、应用科学研究

经济学是应用科学，这一点在后面的第三章会展开讨论。但为理解这一点，有必要先单独辟出一节来讨论有关应用科学研究的几个要点。

1. 现实痛点——应用科学研究的中心

既然应用研究的根本目标是改造人类所处的不舒服、不和谐的状态，也即痛点，那么，现实痛点就是应用研究的中心。要深刻理解这一点，需要先明白何为现实痛点和如何识别现实痛点。

（1）何为现实痛点？

现实痛点可以体现在各种各样的维度上。在多数时候，现实痛点可以粗略地用一个简化的二元模型来刻画，比如，低收入相对于高收入、身体不健康相对于健康、社会动荡相对于安全稳定、产品竞争力不足相对于竞争力强、破坏环境的发展方式相对于可持续发展方式等，都是更令人类感觉到痛点的状态。这里的收入、健康、社会稳定、竞争力、环境代价就是所谓的不同维度。

这种二元模型也可以被简单地抽象成一条两端指向不同方向的"线"，两个方向分别代表着该维度上两个相对的有限或无限的延伸。用发展的眼光看待，从不舒服、不和谐状态向舒服、和谐状态的过渡，就是从线一头向另一头，或从中间的一个点向另外一个更舒服、更和谐的点演化的过程。当演化的方向倒转或停滞，或者相对于人类需求或其他群体演化速度而言太慢的时候，就会出现不舒服、不和谐的状态，比如收入下降、健康状态恶化、社会变得不稳定、科技进步速度太慢等。

另外一种常见现实痛点是，舒适区处于一条线上的某个区间范围内，当所处状态偏离该舒适区时，就会出现不舒服、不和谐的痛，如营养摄入水平过低会导致营养不良、消瘦，过高会导致肥胖、引发慢性疾病等；再比如收入差距，过小会导致平均主义，制约发展动力，过大则会威胁到社会稳定，并反过来威胁到经济的可持续发展。

必须注意，这种二元的或"线式"痛点表述是对现实问题的高度抽象，目的只是试图用一种相对简单的思维来表述人类的状态，并使之和不舒服与舒服、不和谐与和谐相一致，从而更容易帮助读者理解我们讨论的现实痛点。

　　一些读者可能已经意识到，这种"线式"痛点表述方法，只是针对事物所处状态的刻画，并没有涉及人类自身的立场与价值判断。但事实上，在应用科学领域，所有的状态判断和改造都是基于人类的意愿而给出，因此，判断当前的状态是否不舒服、不和谐，是否处于舒适区或非舒适区就离不开所站的立场与所秉持的价值判断。由于这一点的至关重要性，我会在随后的第 4 小节和本书的最后一章进行更多的讨论。

　　（2）如何识别痛点？

　　对于这个看似简单的问题，实则需要不少训练才能有所感悟。这其中有三个难点需要掌握：一是感受痛的能力，尤其是感受别人痛的能力[1]；二是穿越不同尺度与维度体会痛的能力；三是深刻体会立场与价值判断在应用研究中的科学地位（这一点将在第 4 小节中讨论）。

　　首先，感受痛的能力。感受痛的能力并非我们常说的身体器官的感觉，而是发自内心对观察到的现象的感知力。感知力能够帮助研究人员从观察到的现象中敏锐地察觉到不舒服、不和谐的点，并与之产生共鸣，从内心深处升起想要对其进行改造的冲动。关于这一点，我曾一度以为，只要问自己："我对面前的现象或事物是否感到不舒服、不和谐？"如果答案是肯定的，多半就意味着感受到了痛。对于不少人来说，这确实是一个简单的办法。但后来发现，事实远非如此。

　　作为一个做农业经济研究的教师，我笃信带领学生到农村调研是寻找有价值选题的不二环节。一次当我和学生们站在一个村落

---

[1]　事实上，心理学上常常会说，人类多数时候也不具备感受自己的痛的能力，这是为什么很多时候一个人明明知道自己很不开心，却不能准确地表达出来这种痛的重要原因。

的路口在等待村干部带我们到下一个样本户家里的时候，我问学生，调查至今有没有被什么事情触动到？为了不让他们局限在调研前预设的兴趣点里，我专门强调，任何你认为触动到自己的事情都可以。即便如此，从同学们的表情和支支吾吾的言语中能明显地看出来，直到我问这个问题的时候，他们才开始搜肠刮肚地想，终究五六个人也未能说出个长长短短。

然而，在我们站着的路口旁，就是成堆的建筑垃圾和生活垃圾，四处散落着，都已经出现在路边的排水沟和农田里了；不远处，几个中老年人正围坐在街边一个简陋的桌台边打牌，头顶两三米高的地方挂着几根凌乱排布的电线，间或有不知是否带电的线头垂着；街道上几乎看不到一个孩子，甚至找不到一只鸡，倒是家家户户都养着狗，这还让几个同学一度因为害怕而不敢进农户家门。即便如此，五六个同学愣是在十多分钟里没有提及这类现象中的任何一个。

从那以后，我在做调研动员的时候，就从原来的"希望大家带着眼睛、带着嘴巴、带着耳朵、带着脑袋去"，改成了"带着心去"。没有一颗柔软的、能够对周围的一切保持敏感的心，很难感受到别人与社会的痛。对于应用科学研究，这种对现实痛点的感知力至关重要。可以说，感受不到痛，就很难说清楚我们研究的出发点和落脚点，也就从根本上很难说清楚我们研究的动机和重要性。

其次，穿越不同尺度与维度体会痛的能力。令人不舒服、不和谐的痛可以存在于各种各样的尺度上、维度上或维度间，因此，具备一定的跨尺度、跨维度穿越能力，才能更清晰地体会到痛点的真实所在。比如，静态地看待当下有广泛受众的手机短视频，很容易得出短视频给人带来欢乐的结论，但如果试着跳出其娱乐的一面，就不难看出短视频对终端用户的生活和生产带来明显的负面影响，流量和时间消耗暂且不说，沉迷于短视频使得很多人身心在不知不觉中受到伤害，更导致不少人失去了专注力，从而无法全神贯注地做好手头的事情。因此，长期来看，短视频风靡中的隐患显然需要引起全社会的高度关注。

同样，如果只看贫困人口绝对收入快速增长，我们会得出他们收入增长很快的结论，而如果放在人口总体中，就不难看出，这部分群体与中高收入群体之间的收入差距仍在持续拉大，而这既不利于社会稳定，也不利于人民群众幸福感和满意度的实现。再比如，人工智能作为第四代技术革命的中心，已经成为各国科技竞争和大国博弈的前沿阵地，但跳出科技发展思考人工智能在其他维度上的影响，就不得不担忧其高速发展可能对就业、劳动强度和收入极化带来的巨大冲击。事实上，工业革命以来人类的技术进步极大地丰富了物质生活，却也造成了史无前例的收入差距（皮凯蒂，2014）。

痛点可以在单个维度上存在，但更多的时候需要在跨维度和现象与现象的联系中才能感受到。做好这一点，灵活掌握一定的辩证法思想是十分有益的，二分法就是思考世界时对辩证法的一种运用，比如：宏观的、微观的，局部的、全局的，长期的、短期的，主体的、环境的，自然的、社会的，偶发的、经常的，生理的、心理的，当下的、未来的，等等。

我们再通过几个例子以在不同尺度或维度上感受痛。比如，居民收入增长乏力，返贫可能性大，是微观层面的痛；财政支出压力大，收入差距不断拉大，就是宏观层面的；老龄少子会在微观家庭层面上引发养老难问题，也会在宏观层面上导致社会养老压力大和劳动力供给不足、后续乏力等问题；不健康的饮食会在短期内导致营养失衡，也会在长期内导致慢病高发和对整个社会公共卫生与医疗系统的压力；治安状态不好主要是人类社会层面的问题，而人类过渡捕捞就会导致鱼群的退化和水体环境的长期破坏；极端天气对于小国来说是偶发的，对于大国来说，就是经常的；腐败可能是局部的，也可能是系统的；慢病是生理上的，也是心理上的。

感受不到痛是包括经济学在内所有应用科学研究的大忌。

2. 应用科学研究的三种基本类型

应用科学研究可以依据研究的目标动机划分为三种基本类型。

（1）改造型——以改造既有痛点为目标的研究

这种类型相当于科研人员已经意识到现实的痛点，研究的目标是寻找改造该痛点的方法。对于这类研究来说，准确地抓住痛点毫无疑问是极其重要的。越是令人感到痛的问题，越是影响更多人的问题，其重要性就越大，反之，其重要性就会大打折扣，甚至完全无关痛痒。很多人都有这样的经历，自己费尽心思做出来的研究报告、学术论文或基金申报书，常常会被质疑不具备重要性，这其中的关键就是，促使研究人员出发的痛点不够痛。当然，也有一种情况是具有真痛点，但由于研究人员未能清晰地呈现出来，从而无法让评审人感觉到相同的痛。这种情况的出现，有表达方式的问题，但多半是因为研究人员并没有准确地抓住痛的本质。

（2）揭示型——以揭示痛点为目标的研究

这种类型相当于研究人员因某种原因而开始怀疑某种现象或人类活动可能会给人类带来某种之前没有意识到的痛点，研究的目标是为了证实怀疑或担心的痛点是否存在或可能发生，以引起对这个现象或活动及其产生的痛点更广泛的关注，为进一步避免或解决该痛点提供依据、方法和环境。

人类在通过各种努力改造世界的同时，也常常因为自身的行为活动不断地制造着各种各样新的不舒服、不和谐。有时，人类可以根据行为活动的不良后果自觉地修正自己的行为，但更多的时候，人类在制造这些痛楚的时候并不自知。行为涉及面越广，产生结果的机制越复杂，观察到结果的周期越长，结果与行为主体利益连接越不紧密，这种不自知就越容易出现。这使得很多出于良好动机的人类行为常常会导致非期望的不良后果。

比如：发动战争常常被政治家当作追求和平的手段，但战争本身又会给很多人带来巨大的灾难；施用化肥是现代农业追求高产，从而可以更好地保障粮食安全的手段，但当化肥施用过量或不当的时候，又会造成水土污染，威胁农业生态，还可能威胁食品安全和人体健康；当政府试图通过降低准备金率给市场释放更多流动性的时候，就有可能导致通货膨胀，也可能因释放的流动性更多流向富人而导致收入差距拉大。这样的例子在复杂的经济社会活动中可谓数不胜数。

除了人类活动，人类所处的周遭世界也在不断地发生着变化，一些可能与人类活动有关，比如空气污染、森林退化等，另外一些则与人类活动并没有那么明显直接的关系，比如气候变化、地震、瘟疫等。这些外在环境的变化，很多时候也会让人类感到不舒服、不和谐。

这样，以改造痛点为根本目标的应用科学研究，在很多时候也需要首先揭示某些人类活动或外在因素是否带来或可能带来新的痛点。这便是第二类揭示型研究。

多数时候，我们也可以把揭示型研究看作是改造痛点的阶段性研究。因为只有揭示了痛点，才有可能通过研究，找到解决痛点的方法。从这个角度来说，一项研究即使不能找到解决痛点的答案，只要能够在揭示痛点上有所贡献，也一样重要。

事实上，在当前的很多经济学期刊上，这类以揭示痛点为目标的论文比比皆是，占比甚至超过以改造痛点为目标的论文。其中的一些研究，在揭示痛点的同时，已经提出了改造痛点的有效方法，另一些研究则可能止步于揭示痛点，把解决或改造痛点留给未来研究。

需要强调的是，当一项研究以揭示痛点为目标时，并不意味着研究人员在研究之初就可以以任何人类活动或外在因素为出发点，试图通过研究，考察其会不会在某个方面产生某种痛点。事实上，研究人员一定是在开始验证前就已经基于一些理论思考、实践观察或逻辑思辨，怀疑或担心某个人类活动或外在因素可能会在某些方面导致某种不良后果，才有了通过研究对这一怀疑或担心进行验证的动机。从这个角度而言，质疑可能产生痛点就是这类研究的出发点。

举例而言，一项研究的题目为《住房公积金制度的收入分配效应》。这个题目中，"收入分配"很可能是一个痛点，读者可以轻易地想象到，所谓收入分配，要么是收入差距被拉得过大，从而威胁到社会稳定和可持续增长能力，要么是收入差距被压缩得很小，以至于缺乏了经济激励而导致经济增长乏力。当收入差距在一个不大不小的范围内时，其对于人类社会来说就不再是痛的事情，人们乐见其成，也就是前面提到的当前状态处在人类"舒适区"，那样就失去了研究收入分配的基本价值与动机。这个题目中的另外一个关键词"住房公积金制度"本身并不具备痛或不痛的特质。

这样，题目中的痛点就有两种可能，一是，收入分配过大或过小是研究拟改造的痛点，那样该研究就是改造型，相应的"住房公积金制度"就成了寻找改造"收入分配痛点"的突破口或原因；二是，收入分配过大或过小是研究拟揭示的问题，那样就变成了揭示型，"住房公积金制度"相应地就成了科研人员担心可能导致收入不平等的某种痛点的人类活动。

那这一研究可能属于哪一种类型呢？我们不妨往前多想一步，假设研究发现住房公积金制度确实导致收入差距拉大，那能够简单地取消住房公积金制度吗？显然不能。是否要取消住房公积金制度，不仅要考虑其对收入分配差距的负面效应，还要综合考虑住房保障、社会福利等一系列问题。这就意味着，简单地把"住房公积金制度"当作原因，试图改造"收入分配"的痛点，是说不通的。反过来，如果把"住房公积金制度"当作一项人类活动，该研究就可能是揭示型，主要揭示住房公积金制度是否会在保障住房福利的同时，造成其他新的痛点——收入差距过大或过小。显然，把该研究看作是揭示型研究，更合理一些。

有些读者可能会觉得，住房公积金制度虽然不能取消，但是可以修订某些细节，以减少或避免其引发的非预期的收入分配过大或过小问题。比如，住房公积金的覆盖范围或工作单位的匹配比例，都可能是导致收入分配差距过大或过小的原因。那不就是说，该研究也可以是"改造型"吗？这完全是有可能的，但如果证明住房公积金制度中的覆盖范围或匹配比例是导致收入差距过大或过小的原因，那么，题目就应该改成《住房公积金制度的覆盖范围对收入分配的影响》或更直接地改成《住房公积金制度中的匹配比例加大了收入分配差距吗？》。这样的题目显然比之前的题目更加准确地体现了该研究的研究目标，并具有更丰富的信息量。

（3）方法型——支撑前两类应用研究的研究

这类研究不直接以改造既有痛点或揭示潜在痛点为目标，而是为开展改造或揭示痛点的研究提供支撑。这类研究主要包括提出一个新的理论、构建一个新的数理模型、开发一个新的测度方法、提出一个新的模型估计方法等。

现代西方经济学体系中的很多经典的经济学理论都属于这一类，比如需求理论、供给理论、价格理论、一般均衡理论、产权理论、国民收入决定理论、就业与通胀理论、经济增长理论、不确定性选择理论等。这些理论都是在一些假设条件下，由经济学家抽象出来，并能够比较准确地刻画宏微观经济世界运行的基本规律。正因如此，这些抽象出来的理论为经济学家揭示和改造现实痛点提供了重要的分析工具与理论支撑。但是，这些理论离不开预设的假设条件，也离不开人类思维的高度抽象，其与纷繁复杂的经济现实之间总存在或大或小的差异，因此，在具体的改造或揭示现实痛点的研究中，还必须大量依赖实证研究，并不断丰富和完善这些高度抽象的理论，使之与现实经济世界更加吻合。在本书的第三章，读者会注意到，绝大多数的现代西方经济学体系中的经济学理论都与本书贯穿始终的 ABC 分析范式相一致。

　　需要注意的是，除了理论类研究，其他方法型研究往往不具有典型的经济学研究特征，比如开发一个新的数理模型、设计一套新的变量测度方案、提出一个新的模型参数估计方法等。换言之，这类研究并非本领域研究人员的专属，而是有很多来自基础领域的科学家参与其中。比如，经济学上的很多方法、模型事实上都是来自非经济学领域的科学家，如著名的柯布 – 道格拉斯函数就是由美国的数学家柯布（C. Cobb）和经济学家道格拉斯（P. Dauglas）一起提出的，恩格尔定律则是由德国统计学家恩格尔（E. Engel）提出的。正因为如此，这类型的研究往往并不符合本书中讨论的经济学底层思维逻辑。关于这一点，读者在第三章有关不规范或欠规范经济学研究的讨论部分，将会有更深刻的体会。但是，因为在包括经济学在内的几乎所有的应用科学研究领域，都有本领域的研究人员开展这类方法型研究，所以有大量成果发表在各自领域内的期刊上。

　　除了上述三类基本研究类型外，应用科学研究还有一类研究是理论体系研究。注意，我说的是理论体系，而非通常意义上的某个具体理论。在经济学上，我们熟知的马克思主义政治经济学、现代西方经济学都是可以用来开展经济研究的理论体系而非具体的某个理论。理论体系研究不等于理论研究，其往往是很多理论的组合，是很多理论的基础平台。在经济学上，这样的理论体系往往是以整个国民经济或经济社会为研究对象构建的。由于这类研究基本上不可能由一项研究或一个人的研究完成，更不可能是几篇文章就可以完成，因此，这一类型的研究不在本书的讨论范围。

　　显然，除了方法型研究，一项应用科学研究要么开始于某个痛点，以探索改造此痛点为研究目标，要么终止于某个痛点，以为之后的研究揭示痛点为目标，要么同时兼顾了揭示与改造痛点的目标。这就是说，一项非方法型应用科学研究必须有痛点，不管是作为起点还是终点。一项没有痛点的应用科学研究就缺乏了研究的基本动机与价值。

围绕现实痛点把应用研究划分成上述三种基本类型的做法，可以很好地帮助研究人员确定一项研究或一篇文献的具体目标，这不仅对于研究的最终落脚点或研究意义的陈述至关重要，而且对于论文写作构架也十分重要。当然，对于一篇具体的应用科技论文来说，可以同时涉及上述两种甚至三种基本研究类型，但在论文写作中往往仍以其中最具贡献的一种类型为主线，以确保论文整体结构与主线的清晰。不管是研读别人的文献，还是写自己的论文，首先搞清楚该研究属于哪一种基本类型是十分有益的，这会帮助我们明确作者或我们自己思维的努力方向。

对这一小节进行一个简单的总结：一项应用科学的研究，令人痛的结果是至关重要的，但并不是只有直接以改造痛点为目标的研究才有意义，以揭示新的痛点为目标的研究一样重要。换言之，一项应用科学研究，可以从痛的结果开始，也可以从可能导致某种痛的原因开始，但无论从哪里开始，最终落脚都要在痛点上。

3."鱼缸理论"——做问题导向型研究

对于很多研究生来说，在研究实践中准确地抓住痛点，并设计自己的研究，其难度常常让很多人惊讶不已。在社会科学领域，这种状况更为明显，以至于许许多多的研究生开题报告呈现出来的是对各种各样甚至无法称之为经济现象的现象的描述或解释。

为了帮助同学们更好地理解什么是"做问题导向的研究"，什么是"关注现实痛点"，如何开展文献研究和设计自己的研究，我曾在学院安排下，数次给新入学的研究生作报告。第一次准备报告的时候，就在想，我该怎么更直观地给同学们呈现自己理解的"做问题导向型研究"。这个时候，我瞥见了自己办公桌上的鱼缸，突然灵机一动，就有了下面这个自称的"鱼缸理论"。

这个鱼缸现在打理起来已经不太费事，但在初装的时候，却遇到过很多挫折，其中一个困扰自己很久的事情就是，鱼缸的玻璃缸壁上总是会"生出"一些类似青苔的东西，让原本清亮的鱼缸变得十分浑浊。这就是我要说的"现实痛点"。

该怎么办呢？

为了回答这个问题，我首先要知道这是什么。只有知道"是什么"，才能更方便地问别人或在网上搜寻解决这个痛点或问题的答案。假设一番询问或搜索后，认识到这是青苔，那就可以进一步问或搜索"为什么鱼缸会出现青苔？"。这个搜寻"是什么"和"为什么"的过程，就是文献研究。

如果找到的方法已被证实有效，那就可以直接拿来用，比如，用纯净水替代自来水，更换鱼缸中的景观沉木、给铺底的材料消毒等。待我逐一照做后，发现缸壁上的青苔问题确实改善了，但青苔仍然会在一段时间后出现。这让我想起来，在自然水土中也常常会看到的青苔问题，并意识到，只要有水的地方，时间久了可能都会出现青苔，青苔的出现说不定意味着我的鱼缸生态已经更接近自然状态（鱼儿的存活率确实大大提高了）。但是，从观赏的角度来说，青苔的存在无论如何都令人不舒服，于是我继续采用网上推荐的办法定期用刮刀刮。这个过程就是过往成果的应用过程。

这显然很有效，但问题是，每刮一次都最少需要半个小时。有没有更好的办法呢？比如找一种可以与鱼儿共生的能够以青苔为食的水中生物呢？假设网上并没有这种推荐的方法或者尚未得到验证，那么，我就要自己来验证这种方法是否可行。这样我就为了改造这个青苔的痛点，提出了自己待检验的科学问题。通过了解各种螺的习性，并进行反复试验后，发现有多种螺不但能够与鱼儿共存于一个鱼缸，还十分喜欢以缸壁上的青苔为食，这样，我就很好地解决的这个问题，从此不再受青苔所困。这个过程就是研究。

这个例子就是一个典型的以改造型为主线的研究，不仅清晰地呈现了所谓的痛点，也包含了探寻"是什么""为什么"和"怎么办"这样的基本科学问题，同时呈现了提出可能方案（假说），并通过实验验证可行性的研究过程，此外，还包含了以改进方法为目标的方法型研究。

应用科学研究基本上都遵循这个解决鱼缸青苔问题的基本过程，只是研究对象、尺度或方法不同而已。

4. 立场与价值判断在应用研究中的科学地位

既然现实痛点是应用科学研究的中心，开展应用科学研究就必须要判断某个现象是不是痛点。前面我们在讨论何为痛点的时候曾讲过二元或"线式"痛点表述方法，并给出了不少例子。但有一个问题大家是否注意到？那就是，对于同一个现象、同一种状态，有没有可能一些人认为不舒服的、不和谐，但另外一些人可能完全不认同？这当然可能。比如说，收入差距多大比较好呢？一天工作多长时间是最好的呢？粮食产量是不是越高越好呢？等等。这些问题的答案，多数时候取决于作答者所站的立场和所秉持的价值判断。

想要更充分地理解立场与价值判断在痛点判断中的重要性，就必须先了解另外一个概念，那就是参照。

在自然科学上，参照可以是任一客观物体，也可以是任一时点上某个客观物体所处的状态。天文学家可以用地球作为参照，判断月球当前处在近地轨道还是远地轨道，生物学家可以用5000~6000米海拔高度上的生物种群数量作为参照，判断海拔高度在6000~7000米区间内的生物种群数量是多还是少；育种科学家可以用当前种植面积最大的玉米品种的单产作为参考，判断一个新玉米品种的单产水平。

在社会科学上，参照可以是某个人或群体在某个时点上的特征或状态。管理科学研究可以把钟南山先生的工作积极性作为参照，研究一个科研机构或个体是否积极工作。如果用每天工作时间来衡量，就可以观察一个员工每天工作的时间与钟南山先生相比是长或短。经济学和社会学还可以用国家贫困线为参照，判断一个人或群体是否处于贫困状态。

　　显然，离开参照，就无法刻画或判断当前状态是什么。

　　确定了当前状态后，对应用科学来说，还要判断"要不要改造"和"向什么方向改造"。首先要判断这种状态是舒服还是不舒服，是和谐还是不和谐。这时，就要用到立场和价值判断了。

　　举例来说，如果一个研究机构的管理者认为自己机构的员工都应该像钟南山先生那样工作，否则就是工作不积极。那么，如果对比的结果是机构员工工作时间比钟先生短，这种状态对管理者来说就是不舒服的，就需要改造。相反，如果管理者认为自己的员工不需要像钟南山那样拼命工作，那么他就可能不认为当前的状态是不舒服的、需要改造的。当然，管理者也可以不用工作时间衡量积极性，而只关注每个员工在一段时期内形成的科研成果数量或级别，并和某个人或某个组织进行比较，以判断自己机构的科研产出是否处于让自己舒服或不舒服的状态。同样，管理者也可以站在员工立场上（心理学上常常讲换位思考），认为员工有机构认同感和个人幸福感就是最重要的，还很骄傲地说："我就高兴这么做！"现实中，很多管理人员不仅关心自己的员工收入，也十分关心员工是否能有足够的时间陪伴家人、是否能够和同事建立良好的友情和工作关系，就说明了这一点。

　　另外一个更加广为流传的例子是，一个开车去见客户的富人在路上看见另外一个人大白天在河边悠闲地钓鱼，富人可能会觉得这个人大白天不去工作挣钱而在这里钓鱼是在浪费时光，但他也可能感叹自己工作这么繁忙，不如这个钓鱼人生活得惬意；钓鱼的人可能觉得这个富人很可怜，挣那么多钱，却不能像自己一样享受钓鱼的美好时光，但富人的出现也可能让他觉得心生羡慕，并觉得自己真的是在浪费时光。

　　显然，站在不同的立场上，秉持不同的价值判断，人们就可能针对相同的现象给出完全不同的状态判断，同样，回答"要不要改"和"向什么方向改"就变得十分困难。

基础科学的本源目标是满足好奇心，而非改造某个痛点，因此，基础科学研究不需要立场与价值判断。继续用上面的例子，判断了月球处在近地或远地轨道的当前状态后，人类可以据此决定地月飞行器的发射时间和角度，但起码到目前为止，人类并不想去改造月球所处的状态，因此，并不需要有任何立场和价值判断。再比如，哥白尼提出"日心说"，改变了人类对"地心说"的认知，牛顿发现了万有引力，进而建立了物体与物体之间的关系。这些研究成果或纠正了人类的既有认知或拓宽了人类认知的边界，但都不依赖任何人或群体立场和价值判断，皆因我们到目前为止并不想也完全不可能改造日心或万有引力。

因此，立场与价值判断是基础科学与应用科学的本质区别①，这是由应用科学和基础科学的本源目标不同决定的，而非由意识形态决定的。这部分论述可以用图形更直观地呈现（图1-3）。

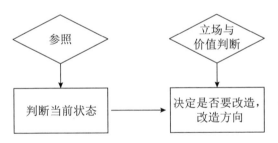

图1-3　参照、立场与价值判断在改造世界中的作用示意图

需要强调的是，应用科学中的立场与价值判断是不能分开使用的。这是因为相同立场上可以有不同的价值判断，不同立场上也可以有相同的价值判断；立场常常会影响价值判断，但立场决定不了价值判断，反过来，价值判断也决定不了立场。因此，立场与价值判断在应用科学研究中是不可分的。

────────────

① 从这个角度来说，过去一些研究基于立场和价值判断，认为经济学属于社会科学而不属于自然科学的做法本身是判断标准与判断结果之间的错位。

5. 围绕痛点的应用研究学科划分

现实痛点是应用科学研究的中心，但面对同一个痛点，人类可以从不同的视角、对象、方法着手展开研究，寻找改造方案，这就相应地形成了不同的学科。

以作物单产低这一痛点为例。育种学是以种子为研究对象，从遗传性状、基因表达、分子结构等视角，采用杂交、基因编辑等方法，开展研究，从而形成不同的育种学分支；土壤学则以土壤为研究对象，从土壤结构、养分管理、水分管理等视角，采用物理、化学或生物方法等开展研究，相应形成不同的土壤学分支；社会科学则以从事农业生产的个人或群体为研究对象，从技术采纳、技术扩散、田间管理等角度，采用经济学、管理学或社会学等不同的方法开展研究，从而形成不同的社会学分支。

上述学科或学科的分支，其目标都可以是改造作物单产低这个痛点。因此，所谓的学科划分，其实就好比人类想要登上珠穆朗玛峰一样：既可以从北坡上，也可以从南坡上；既可以徒步，也可以乘坐直升机，还可以徒步加直升机；既可以自己攀登，也可以为别人开发攀登工具。各有不同，但可以殊途同归。

这样的学科划分当然形式多样，但总体上划分的标准离不开视角、对象和方法，在不同的学科层级上皆是如此。

搞清楚应用科学的学科划分对于高效地开展文献研读、科学研究和科技论文写作十分重要。对学科划分的理解不仅有利于科研人员准确地把握其研究的规范性，提高科研效率，更有利于研究人员超越自己所在学科、超越不同理论体系，在更高层次上评价一项研究、一个学科、一套理论的价值与局限性，进而有利于开展跨学科、多学科交叉研究，更高效地取长补短，而不至于把交叉研究做成交换学科研究，完全丢掉自己的学科特长与优势。

三、因果关系与作用机制

为了找到改造痛点的办法，应用科学研究就必须探寻导致痛点的原因，这样才能通过改变原因，实现改造痛点的目标。显然，我们至今一直强调的"痛点"其实就是我们常说的因果关系中的"果"，因此，寻找改造痛点的办法也就相当于寻找某个痛点产生的原因，验证其中的因果关系和作用机制也就成了对应的科学问题（research question，简写为 RQ），或关键科学问题。

在揭示型研究中，也是如此。揭示型研究往往从原因开始，试图揭示其可能导致的痛点，而改造型研究则从痛点开始，试图寻找导致该痛点的原因。无论哪一类，本质上都是探寻一组因果关系。理解这一点并不难，但我还是想提醒读者记住这一点，因为这对于理解本书后续的其他章节内容至关重要。

除了因果关系，在应用科学研究中，还有一个常说的概念叫作用机制。什么是作用机制呢？简单而言，就是在一组因果关系中，从因到果转化过程中，各种内外因相互作用，并通过各种途径、节点、相互关系，最终输出结果的全过程。这可以用图 1-4 表示。

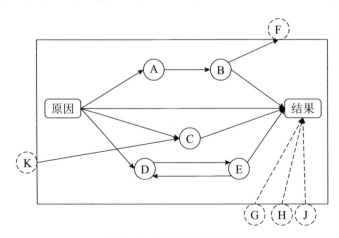

图 1-4　因果关系示意图

在上图中，从一个原因出发到最终结果，中间可以经过一个或多个途径，各个途径之间可以是独立的，也可以是相互交织的，每个途径可以是直达的，也可以是通过中间若干节点传递的，并可以在节点间形成新的子途径，甚至还有可能在中间形成局部小循环，构成一个局部反向因果系统，如上图中的 D 和 E 之间。

除了内在的因果联结，一个因果系统还可能与外界产生各种各样的联结，其中包括两种基本联结形式：一是，输出到局部系统之外，产生其他结果，如图中从 B 点输出到方框外的 F 点；二是，从外部输入该局部系统一个新的力量，并和系统内的原因在某个途径或节点上相互作用，传导到系统内，如图中从 K 点作用到 C 点。

这样一个系统内外联结的新系统，常常有四种基本因果类型：一因一果、一因多果、多因一果和多因多果。相对而言，一因一果是最简单的因果关系，而涉及多因或多果的关系就要复杂很多。

1. 因果关系降维

现实是，在绝大多数的应用科学研究中，人类常常面对的是十分复杂的因果系统，一因一果的独立系统是极少见的。在包括经济学在内的社会科学研究中，因果关系更为复杂。为了使得因果关系的识别成为可能，研究人员常常需要对复杂的因果关系进行降维处理，这包括从复杂系统中截取一个局部系统，或从一个长因果链条中截取某个片段，或把复杂因果关系通过加总提高到更高维度上，从而可以忽略其中的一些细节等方法。

把复杂因果系统降维有很多现实的原因，比如以下三点：

（1）导致一个痛点的现实原因与作用机制本来就很简单。极端的例子有：植物叶子萎蔫了是因为缺水，浇些水就可以解决；阳台地面上有沙尘，可能是大风天没有关好窗户，检测窗户密封性，在大风天及时关上窗户就可以解决。

（2）受研究资源或外在条件制约（比如经费或工具），研究人员暂时只能对复杂因果关系中的一部分开展研究。尽管这样的研究无法独立对改造痛点的目标提供完整的，甚至局部的解决方案，但这样的研究同样十分重要，因为能够为最终找到解决痛点的方法提供阶段性研究成果，为后续的研究搭好阶梯。

（3）围绕一个痛点的因果系统中，绝大部分作用机制已经被人类认知，只是个别部分或因果片段不够清晰，从而制约了人类改造痛点的整体能力。因此，新的研究只需要聚焦在尚不清晰的部分，寻求突破就可以了。

深刻理解上述因果系统的复杂性和降维处理对于科研实践十分重要。对于科研人员来说，这既有利于准确地评估自己研究的现实与文献价值，也有利于看清自己研究依旧面临的局限性，从而可以更清晰地看到未来研究的方向与重心。对于科研成果的评审人员来说，这也是十分重要的。只有清晰地意识到每项研究的边界，才能更准确地评估这项研究的价值和局限，给研究人员提出更有针对性和建设性的意见，而不至于提出超出其研究边界的过分要求，甚至因此否定其研究的价值。

当然，对专心于一项具体研究中的科研人员来说，认识到因果系统的复杂性和一项研究需要具备的边界，只是开始，真正能具备清晰边界感，并能够基于边界认识自己研究的价值和局限，还需要很多练习。做到这一点，有意识地在边界内外切换角度、转换思维，实现自由穿梭，是一条必由之路。

2. 因果关系与相关关系

因果关系与相关关系都描述两个现象之间的关系，但前者强调的是一个现象的发生如何诱发并导致另外一个现象的发生，而相关关系仅仅刻画两个现象之间的关联模式，通过简单的散点图或线性回归就很容易观察到，比如一个人的身高与体重就是一组相关关系，但两者之间并不存在因果关系。

因果关系的存在一定意味着相关关系的存在，但相关关系的存在却不一定意味着因果关系的存在，因此，相关关系是因果关系的必要不充分条件。

在应用科学研究中，相关关系常常被误认为是因果关系，从而使得很多看上去十分规范的研究事实上无法实现改造痛点或揭示痛点的目标。因此，认知与识别因果关系在研究实践中的重要性再怎么强调都不为过。

把相关关系当做因果关系是十分危险的。举一个极端的例子：为了纪念孩子的出生，很多人喜欢从第一天开始就定期记录孩子的体重和身高，一段时间后，如果把孩子的身高数据与体重数据进行统计或计量模型分析，我们会很容易得出两者之间存在一种正相关关系，但显然，我们既不能说孩子长高了是体重增加的原因，也不能说体重增加是长高的原因。如果错误地把两者之间的相关关系当作因果关系，就会得出令人瞠目结舌的研究结果，并给出要想让孩子长高，就要设法让孩子增加体重的错误方法。

由于经济系统的复杂性，在经济学研究中误把相关关系当作因果关系的现象十分普遍，在宏观经济研究中更是如此。除了加强对因果关系与相关关系的认识与敏感外，一个略显粗暴但十分有效的办法就是，习惯性地把经济主体的行为看作结果，并把其行为决策时面临的约束当作原因，这样就不容易出错。关于这一方法，读者会在第三章更深刻地感受到，这里暂时按下不表。

3. 内因与外因

辩证法认为，任何现象的演化都是内因和外因共同作用的结果。内因是演化的根本原因，外因是演化发生的外在条件，是现象与现象之间的外在联系和作用；内因是演化的基础，外因通过内因起作用；与外因相比，内因通常更加稳定，外因则更加多变；内因和外因既相互区别又相互联系，辩证统一，在一定条件下还可以互相转化。

举几个例子来说，鸡蛋可以孵化出小鸡，其内因是受精的鸡蛋自身具备细胞分裂和生长发育的能力，这就是内因，其外因是需要一定的温度条件，只有在一定的温度条件下经过一定的时间，鸡蛋才能孵化出小鸡。

在经济学上，消费者对不同的商品有不同的偏好，面对风险时决策者会变得更加谨慎，这些都是内因，而商品价格变化、政策不确定性、气候变化等都是个体决策的外因。战争对于经济社会中的个体而言是外因，但放在整体人类社会中，人类面对威胁时，奋起反抗，进行战斗又是其自然属性，因此是人类社会演化的内因。

因为有内外因的存在，应用科学研究中的因果关系识别就有了内因决定的因果关系和外因决定的因果关系。内因决定的因果关系（也可以称之为内在因果关系）主要是揭示事物运行的内在规律，以经济学为例，其中的偏好关系、理性预期理论、风险决策理论等，揭示的就是经济主体决策的基本规律；外因决定的因果关系（也可以称之为外在因果关系）强调的是主体行为对外界环境变化的反应，比如需求理论和供给理论分别揭示的就是消费者和生产者选择对外在价格变化的反应规律，信息不对称这一外因与风险决策理论这一内因共同导致市场失灵。

显然，离开内在因果关系讨论外在因果关系，很容易导致认知偏差，离开外在因果关系讨论内在因果关系，也很容易遭遇因内因稳定、不易改变而导致的无法改造结果的困难。因此，开展内在因果关系研究为外在因果关系研究奠定基础、提供平台，或者基于给定的内在因果关系，研究外在因果关系，就构成了最常见的应用科学研究范式。成体系的内在因果关系共同构成了理论体系，如现代西方经济学或马克思主义政治经济学，都是经济学理论体系，揭示的是整个经济运行体系的内在规律。

4. 因果关系与作用机制举例

对于绝大多数读者来说，图1-4中的因果关系与作用机制理解起来并不困难，但放在科研实践中，特别是在经济学研究中，围绕一个痛点的因果系统和作用机制往往复杂且模糊。很多研究人员即便能够从概念上准确地理解因果关系和作用机制，依旧很难在研究实践中清晰地体现出来。因此，有必要举例来进一步说明。

例1：汽车发动机

一个内燃式发动机的核心部分由气缸、活塞、曲轴和连杆、进出气阀门、火花塞等一系列装置按照一定的框架结构组合而成。如果我们给内燃机加油点火并进行空气管理，就会通过汽油燃烧，导致空气急速膨胀，进而推动活塞在气缸中移动，释放压力，活塞再次点火，周而复始地输出动力，带动转轴连续转动（图1-5）。

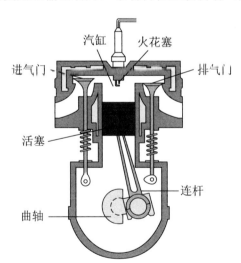

图1-5　内燃机工作原理示意图

如果把内燃机安装在汽车上，就可以通过齿轮、转轴、链条等装置把动力输送到轮胎转轴上，推动汽车前行，还可以把动力传导给汽车空调，带动空调的运行，传导给发电机，点燃车灯和仪表盘，并输入汽车蓄电池，用作下次启动汽车的初始动力源。

在这个例子中，汽油遇火会燃烧、空气会膨胀是内因，点火、空气进入是燃烧的外因。如果把内燃机输出的动力作为结果，整个内燃机的动力转化与输出系统中各种组件之间的相互作用就是从原因（包括内外因）转化成结果的作用机制；如果把推动汽车前行、空调运转和电力系统运作作为结果，则从整个内燃机的动力转化、输出和汽车上的动力传导系统中，所有组件之间的交互作用就共同构成了从原因到结果的作用机制。

在这个例子中，任何一个地方出了问题，都意味着问题或痛点出现了，比如汽车空调不运行、踩油门的时候车速提不起来，或者干脆发动机启动不了等。每个问题或痛点就代表了一个状态性的结果。修理人员需要首先找到问题或痛点所在，然后再沿着相应的动力转换、输出、传导和控制系统进行细致的研究，这就是寻找原因的研究过程。造成这个问题或痛点的原因可能是一个，也可能是多个，从而呈现出一因一果或多因多果的可能。

以提不起速为例，导致这种状况的原因很多，比如发动机的能量转换或动力输出系统出了问题，或者从发动机到轮胎驱动装置中间的传动系统出了问题，如皮带打滑、离合器空转等，也可能是刹车系统不能回弹，一直处于刹车状态。

有经验的修理人员一定不会把影响提速的系统全部检查一遍，更不会把整个汽车全部拆开来检查，而会结合过往的经验、对汽车所有人的询问、检查的难度等，有目标地选择某些特定的部位或子系统进行检查和排除，直到发现原因所在。这里检查的每个子系统都可能包含了一组因果关系。

检查的结果可能是发动机内积碳严重，从而影响了汽油的燃烧效率，导致发动机输出动力不足，也可能是传动皮带由于自然老化变松弛了，出现了打滑。这样，提不起速的原因就找到了。基于此，只要清理发动机中的积碳或更换传动皮带，问题就能解决了。

当然，有经验的车主可能会进一步追问，为什么密闭那么好的发动机内会有那么多积碳？为什么还没到预期寿命的传动皮带会松弛？通过这样追根溯源的查找，不仅能解决当下提不起速的问题，还能有效避免短时间内再次出现积碳或皮带老化的问题。这样一个追根溯源地探索原因的过程，在经济学的研究中也十分重要。

现在，结果和原因都有了。那么，这个例子中从因到果的作用机制是什么呢？以传动皮带松弛为例，当传动皮带松弛后，皮带与发动机动力输出轴之间的摩擦力就下降了，导致皮带打滑，这不仅使皮带转速下降，还会进一步降低皮带的表面摩擦力，加剧皮带在动力轴上的打滑现象，传导到车轮驱动上的力量和速度就会持续衰减，从而造成提不起速的问题，这是一个从因到果的链条。此外，打滑的传动皮带还可能引发下游发电机发电不足，进一步导致蓄电池电压下降，引发靠蓄电池驱动的自动变速控制装置反应迟缓，从而延缓了轮胎驱动轴的对踩油门的反应速度。这是另外一个从因到果的作用链条，只是与前者比起来，这一链条的作用节点更多。这样从因到果的作用链条和节点上的相互作用共同构成了这个因果例子中的作用机制。

有没有一种可能，在上述因果链条中，所有的装置都没有发现问题，但就是提不起速来呢？当然可能。比如，由于天气炎热，汽车在运行过程中分配到给冷却系统上的动力增大，从而减少了分配到车轮驱动上的动力，导致提速感下降；也可能因为行驶在高海拔地区，由于空气中氧气不足，导致汽油燃烧不足，从而导致发动机产生的动力不足；也可能由于汽油中的杂质过多，导致活塞与气缸间的密闭性下降，进而导致发动机输出动力不稳定。这样的情况当然不胜枚举。

与前面例子中提到的积碳和传动皮带松弛这类原因不同之处在于，这里的天气炎热、高海拔和汽油杂质本身不是上述动力系统的组成部分，而是来自该系统运行所处的外部环境。我们可以简单地把燃烧汽油会积碳和摩擦力影响皮带与轮轴的相互运动看作是提不起速的内因,把天气炎热、高海拔和汽油杂质看做是外因。显然,分清楚内因和外因,不仅有利于更准确地找到问题的真正原因,还有利于有的放矢地解决问题。

在一本应用经济学文献的著作中,用汽车举例是不是有点意外?请别忘了,在本书的一开始,我就问自己,为什么不是一个理工男?所幸,在后来的经济学研究中,我发现摆在我们很多人面前的经济学现象其实和上面这个汽车的例子并无二致。如果非说有什么不同,那就是从经济学现象中更难准确地找到因果关系,说清楚作用机制,这是因为汽车中是一大堆我们可以用五官清晰地感知的实在,而经济学现象却如空气一般,看不见、摸不着、感知不到,我们甚至不知道其是否真实存在。

现在,让我们用一个经济学例子进一步认知因果关系和作用机制。

例 2:家庭经济问题

家庭是绝大多数文化和制度下的基本社会经济单元,通常由爱、血缘和法律关系相互连接的成员共同构成,具备人口繁衍、生活依存、经济共生等特征性功能,其基本的经济功能就是家庭内部进行劳动力的分工,进行生产,共同为家庭和每个成员创造有保障和美好的生活条件,实现个人与家庭的成长与价值追求。当一个家庭的生产在某个特定的时点上不能全部或局部达到自己期待的目标或一个外在的标准(如贫困线)时,这个家庭就处在自我贫困状态或被认定为贫困户。

在社会化大分工前,家庭处在一个十分简朴的环境中,其所有能够投入生产的就是与生俱来的个体成长性和后天习得的劳动技能,具备了这种劳动能力的家庭成员通过打猎、采摘、耕种等方式获得食物,并与尚不具备劳动能力的成员分享,帮助其长大,并获得劳动技能,初级的人类文明也让家庭有责任照顾那些随着年龄增长或受伤、疾病而丧失劳动技能的成员。

在这个朴素的家庭中，我们很容易看到十分简单的因果关系和作用机制。其中内因就是每个人与生俱来的成长性（及其衍生出来的对食物的内在需求）和对生命延续的内在动力，也可以称之为个人禀赋，外因就是其所处的自然环境中存在可以满足其基本营养需求的猎物、野果、土地资源、气候等，也可以称之为自然禀赋；结果就是生命得以维持，个人与家庭成长、繁衍得以延续。基本的作用机制就是，受维持生命和成长带来的食物需求这个内因的驱使，家庭中具备了劳动能力的成员就必须劳作，而外因中猎物、野果、土地等自然资源的存在为此提供了可能；获得的食物还要分配给家庭中尚不具备劳动技能的幼子，以帮助其长大，掌握劳动技能，从而提高家庭的食物获取能力，保障家庭人口的繁衍生息。

当外因发生改变后，比如进入冬天，能够获得的食物数量远低于食物丰富的夏天或秋天，这使得家庭中有劳动能力的成员不得不付出更多的时间、跋涉更远的距离寻找食物，即便如此，家庭成员也会因为食物供给能力的下降而变得消瘦，更容易生病，甚至死亡，这就改变了生命维持、成长和繁衍的结果。为了尽可能存活，家庭成员不得不尽可能减少不必要的活动，以降低身体对能量的消耗，在必要的时候，还不得不把有限的食物优先分配给具有劳动和生育能力的人，从而增大家庭作为一个整体在严寒中存活的概率，分配不到食物的其他成员则很难存活下来。这些都是外因发生变化导致的结果。

对于今天世界上的绝大多数家庭来说，已经不再依赖打猎和野外采撷满足食物需求，而是在社会化大分工的条件下，通过家庭成员参与各类更加专业化的劳动或组织生产并出售相应的产品或服务，获取相应的报酬，再用这些报酬从市场上购买同样由专业人士生产出来的各类商品或服务，以满足家庭成员的成长与价值实现的需求。因为生产复杂性较原始社会已经大幅度提升，所以每个家庭成员在长大的过程中，需要花费更多的时间和投入进行技能学习，以能够帮助个人、家庭和社会创造出更多的财富和更多的价值。

显然，即便到今天，绝大多数的文明中，家庭成长与发展的内因并没有发生本质的变化，所不同的仅仅是，在各种外因及其与内因的交错作用下，人类作为整体掌握了更多的技能，人类生产生活的空间不断放大，家庭与社会之间的融合度也远远高于过去，这使得每个个体和家庭对外因变化的适应性与忍耐性可能更强，不再像过去那样容易受冻挨饿。同时，个体掌握的技能在社会化大生产的进程中变得越来越专业，这就需要通过学习不断地更迭自己劳动技能。

这样，通过要素和产品之间交换，个人和家庭不仅可以维系基本的生计，还可以不断地谋求发展，而发展可以从很多维度上进行考量，比如家庭食物保障水平、收入水平和收入增长能力、家庭成员的健康水平、在一定社会关系中的地位等。

当家庭食物保障不足、收入不能满足家庭发展、家庭成员生病、失业等现象发生时，我们就说，令人不舒服、不和谐的痛点或结果出现了。

解决这些痛点有很多办法，比如，生病了就要去看病，诊断是什么病、是什么原因导致这一疾病就是医学研究做的事情，当疾病可能与个人的行为（比如饮食、作息等）有关系的时候，经济学就有了研究的可能。比如，拿一段时期内的食物消费与一个健康人的消费进行比较，研究人员可能会发现，这个人的粗纤维摄入严重不足，而碳水化合物摄入严重超标。从营养与健康科学的证据来说，可能正是这样的饮食导致这个人更容易生病。经济学家这个时候会问，为什么这个人的饮食消费结构是这个样子呢？能不能通过补贴来降低粗纤维含量高的食物价格，通过征税来提高碳水化合物含量高的食物价格，实现对该成员的食物消费结构的调整，使其向更健康的饮食模式转变呢？

显而易见，这里粗纤维含量高的食物价格高和碳水化合物含量高的食物价格低就成了经济学家要验证的原因。如果通过实证研究，证明价格确实显著影响该成员的食物消费结构，那么才有可能通过相应的价格调节措施帮助该成员改善其饮食结构，进而改善其健康状况。除了价格外，经济学家也可能发现其他原因，比如家庭收入太低，不足以负担起满足家庭成员健康需求的基本食物消费等。

从价格这个原因到生病这个结果之间的作用机制，我们已经在上面的讨论中看到一些，一个比较直接和清晰的作用链条是价格高导致粗纤维食物购买和消费不足，价格低导致碳水化合物类的食物消费过多，从而使得营养摄入与身体对营养的需求不匹配，这样长期消费的结果就可能导致某个时刻生病。当然，我们也可以验证是否存在其他的作用途径，比如，如果该家庭从事农业，食物价格可以通过影响其生产的农产品价格而传导到其家庭的农业种植结构，也可以通过影响家庭出售农产品的收入，进而影响其消费结构。

比较上面两个例子不难看出，经济学和其他应用科学一样都是围绕着痛点开展研究，试图找到解决或改造痛点的方法。通过进一步探寻因果之间的作用机制，人类不但能够确定识别的因果关系是不是真正的因果关系，而且具备了按照一定意志主动改造因果关系或开发改造结果所需工具、材料、制度等的能动性。

最后，我想说，在上面的两个例子中分内外因进行讨论还有一个更为重要的目的，就是要为后面的经济学文献研读做铺垫。

需要首先强调的是：前面说的经济学上的很多内在因果关系（如偏好理论、理性预期理论、风险偏好理论等）并非一定是人类内在的必然规律，更非唯一规律。事实上，现代西方经济学的整个理论体系是在很多假设前提下"设计"出来的一套体系，之所以能够被科学界接受，仅仅是因为整个理论体系在多数时候与现实中的经济活动是一致的，但这并不排除人类可以"设计"出另外一套理论体系，也能很好地与现实世界相一致，甚至更一致。如果拿前面的内燃机做例子，就是说，汽油可以通过燃烧并借助内燃机的结构设计，输出动力，但内燃机并不是唯一可以把汽油转化为动力的装置，即便都叫做内燃机，也有很多不同的装置设计，从而使能量转化效率大不相同。

第二章
科技论文与文献研读

本章首先讨论科技论文写作的一些基本问题，以帮助读者掌握之前在绪论中提到的写作程式；其次，本章还从一般意义上认识文献研读中基本问题，并讨论如何从重要性和创新性两方面评价应用科技论文。因为讨论的内容具有超越经济学论文的一般性，所以我把这部分单独作为一章，置于第三章讨论经济学研究之前。本章的内容对我们在后面学习文献研读、文献评价和文章写作都很重要。

一、科技论文

1. 科技论文的根本目标

写科技论文的目标是什么？在很多科技论文写作的指导书上，科技论文写作被赋予了很多目标，比如体现研究人员劳动价值、记录科研过程、进行学术交流、科研活动组成部分、职称晋升等（周新年，2019）。

但我的观点是，写作科技论文最根本的目标有两个：把科研人员的研究过程与发现用最简洁、准确的方式记录下来，并用最高效的方式传播出去。只有这样，才能高效地满足人类的好奇心和帮助人类改造世界的科研初心。

　　显然，科技论文写作的这一目标严格服务于科学研究的目标，其他的目标要么服务于这一目标，要么伴随于这一目标。比如：记录科研过程有利于科研成果写作表述的准确性和科研过程的可重复性和可检验性，学术交流则有利于提升科研成果的可靠性和传播性，因此二者都服务于科技论文准确、高效传播的目标；而体现科学人员价值、培养学生写作能力，甚至支持科研人员的职称评定等则服务于科研成果传播的目标。

2.科技论文写作遵循的基本原则

　　既然科技论文的目标是把研究过程与发现用最高效的方式记录和传播出去，我们就必须知道怎样才能实现这个目标。站在读者的立场回答这个问题更容易。一个简单的标准：用最短的阅读时间，获取最丰富、最有价值的信息。这决定了科技论文写作需要遵循以下基本原则。

　　（1）主线清晰

　　任何一篇科技论文都要有清晰的主线。科技论文是记录科研过程与传播科研发现的载体，因此，科技论文写作的主线就必须紧密围绕并服务于研究的重要性和创新性展开，并构成完整而简洁的中心"故事"，这个"故事"能够让读者在不读文章细节内容的条件下，就可以理解本文的核心价值与贡献。

　　（2）重点突出

　　所谓重点，就是散布在主线上的关键内容，构成了文章中心"故事"的要件。对应用科技论文来说，这些要件包括：

- 动机是什么？ ①
- 拟回答的关键科学问题是什么？

---

① 动机就是实现目标的驱动力。对于改造型和揭示型研究来说，动机就是促使人类想要改造的痛点，从而能帮助人类不断向更舒服、更和谐的状态发展；对于方法型研究来说，动机则是对既有的研究工具、材料或平台进行改进以提高科研效率。

● 核心创新性如何体现？

● 关键科学问题的答案是什么？

● 研究结果的应用价值如何体现？

（3）表述严谨

为了把研究成果高效传播出去，并力图转化为人类认识世界和改造世界的能力，研究人员就需要把严谨的思辨和论证逻辑、过程记录通过论文准确地传达给读者。做到这一点，就必须保证在论文写作中表述十分严谨，这主要包括语法正确、结构清晰、标点符号准确，以及复合语句中关联词与关联内容的正确运用等。

在绝大多数的语言表达中，由关联词联结起来的复杂句子关系有十余种之多，常见的包括：因果关系（如，因为……，所以……）、并列关系（如，一方面……，另一方面……）、选择关系（如，不是……，就是……）、次序关系（如，首先……，其次……，最后……）、递进关系（如，不仅……，还……）、假设关系（如，如果……，就……）、条件关系（如，只有……，才……）、转折关系（如，虽然……，但是……）等。每种语法联结关系都是固定的，不能随意调换和乱用。比如，不能把"只有认真做好研究，才有可能发表高质量文章"写成"只要认真做好研究，才有可能发表高质量文章"或"只有认真做好研究，就有可能发表高质量文章"；再比如，写"因为成立了合作社，所以社员之间就可能采取一致性行动"没有问题，但如果说"因为成立了合作社，所以社员就组织起来了"，就缺乏了关联词使用的严谨性，因为，成立合作社与社员组织起来基本就是一回事，两者之间并非因果关系。

对于科技论文来说，表述严谨是最基本的要求，但不得不说，现实里的各种科技论文中，语言表述不严谨问题十分常见，值得每个人高度关注。这些问题不仅反映出作者对待研究与写作的态度，更反映其对自己研究成果和读者的不够尊重，当然，也一定会严重地影响到研究过程记录的准确性和科技成果的高效传播。

（4）信息准确

科技论文是作者与读者之间交流的无声媒介，因此，论文写作就必须能准确地传达信息，这包括但不限于：观点表述准确无误、文献引证准确无误、研究过程与方法陈述准确无误、结果呈现与解读准确无误。离开信息表达的准确性，科学研究的可复制性、研究结果的可靠性就无从谈起，这将从根上摧毁了科技论文记录过程和传播知识的基本目标，破坏了科学研究的可重复性。

任何不经意的信息不准确都可能导致灾难性的后果。比如，在对某个研究方法的文献回顾中，写到"班克斯等（Banks et al., 1997）提出了近乎理想的需求系统模型（AIDS）"，那么该引证就不准确，因为该系统模型最早是由安格斯·迪顿和约翰·米尔鲍尔（Augus Deaton and John Muellbauer，1980）提出的，而班克斯等提出的是 Quadratic AIDS 模型。再比如，在描述模型结果的时候，如果自变量（比如税收）的估计参数为 -0.031，p 值为 0.188，那么在通常我们采用的置信区间内，该参数就不具有统计上的显著性。如果作者写成"税收对被解释变量的影响为负，但不显著"，这种表述就不准确，因为如果在统计上不显著，就意味着，无法拒绝参数等于零的原假说（H_0）。因此，只有在设定的置信区间上有统计显著性的时候，才能说是正或负的影响；统计不显著的时候，无论估计系数是正还是负，其实都无法拒绝在统计上等于零的原假说。

（5）写作规范

为了高效传播科学研究的成果，科技论文还必须做到写作规范，这主要包括但不限：文章结构与板块次序上的规范、各级标题与内容的一致、引证与参考文献格式符合规范、专业词汇与专用名称、缩写正确运用、图表格式与标识符合规范等。写作规范性保证了作者与读者之间不会产生不必要的交流障碍，也就是保证了读者与作者间同频，使得读者尽可能与作者一样可以快速地找到想要的内容。反过来，就很容易导致沟通不畅。

比如，通常理论框架和实证方法会在实证结果的前面，如果倒过来，就很容易让读者迷茫，除非在十分明显的地方告诉读者为什么那样做；如果节标题是理论框架，节内容就一定是理论框架，而不应该写成实证模型，那样就会让读者无法根据节标题快速找到对应的内容；摘要要给出本文回答的关键科学问题及答案，如果不包含，就会让读者无法从摘要中得到期望的信息；看到引证中有（Bai，2018），在参考文献中，却写成了（Junfei Bai，2018），那么就很难按照首字母快速定位该文献。

在写作规范上，有两种十分常见的不规范现象值得强调：

一是，段落主题句缺失、不清晰或主题句与段落内容不一致的现象极为普遍。在现代科技论文中，段落主题句不仅反映作者通过该段落想要传达给读者的中心信息，还承担着段落标签作用，也就是说，段落中的内容基本上是围绕着段落主题句展开的，只有主题句与段落内容一致的时候，才能发挥其标签作用。反之，不管是没有主题句，还是段落内容与主题句范围不符，都意味着读者无法根据主题句决定是继续阅读本段落还是跳过，从而影响信息搜索和阅读的速度。

二是，言之无物或少物。比如这句话："我们的研究结果表明，居民参与资本市场的行为受到年龄、职业、受教育水平、所在省份的显著影响"。类似这样的语句，在正式发表的学术论文中并不少见，但稍加分析就不难看出，这样的语句不论是放在正文中还是摘要中，都属于言之无物或少物。从这句话中，读者除了知道居民参与资本市场的行为受到若干个因素的影响外，对其他信息一无所知，既不知道每个因素对参与行为的影响是正是负，也不知道这里的居民行为是参与不参与的 0-1 变量，还是参与程度或其他参与行为。如果在不显著增加字数的情况下，把这句话改成

"居民是否参与资本市场显著受到其年龄和受教育水平的正影响，同时，还存在显著的职业和区域异质性"，其信息丰富度就提高很多。

3. 写作是科研的组成部分

科技论文的根本目标与写作本身是科学研究的一部分并不冲突。虽然很多研究人员认为论文写作只是对科学研究过程与成果的一个整理（write-up），但是越来越多的研究人员已经认识到，论文写作过程本身就是科学研究的一部分，甚至是科研创新的一部分。芭芭拉·凯姆勒和帕特·托马斯（Barbara Kamler and Pat Thomson，2020）在《如何指导博士生学术写作：给导师的教学法》一书中甚至推崇"研究即写作"的理念。乔治·莱德（George Ladd, 1987）则说："只有在写作时，才对我所思考的东西有所认识。"

有过一些写作经验的人都不难意识到，不管作者在动笔写论文前对要写的东西多么了然于心，过程中一定少不了对拟写的材料、观点产生某种怀疑。作者可能突然意识到某些逻辑链条可以显著简化，某些公式或变量可能不再像研究之初那般必要，必须补充一个部分的验证，对某个观点引申出更有价值的应用。这些新的意识常常会激励或迫使作者对原有的研究进行或大或小的修改，一些时候甚至会被迫中断写作，重新研究，从而促使原有的研究更加完善与可靠。

之所以写作能有此功能，是因为存在这样一个事实：人类大脑的记忆缓存十分有限，对于一项复杂研究的每个细节都在大脑里预先全景式地呈现出来几乎是不可能的事情。这就使得很多研究人员在动手写论文之前，对于将要写出来的论文只有一个大体清晰的主线和框架，而无法掌握所有细节。

正因为如此，论文写作常常可以根据作者的习惯分为两大类型，一类是一边研究一边写作，另一类是在研究完成或者起码基本完成之后，才会动笔写。很难比较哪种类型更好。边做边写有利于随时记录下研究的每个进展，这有利于研究人员释放一定的大脑记忆空间，从而有利于集中脑力攻克后面还需要继续推进的研究，但因为接下来的研究仍存在较大不确定性，所以之前写好的内容很多时候不得不部分甚至全部推翻重写。

研究完成后再开始写论文的做法，会使得完全推翻重写的概率下降，但却不利于研究人员在研究过程中集中脑力攻坚拔寨，也很容易忘记一些细节，当这些细节可能在某个不经意的时候影响到研究的核心逻辑或观点的时候，就会动摇到研究本身，从而不得不回过头来重新研究。

如果读者还没有形成自认为适合自己的写作习惯，一个可供参考的办法就是把研究过程中的一些细节按照一定的分类，用最简洁明了的方法记录下来，但并不需要像写论文那样斟词酌句。等到大部分的研究工作完成，论文的主线确定下来后，再开始基于这些材料正式写作。这样记录下来的细节既可以在研究过程中反复回看，又能在论文正式写作过程中，分门别类作为论文每一部分的写作材料。至于记录分类的方法，每个人都有自己的习惯。一个值得分享的方法是按照将来起草的论文结构分节进行记录与管理，这就需要我们对科技论文的一般结构十分了解。

虽然本书讨论过程中会不时地涉及科技论文写作的问题，但读者必须清楚，本书的重点并不在于讨论科技论文写作。关于科技论文写作方面的参考书在市面上很多，其中迪尔德雷·麦克洛斯基（Deirdre N. McCloskey）于 2019 年出版的 *Economical Writing: Thirty-Five Rules for Clear and Persuasive Prose* 和帕特里夏·古德森（Patricia Goodson）于 2012 年出版的 *Becoming an academic writer: 50 exercises for paced, productive, and powerful writing* 对于很多科技论文写作的初学者来说，值得推荐。

二、初识文献研读

文献研读是每个科研人员必备的基本技能，是人类在科学探索中承前启后、不断把人类认知前沿推向新高度的基础。只有准确地掌握文献，才可能站在人类认知的前沿上，看到未知；只有准确掌握文献，才能看到既有认知中的缺陷，为改进或修正认知提供可能。

1. 文献研读按目标分类

文献研读可以根据研究人员的目标或现实需求划分为四种类型。

（1）把握前沿缺口，界定研究创新。文献研究终究要服务于科研人员的科研。同时，在文献中找到缺口也是进行科研创新的必经之路。这是研究人员经常性需要通过文献研读实现的目标。在写文章、写申报书、写开题报告时，这一类的文献研究尤其重要，因为评价这几种科研活动，创新性无疑是重中之重。

（2）探索新领域，开辟新战场。当研究人员想要开辟一个新的研究领域时，常常需要对该领域内既有文献进行快速梳理，以期整体上把握这个领域的研究现状和动态，并找到一些可能的文献缺口。在一个新领域申请或完成科研项目，就常常需要这类文献研究。很多横向研究项目和应急类的项目因为主题的多变和研究周期短的特点，需要研究人员在立项前后进行相关领域大量的文献研读，也属于此类。

（3）学会新理论，掌握新方法。除了现实问题的不断出现，科研人员在自己的职业生涯中还需要不断地更新自己的理论和研究方法，才能使得自己的研究与时俱进。我在美国学习和访学期间，亲眼见到很多领域内已经十分有名的经济学家，他们会趴着桌子上，在成堆的纸张上推导模型，会坐在电脑前，一行一行地编写模型估计程序。有针对性地学习文献中的前沿理论和方法是科研人员一生中都需要做的事情，对于保持先进研究理念与手段至关重要。

（4）跟踪研究前沿，奠定知识厚度。为了保持对学术前沿的及时掌握，很多研究人员需要在日常工作中不断跟踪研究前沿，这不只限定在研究人员所在的小领域，而且常常需要延伸到更大的领域。大领域的很多重大学术进展常常会影响或启发到许多小领域。日常保持跟踪研究前沿的习惯，有利于研究人员增加知识储备，更对研究人员保持科研生命力和竞争力十分有益。

上述四类文献研读的目标对应了现代科学研究对"山"型科研人员的需求。其中，"山"字的横线"—"代表着科研人员掌握的知识宽度，中间的长竖线"丨"表示研究人员在某个专长领域内知识与文献掌握的深度，两边的短竖线"丨"表示其他领域知识与文献掌握水平。早些时候，我认为好的科研人员需要具备倒"T"型知识结构，也就是要有一定的知识宽度和某个领域内的高度或深度，但近些年来，我越来越觉得，"山"字形知识结构比倒"T"型可能更加适合现代科研对科研人员的需求。这其中最根本的认识在于，每个独立领域前沿突破都已经变得很难，也都或多或少碰上了很多从学科内部无法解释和突破的瓶颈，这使得交叉研究几乎在所有学科都成了学科发展的前沿阵地，重大的突破也更可能出现在交叉领域。

但是，这些年来和其他学科研究人员的合作经验表明，如果双方的科研人员都只了解自己学科的知识，而对交叉合作的学科一无所知，或者只有肤浅的认识，就很难进行有价值的交叉研究，因为彼此都无法理解对方，更无法站在对方的角度回看自己学科和自己认知中的缺陷。结果就是，常常在合作中怀疑对方，而不是质疑自己，人类的天性又常常是，一旦被怀疑，就会进入一种自我保护和抗拒模式，导致无法继续深入合作下去。只有合作双方都对对方的领域有较深刻的认识，才能做到对对方学科的尊重，才能反过来更好地审视自己学科和自己认知中的缺陷，从而可以跨领域学习与借鉴，推动双方认知的不断提升和学科的不断完善。从这个认知来看，"山"字形可以比倒"T"型更好地刻画现代科研对研究人员知识结构的要求。

上面根据实际需求把文献研读分成的四种类型的做法也恰恰对应了构建这个"山"字形知识结构的需求。跟踪研究前沿，主要是为了拓宽文献宽度，也就是拉宽底部的横线；探索新领域，开辟新战场，主要是为了强化不同领域的知识与文献积累，为开展交叉学科的研究与创新提供可能，也就是竖起"山"字两边的短线；学习新理论、掌握新方法，把握前沿缺口，界定研究创新，主要为了在自己的优势领域不断突破，把"山"字中间的竖线竖得更高更牢靠。

2. 文献研读要达到的水平

（1）读得懂——抓住了主线，抓住了重点，特别是抓住了科学问题，搞懂了对应的答案和研究的创新性，就达到了读得懂的水平。这是文献研读需要达到的最基础水平。

（2）讲得出——读得懂别人的文章，不一定就能讲得出别人的文章。要想讲得出，就不仅要读懂，还要把作者的语言转化成自己的语言，用口语化方法重述出来，让没有读过这篇文章的人也能够看得懂。做到这一点，就说明读者基本上吸收了文献的精华。

怎么理解"口语化"重述呢？经济学研究的现象都是经济社会中的普遍现象，这使得几乎所有经济学研究的问题都可以用日常语言进行描述，这也是为什么很多非经济学科班的人士在理解经济学现象和规律上，有时候比经济学科班的人要做得更好的主要原因。因此，如果我们对一篇文献的研究还不能转化成日常语言，让大多数人都能看懂，就说明还没有把文献搞透彻。非专业人士看不懂的是研究的过程，但为什么要做这个研究、研究的结果是什么、应用价值是什么，这些都应该尽可能让非专业人士看得懂。当然，这一点也是对科技论文作者写作的要求。

（3）接理论——对于实证类文献，不管文献中是否有理论讨论，读者都要试图把本文的核心科学问题与自己已知的经济学理论进行对接，不一定在细节上特别清晰，但要在基本理论框架上能够对接上。这样的训练一方面可以提升读者对该文献的认知深度，另一方面也十分有利于在理论层面上看到文献间的异同，更容易避免被单篇"现象化"的文献带着走。长期的训练与积累也会帮助读者在理论研究与实证研究之间不断形成相互正反馈。

（4）会归类——对一篇文献进行恰当的分类不仅会加深读者对这篇文章的理解深度，更有利于在成千上万的文献中看到彼此间的异同，对于文献报告的分析与写作也都至关重要。一般来说，如果读者能达到前述的接理论水平，归类并不难，重点是掌握各种灵活的归类方法。这一点，我会在后续的章节中经常性地讨论。

（5）敢放弃——能够在不同的时点上敢于放弃一篇文章，就说明读者已经有了清晰的评判标准，并在内心深处构建起自信。事实上，有不少发表在高排名期刊上的文章，也常常不具备足够的科学性和价值，而只是在人类已有成果上"换了个马甲"而已。这就要求读者有能力用最少的阅读量识别出这些文献，并果断弃之，以集中精力研读更有价值的文献，但真正做到这一点，对于很多人来说并非易事，需要大量有意识的训练。

（6）敢评判——如果对一篇文献能够准确而清晰地看到其贡献和／或不足，也就有可能提出有价值的评判，那么，读者对这篇文献的认知就达到了更高的水平，如果能够对某个范围内一系列的文献都能做到这一点，就大体上达到了能看清文献前沿和文献缺口的水平。

（7）能复制——这一水平是说，如果给予相同的条件和资源，读者就可以像原作者一样复制出这篇文章中的研究。如果说，达到前述六种水平，读者只需要理解一篇文献的主线和重点，那么，想要达到能复制的水平，还必须在此基础上，掌握研究过程和方法的很多细节。

3. 做不好文献研究的后果

反过来，如果研究人员不能做好文献研究，一定会带来很多灾难性的后果，这包括但不限于：

（1）无法在文献中定位自己的研究，也就是无法与过往的文献、相邻的文献进行有机联结。

（2）无法清晰地呈现自己的创新，从而完全无法体现研究的价值。

（3）大概率在重复早已存在的研究，从而在寻求发表过程中被评审专家和主编质疑研究的边际贡献。

（4）无法预判可能面临的困难，导致研究无法按照既定的计划推进，甚至走进看不见前路的死胡同，不得不半途而废。

（5）浪费大量时间，揭示或证明一个路人皆知的道理。

（6）无法高效地更新和完善自己的知识结构，从而在成长中越来越远离文献前沿，丧失在科研领域的竞争力。

（7）对科学研究丧失兴趣、信心。前述灾难性后果如果偶然发生，研究人员或许还可以从中学到很多经验和教训，但如果频繁发生，在现实中将会严重削弱甚至彻底摧毁研究人员做研究的兴趣、信心和信念。很多高校的博士生在刚入学的时候，都有一个真实想要投身科研的梦想，然而，随着时间的推移，越来越多的博士生对自己从事的研究失去兴趣和信心，甚至怀疑当初攻读博士学位的选择，这其中相当重要的一个原因就是他们无法清晰地感受到自己研究的价值，而这背后更深层次的原因就是对文献掌握不足，对文献批判不足。

因此，"没有文献就没有科研"这句话一点都不过分。

三、研判应用科技论文的价值

对应用科技论文的研判一般需要分两个层面进行，一是研究自身的价值层面，二是规范层面。前者是内容，后者是形式。在现代科技论文中，两者是相辅相成的，都需要给予充分重视的。只有内容，没有形式，常常会让很有价值的研究无法高效地传播开来；反过来，只有形式，没有内容，科技论文就会失去其增进人类认知、提升人类改造世界能力的基本目标。有关规范层面的东西，本章第一节已经讨论过，本节重点讨论的是科技论文内在价值的研判问题。

研判一篇应用科技论文的内在价值，核心在于研究的重要性和创新性，二者缺一不可。重要性支撑研究的动机（motivation），创新性支撑研究的核心贡献（contribution）。只有重要性，没有创新性，或者只有创新性，没有重要性，都无法支撑研究的动机或体现研究的价值。

1. 研究的重要性

判断研究的重要性需要根据前面我们讨论的应用研究的三种基本类型进行。对于改造型和揭示型文献来说，判断其重要性主要看：拟回答的关键科学问题涉及的收益群休范围、影响到的资源分配与福利变化体量、回答该科学问题的紧迫程度等。通常，涉及的收益群体越广泛、影响到的资源分配和福利变化体量越大、回答该科学问题越紧迫，那么选题的重要性就越高，反之，重要性就越低。

据此可大体判断，宏观尺度上的选题通常会更加重要一些，因为背后涉及的收益群体往往更广泛，可能影响到的资源分配与福利变化体量也会越大；反之，微观尺度、细分行业和领域的研究，因为涉及的收益群体窄、影响资源与福利体量小，重要性就相对低一些。比如，一个国家的货币政策可能会影响到这个国家的所有人，甚至会通过国际交往影响到国外的人；食品安全治理体系或医疗保障制度缺陷也是具有全局性的痛点，可能影响到社会中的每个人；而出租车管理制度、特定群体的营养健康问题、脱贫问题具有局部性。

紧迫性也是一个十分重要的考量指标，比如疫情爆发初期开发检验检测的有效方法、评估其对经济社会可能的影响就十分紧迫，这使得在特定的时期内，这类选题的重要性就可能高于其他非紧迫性的选题，比如气候变化或环境政策，甚至超过研究收入增长的重要性。

对于方法型研究来说，由于并不直接揭示或改造现实痛点，因此，其重要性主要取决于文献中原有方法的缺失或缺陷大小，以及该方法被利用的广泛度。

当然，这种重要性研判是粗线条的、相对的，绝对水平上比较选题的重要性是不现实的。即便如此，采用这些方法研判选题重要性仍是研判一篇文献价值的关键一环。

2. 研究的创新性

科学研究本身是一个创造过程（埃思里奇，1998）。因此，研判科技论文的价值就离不开对创新性的研判。论文的创新性强调的是本研究与过往文献的核心区别以及该区别的价值，也就是本研究对文献的边际贡献。[①] 但凡寻求在学术期刊上公开发表的科技类文章，都必须强调创新性。

---

① 创新就是把当前的认知前沿向前推进，推进幅度可大可小，但都是相对于推进前的边际贡献。一些研究人员把边际贡献与突破性贡献对立起来，认为边际贡献是指那些对突破性贡献边边角角上的修补性贡献。但我不赞同这种说法。不管贡献大小，所谓创新就一定是前所未有的，因而一定也是突破性的，把推进幅度较小的创新称之为边际贡献，而把推进幅度较大的创新称之为突破性创新，就相当于把两者对立起来，这会掩盖任何创新都必须具有突破性的基本要求。

　　创新性是所有科技论文的灵魂与生命力。不管拟回答的关键科学问题及其背后的痛点多么重要，没有创新性几乎就等于这项研究在文献意义上价值微乎其微。正是因为创新性，一项研究或一篇文章试图呈现的观点才能比之前已有观点更具有某种意义上的说服力，这篇文献才能体现自己的独一无二，才有被后来的研究进一步引用的价值。创新性及基于该创新性所呈现的新发现、新观点、新方法、新视角事实上也是一篇文献最值得被引用的地方。

　　例外是那些政府或企业委托科研人员开展的咨询、编辑出版、技术集成、应用示范、科普等活动。这类活动通常也被称为科学研究，但不少这类项目的委托方并不要求创新，更多只是需要科研人员用其既有专业知识和技能帮助完成某些自己不能或不便完成的任务。这类委托方通常也不要求甚至不允许项目承担人在未经同意的情况下公开发表相关文章。我更愿意把这类研究工作称之为科技服务，而非科学研究。

　　关于创新性，在科研实践中有两种十分常见的误区值得强调：

　　第一种是只讲与文献的区别，不讲区别的价值。创新有两个要点——与文献的不同（differences from literature）、该不同可能具有的价值。一项研究与文献比较可以找到很多不同，比如数据差异、区域差异、方法差异、视角差异、时间差异等，但差异并不能自动说明其价值，差异只是创新具有价值的必要条件，而非充分条件，只有当这种差异具有显著价值时，才能称之为创新或有价值的创新。举例来说，"过去在回答 A 对 B 是否有影响的时候，有研究采用了线性模型，本研究采用了非线性的 Logit 模型"。如果作者这样陈述本研究的创新性，是显然不足以支撑其研究价值的，原因就是，这种表述方法没有给出为什么设定 Logit 模型比文献中的线性模型更好、这种选择价值何在。

　　再比如，文献中已有研究采用美国的代表性数据回答过某个科学问题，如果简单地把美国的数据换成中国的，而不讲清楚为什么这个问题在中国的答案可能不同于美国，那么，与文献相比也只有数据上的区别，很难陈述研究的贡献。一个十分简单的逻辑就是，如果不怀疑美国的研究结果在中国成立，那就可以直接利用美国的结果来改造中国的痛点，完全无须浪费科研资源继续在中国回答这个科学问题。

这一误区中，一个更为常见的创新表达形式是："过去有研究考察过 A 对经济发展的影响，也有研究考察过 B 对经济发展的影响，但没有研究同时考察过 A 和 B 对经济发展的影响，这正是本研究的创新点。"这种表述也是有问题的，如果不能给出理由怀疑忽视 B 会显著影响评估 A 的效应，或者忽视 A 会显著影响评估 B 的效应，那么，同时考察 A 和 B 对经济增长的影响就不具备期待的重要价值。

因此，简单地更换模型、数据或简单地把多个解释变量放在一起，而不给出相应的理由，对于创新性而言，都是不够的。反过来就是说，只要研究人员有清晰的理由说服自己对文献中的某个缺陷进行怀疑，并有清晰的理由相信自己的创新能够弥补某个重要缺口，该研究就值得去做。那样，即使验证的结果否定了自己的怀疑，也不影响我们评价和发表这个研究的价值，其价值就在于告诉和作者一样因为相同原因怀疑先前文献的研究人员，这样的怀疑可能没有必要了。

第二个误区是不敢用"首次""第一次"这样的词汇呈现自己研究的创新性。现在很多研究人员（也包括很多评审专家）常常忌讳在自己的文章中用"首次"或"第一次"这样的词汇，甚至对这样说的人大加批评。我本人对这种忌讳是反对的。如果不是首次，就意味着已经有人做过相同或者没有显著区别的研究，还何谈本文的创新？

当然，在现实中，由于科研成果形成常常会滞后，这就可能导致一篇本以为是"第一次"的文章在正式发表时已经不再是"第一次"，而且作者、评审专家和主编有可能都无法及时意识到。这该怎么办呢？两个建议：一是，研究人员必须尽一切努力确保文章正式发表前把相关文献更新到自己已知的最前沿；二是，在用"首次"或"第一次"这类词汇的时候，在前面加上一句"在本文作者已知的最大范围内"或类似的话。当然，作者必须对这句话负责，而不是拿来做挡箭牌，这是学术道德的一部分。即便出于任何学术礼节考虑，在文中没有直接用"第一次"或"首次"这样的字眼，但谈到创新点时，必须表明这是"第一次""首次"。

第三章
经济学研究的底层逻辑与范式

"问题是创新的起点，也是创新的动力源。"

——习近平（《在哲学社会科学工作座谈会上的讲话》，2016年5月17日）

任何一门学科都有其独立的学科体系，这就是我们常常在一个学科的基础类课程教科书上看到的内容。不管学科体系有多么宏大、内容有多么庞杂，其背后都有简单的学科底层逻辑。这样的底层逻辑来自于该学科有别于其他学科的研究对象、本源目标与方法。一门学科的底层逻辑可以形象地理解为一串葡萄上的枝干形态，不管这串葡萄是大是小，是主枝还是侧枝，其支架的基本形态都十分相似。因此，不管是研究文献，还是自己做研究，抓住这样的底层逻辑，事情就会简单得多，这就好比抓住主枝来提起一串葡萄一样，十分轻松，反之，就容易不得要领，就像抓住一粒葡萄来提起整串葡萄一样，十分艰难。

但是，由于绝大多数的学科体系都比较庞杂，很多人在学习的时候，就会不知不觉忘记学科背后的底层逻辑。在社会科学领域，一个学科甚至会有很多学科体系并列存在，这就让大家更容易忽略或抓不住学科的底层逻辑。这不仅加大了掌握学科知识体系、读懂领域内研究论文的难度，还很容易导致在科学研究中不经意间脱离本学科范畴，模糊了学科的边界，让研究人员失去自己的学科特点和优势。

本章的目标就是要从实践操作层面讨论经济学研究的底层逻辑，并基于此提出两个讨论经济学问题时常用的范式——问题分析范式和关键科学问题提出范式。为了更清晰、简洁地呈现这两个范式，本章将首先从经济学的应用科学属性入手，从"资源稀缺是经济学存在的基本前提"出发，论证经济学研究必须遵循为人类改造世界或为提升人类改造世界的能力服务的根本目标，这就要求经济学研究必须深入挖掘制约资源配置与利用低效或无效的深层次原因，探寻相应的因果关系。在此基础上，本章试图对照两个范式，讨论我国当前经济学研究中常见的几种不规范或欠规范问题。

需要强调的是，本章所讨论的经济学底层逻辑和两个范式并不能增加经济学领域的任何新知，其价值仅仅在于把我对经济学研究有限的理解，用一种自认为具有一定可操作性和参考性的方式呈现出来，以期引起更多同人对经济学研究范式的关注与讨论，为我国经济学研究的规范化发展添 块砖、加半片瓦。这两个范式在经济学研究实践中面临的可能困境，我也会在本章的结尾部分进行讨论。

一、朦朦胧胧的经济学研究规范性

经济学作为哲学社会科学的重要组成部分，常常被称为社会科学"皇冠上的明珠"。经济学研究必须在其研究中遵循相应的底层逻辑和相应的规范性，这不仅有利于经济学研究更清晰地呈现其学科特色，也有利于促进经济学研究的创新和彰显其经世济民的学科目标。这对于新时期发展和繁荣中国特色社会主义市场经济理论体系和中国特色经济科学建设的科学性更是至关重要。林毅夫（1995，2001）指出，"我国经济学家必须在方法的规范性上作出自觉的努力"，其中特别强调了经济学理论创新必须遵循的规范性。

那么，经济学研究应该遵循什么样的规范性呢？林毅夫（1995，2018）指出，经济学家必须遵循的规范性包括形式逻辑内部一致性、逻辑推演产生的推论是否与所要解释的经验事实相一致、理性人的理论假设一致性；钱颖一（2002）认为现代经济学理论的分析框架主要有三部分——从实际出发的看问题视角、以重要经济学理论作为参照系或基准点和以图形或数学模型形式存在的强大分析工具；田国强（2005）则强调现代经济学的基本分析框架由界定经济环境、设定行为假设、给出制度安排、选择均衡结果和进行评估比较五部分组成。据此提出，现代经济学研究要把一些基本的经济学理论或原理作为研究平台或基础，把理想状态下的标准经济学模型作为参照系或基准点，并以此作为评估理论模型与理解现实的度量标尺。具体到中国特色社会主义经济学理论的构建与经济学研究中，经济学家还十分强调马克思主义政治经济学的指导地位和中国问题意识，这是因为社会主义基本经济制度与市场经济结合是人类历史上从未有过的伟大探索（杨瑞龙，2019，2021）。

尽管表述各有侧重，但大家一致认可经济学研究规范离不开问题导向与逻辑一致的基本要求，同时，也都十分强调对人类迄今重要的经济学理论体系与方法的继承与发扬，不管是在现代西方经济学体系还是马克思主义政治经济学体系下，皆是如此。

但问题是，怎么才能把这些原则性的规范贯彻在经济学研究实践中呢？对于经验丰富的经济学家来说，这或许不是什么大问题，但对于更多的经济学领域的新人来说，即便从概念上准确把握规范性的含义也非易事，更别说把对规范性的理解恰当地应用到自己的研究实践中。

这种看似清晰而实际上朦朦胧胧的经济学规范性，常常给经济学研究实践带来很多麻烦。宏观层面上，这会形成割裂的经济学体系，不同体系的追随者各说各话，全然无法在一个清晰、可比的框架下进行对话与比较研究。这不仅让经济学成果的应用者无所适从，就是在经济学界也很容易形成相互独立、鲜有往来与交流的学科阵营与学科划分，一篇兼容现代西方经济学和马克思主义政治经济学的学术文章在投稿时甚至不知道该选择哪类期刊、哪个板块就是这种割裂状态的真实写照。

微观层面上，缺乏清晰的规范性很容易导致多如牛毛的经济学研究从一开始提出科学问题时就走上歧途，导致数不清的研究人员事实上忽视了经济学研究经世济民的初心（罗必良，2020），变成了技术控，对各种定量研究方法和数学公式表现出无限的痴迷（Romer, 2015；洪永淼和汪寿阳，2020）。很多看似是经济学的研究稍加琢磨就会发现并非如此，印证了卡里·纪伯伦的诗《先知》中的哲言："我们已经走得太远，以至于忘记了为什么而出发。"在经济学的教学指导中，学生对于老师"研究真问题、研究现实问题"的谆谆教导常常也是丈二和尚摸不着头脑，只能囫囵吞枣、生搬硬套。研究人员甚至很难说清楚自己的研究问题是否是一个经济学问题。

这些问题不仅常常出现在各种科研项目申报书中，更频繁地出现在成千上万硕博士论文选题中，直接导致我国经济学研究成果良莠不齐，一边是很多经济学研究成果已进入国际顶级期刊，一边是大量缺乏基本研究规范的文章发表在各类经济学期刊上。这就不难理解，为什么经济学在很多人眼里成了一个看似富丽堂皇但却中看不中用的学科，为什么经济学家所提的建议常常被质疑在解决实际问题时缺乏可操作性与可信度，为什么经济学研究常常成为了别人眼中的自娱自乐和严重"内卷"。

导致这种状况的原因当然是多方面的。我国历史上曾涌现出一大批以国计民生为己任的伟大哲学家和思想家，产生过无数治国理政之道，其中不乏很多朴素但深邃的经济学思想（田国强，2016a，2016b），但具有现代科学特征的经济学却并没有诞生于中国。我国具有现代科学意义的经济学发端于俄国十月革命的马克思主义政治经济学，同时吸收了很多苏联、东欧社会主义的经济学思想和实践经验，改革开放以来，又引进了以亚当·斯密、大卫·李嘉图为代表的西方经济学理论与方法（洪永淼，2016；杨瑞龙，2019），这种多渠道、更迭式的引进，一方面体现了我国经济研究和经济发展实践对理论的强烈需求及其时代性，另一方面也为深入比较、批判、吸收和升华这些理论构成了不小的难题，加之改革开放以来我国经济社会急速发展中各种经济现象"井喷"，常常令人眼花缭乱，致使对引进理论与方法的学习和吸收更容易停留在对具体理论和方法的掌握和运用层面上，很少过渡到思考理论与方法背后的科学本源及由此衍生出的规范问题。

显然，准确把握经济学研究的底层逻辑和规范性，并能灵活地运用在自己的研究实践中至关重要，但这绝非易事。

二、经济学的应用科学属性

经济学研究本质上属于应用研究，而非基础研究（杨瑞龙，2021）。萨缪尔森和诺德豪斯（2012）在其出版的第19版《经济学》教材中写道："经济学研究的是一个社会如何利用稀缺资源生产有价值的商品，并将他们在不同的个体之间进行分配。"田国强（2005）认为"经济学是一门研究人类经济行为和经济现象及人们如何进行权衡取舍的学问，正是由于资源的稀缺性与人的欲望的无止境这一对基本矛盾才产生了经济学"。洪永淼等（2021）把经济学定义为"是研究稀缺资源有效配置和人类理性选择行为的一门学科，它综合运用数学、统计学、物理学、信息科学、生物学、心理学等自然科学以及社科科学多学科的分析方法与研究工具，探索社会化大生产和稀缺资源配置的最优形式，研究政府以及各种经济主体的经济决策行为"。显然，从这些定义可以得出，经济学研究就是要为解决资源分配与利用低效或无效的不舒服、不和谐状态寻找方案，这决定了其应用科学属性。

关于经济学，马克思在《资本论》第一卷中写道："我要在本书研究的，是资本主义生产方式以及和它相适应的生产关系和交换关系。"（2018）。显然，马克思经济学"不仅研究物质生产力，更重要的是在生产力与生产关系的相互运动中，即在物质生产方式中加以研究"（孙立冰，2020）。尽管马克思经济学与现代西方经济学在资本与土地是否参加价值创造并因此应该分享剩余价值上存在分歧，但二者均把资源稀缺作为讨论经济社会问题的基本前提。试想，如果不存在资源稀缺，资本家对生产资料和剩余价值的占有就不会影响无产阶级对生产资料和剩余价值的占有，也就没有了马克思的政治经济学和科学社会主义。当然，也很难想象马克思剩余价值理论研究的出发点是为了满足自己的好奇心，正是因为马克思等看到了广大工人阶级起早贪黑仍无法养活自己和家人的现实中的不舒服，才促使其深入思考社会经济中的价值源泉与分配问题，进而才有了剩余价值学说和科学社会主义。因此，马克思主义政治经济学也是应用科学，这也是由其经济学的内涵决定的。

由此可见，经济学研究最根本的目标就是要通过研究找到提高稀缺资源利用与分配效率的方法，这正是经济学研究的初心。

在现代西方经济学① 中，尤其是在微观经济学中，这一点十分明显。微观经济学的整体构架就是围绕着消费者、生产者和劳动供给者，研究其在各种资源约束下的行为决策问题，以试图找到制约资源有效利用的原因，从而才有可能通过改变制约因素优化资源分配与利用。与微观经济学不同，宏观经济学更加强调经济增长与福利分配，并更加重视政府行为在其中的作用，但同样，所有的财富

---

① 除非特别说明，"现代西方经济学"在本书中将专门用来指代我们今天常说的西方经济学，也就是在高校经济学专业中常见的微观经济学、宏观经济学，及其衍生出来的各类经济学分支，比如资源经济学、劳动经济学、信息经济学、产业组织理论等。

增长和政府行为都离不开资源稀缺的前提，离开资源稀缺与资源的高效与充分利用，经济增长就将成为一个没有约束的概念，必将导致粗放、无节制甚至掠夺性增长，从而失去增长质量和可持续性。

在马克思主义政治经济学体系中，现代西方经济学所关注的物质生产被置于生产关系下加以研究，也就是说马克思不仅强调生产要素的有效利用，更强调价值创造在不同生产要素之间的分配与实现问题。显然，除了落脚点不同外，马克思主义政治经济学与现代西方经济学同样关注资源的利用与分配问题。

要提高资源分配与利用效率，就必须找到导致其低效或无效的原因，也就是必须找到对应的因果关系。换言之，只有找到导致资源利用低效或无效的原因，才能通过改变这些原因，实现对令人不舒服、不和谐的资源配置的改造目标。如果一项研究不是直接以此为目标，或者不能为实现此目标做出阶段性、局部性的贡献，就很难说是一项规范的经济学研究。

对于这样一种因果关系的执迷几乎贯穿于所有经济学研究中，不管是现代西方经济学还是马克思主义政治经济学。理性的人在某种限制条件下，做出最佳的选择而产生了某个经济理论所要解释的现象（林毅夫，2001），这里的限制条件即为因，要解释的现象即为果。举例而言，消费者的商品选择就是价格这个原因的作用结果，囚徒困境则是博弈双方在信息不对称这个原因下的理性选择结果；同样，生产资料的私人占有和产品社会化是导致资本主义国家周期性经济危机这一必然结果的根本原因。因此，经济学研究，不管是理论研究还是实证研究，不管是宏观研究还是微观研究，不管是基于现代西方经济学体系还是马克思主义政治经济学体系，其研究的根本目标都离不开寻求资源利用与分配的更优方案。正是这一点，决定了经济学作为应用科学应该遵循的底层逻辑。

当然，经济学研究是应用研究，并不排除经济学家可以为了做好应用研究而开展大量基础研究（更准确地说是应用基础研究）。

比如，经济科学定量研究中必需的数据收集工作常常是由经济学家做的。同样，为了更好地做好应用研究，经济学家也常常开展一些模型建设、参数估计方法，甚至是计算机程序开发之类的方法导向型的研究工作。但是，类似数据收集、估计方法开发这类的研究本身并不能直接促进资源分配与利用的优化，而是更好地助力研究人员实现这样的研究目标，因此这些工作并非真正意义上的经济学研究。这一点恰恰也契合了近年来许多学者所提出的"经济科学的研究范式应该由方法导向转向问题导向"的观点（朱富强，2013；王国刚，2017）。

另外值得注意的是，数据收集、估计方法开发、计算机程序开发这类的研究并非经济学家专属。事实上，在数据收集与数据库建设方面，统计学家或信息科技研究人员通常比经济学家更具优势，而在数理模型开放与参数估计方面，数学家、统计学家和计量学家的优势往往更加明显，他们与经济学家的不同可能仅仅在于不同学科采取的分析工具和关注重点的不同，譬如，文学家叶圣陶就用文学的手法在《多收了三五斗》中描述出增产不增收的经济问题。这一点也进一步说明，即便这类研究由经济学家完成，也很难凸显经济学研究的学科特征。

三、经济学问题分析范式和科学问题提出范式

1. ABC 分析范式

为了找到制约资源分配和利用无效或低效的原因，经济学家就必须研究那些掌握着资源分配和利用权力的主体（agent，缩写为 A）及其行为（behavior，缩写为 B），因为在给定参考、立场与价值判断的条件下，正是他们的行为决定了资源分配的高效、低效或无效。

在现代西方经济学中，这些主体包括政府（掌握着国家层面上的一切资源）、企业（掌握着完成生产所需的要素、技术等资源）和消费者（掌握着个人的禀赋、劳动时间等资源）；在马克思主义政治经济学中，这些主体不仅包括掌握着自己劳动力的无产阶级、掌握着生产资料的商业资本家、掌握着大量土地的土地所有者，甚至还包括了掌握着军队、法庭、神权等资源的贵族、宗教特权和政府。

这些主体在做出资源分配决策时，除了自有资源稀缺这一基本约束外，还可能面临一系列外在约束（英文为 constraint，缩写为 C），如信息、技术、市场结构、政治体制、气候条件等。这样，我们就得到了经济学研究中第一个基本范式——分析问题的"主体–行为–约束范式"或"ABC 范式"。换言之，只有能在一个问题中清晰地找出 ABC 三要素，才能说这个问题有可能是一个经济学问题，否则，就要怀疑了。

必须强调的是，ABC 问题分析范式并不是经济学的专属，医学、心理学、宗教学、民俗学等诸多学科中都能找到 ABC，经济学与这些学科的本质区别在于学科设定的人类行为动机和由动机决定的改变行为的手段不同。现代西方经济学假设人是经济理性的，其动机就是追求个人利益或效用的最大化，因此，调节人的行为就要通过改变其行为的成本收益出发，也就是斯密的"看不见的手"来实现。而经济学上强调的人的行为动机和改变行为的手段却并非医学、心理学等其他学科所采取的方法或手段。

值得再次强调是，在 ABC 分析范式中，B（行为）是 A（主体）在 C（约束）条件下，根据自己的目标进行优化后得到的结果，一旦 B 确定了，也就相应确定了其资源分配的方案和对应的资源利用效率，因此，行为与资源分配方案和相应的资源利用效率是相关关系，而非因果关系，共同的原因是主体进行行为决策时面临的约束。

　　上述 ABC 的分析范式不仅适合现代西方经济学框架，也适用于马克思主义政治经济学框架。以一个英国宪章运动时期的工人为例，每天的工作时间长达 14~16 个小时，身心受到严重摧残。既然夜以继日地工作都无法养活自己和家人，那么为什么不换工作呢？在霍布豪斯（Leonard T. Hobhouse, 1911）看来，即使工人有主动离职的自由，但是劳动作为财富的唯一来源，离职会直接导致自己和家人面临更严重的生存危机，虽然离职后他拥有重新选择雇主的自由，但是在资本家总是力图通过延长工人的工作时间来榨取更多剩余价值的资本主义早期，工人的实际处境只不过是从被一个资本家剥削变成了被另一个资本家剥削。为什么不自己开工厂呢？答案更加简单，因为对于一个普通的工厂工人来说，可能既不掌握工业化生产的技术，也无法承担昂贵的机器设备，完全依赖传统的手工生产的产品根本无法与大工厂里生产的产品竞争。显然，靠加班加点出卖更多的劳动时间即便无法充分养活自己和家人，但也是既有约束下工人的最优选择。显然，在这个例子中，我们可以清晰地看到工人作为劳动供给者的主体（A）、其劳动时间决策（B）及其在决策时面临的一系列诸如技术、资金、制度等的约束（C）。

　　按照现代西方经济学的假设，这样一个分析范式下得到的资源分配方案（B）是行为主体（A）在当前约束（C）下的最优决策，但并不一定是最有效的，后者需要与一个参照进行比较，才能做出判断，比如，以个体的预期或此前的资源分配方案作为参考，也可以和其他主体（个体或群体）的资源分配方案为参考。

　　为了更清楚地理解这一点，我们继续假设该工人 A 现在工作的工厂建立了工会，并作为工人的代表可以和资方进行劳资谈判。可以想象，在没有工会的时候，工人为了达到养家糊口的目标，决定每天在工厂工作 15 个小时，挣 1.5 英镑，一天中其他的 9 小时用于睡觉和其他个人事情，假设我们以小时工资率为其劳动力资源利用效率，则为 1.5/15=0.1 英镑 / 小时；在有了工会这个新的约束后，该工人可以每天继续工作 15 小时，留给自己和家庭 9 小时，但此时一天可能会得到 3 英镑，则其劳动力资源利用效率提高到了 3/15=0.2 英镑 / 小时，高于原来的 0.1 英镑 / 小时；他也可以仍旧一天挣 1.5 英镑，但有了工会后，可以每天只工作 10 小时，从而得到 0.15 英镑 / 小时的劳动力资源利用效率。显然，与有工会前的状态相比较，该工人的劳动力资源利用效率得到了提高，也可以说，工会的出现使得该工人从原来的不舒服状态有能力过渡到相对舒服的状态。同理，我们也可以比较同一时点上该工人和其他从事相同工作的工人的劳动力资源利用效率，并通过找出制约他们劳动力资源利用效率低的外在约束（比如是否接受过相应的技能培训），从而为改造这种低效状态提供可能。

放在现代西方经济学框架下，ABC 的分析范式同样清晰。以市场主体企业为例，一个最基本的企业决策问题可以表达如下：

$$\max_{x}\pi = pq - wx$$
$$s.t. q = f(x); \ wx \leqslant c \tag{3-1}$$

在决策模型（3-1）中，决策主体（A）是生产性企业，其假定目标是实现利润（π）最大化，企业需要通过购买生产要素（x），并采用技术 f 生产出产品 q，p 和 w 分别表示外生的产品和要素的市场价格，c 表示该企业所拥有的初始资源。显然，企业的行为决策（B）在于选择购买多少生产要素 x，以及如何组合要素（如劳动力、资本、土地等），p，w，c，f 则是其面临的约束（C）；而产量 q 和利润 π 则是该主体（A）和行为（B）一旦确定后（也就是资源分配完成后），就可以根据相应的约束（C）计算得来，并不独立涉及主体的资源分配行为（方便起见，之后将其称之为行为的结果）。

2. C2B 科学问题提出范式

一旦分析出了一个经济学问题中的 ABC，就很容易提出对应的科学问题，基本范式是为：该约束（C）对该行为（B）或行为之结果是什么影响？本章把这种科学问题的提出范式缩写为"C2B"范式。接下来，继续以上面的例子对这个范式进行解释。

首先是上述现代西方经济学框架下企业利润最大化的例子。在一定的假设前提下，上述模型（3-1）可以通过拉格朗日函数求导得到最优解：

$$x^* = x(p,w,c,f) \qquad\qquad (3\text{-}2)$$

这也就是我们常说的行为方程。诚如工厂工人决定每天工作15 小时挣 1.5 英镑一样，x^* 这一要素选择也是该企业主体基于自己利润最大化目标的最优决策，或称最优资源分配方案，但如果我们进行纵向或横向的比较，或者按照人类发展认同的其他指标（如可持续性）比较，这一资源分配方案可能就是低效的，这正是该主体的行为 B 对应的不舒服状态。那么，经济学研究就是要试图探索是什么导致了这种不舒服的状态，也就是要找到 x^* 的影响因素。以方程（3-2）来说，理论上影响 x^* 的因素最少有 p，w，c 和 f，此外还可能有一些并非直接从模型（3-1）中导出的其他因素（暂时统称为 E）和随机扰动项。那么，在实践中，这些理论上的影响因素是否真的会显著影响 x^*？如果影响，是如何影响？影响有多大？显然，这正是经济学家最感兴趣的基本科学问题。只有找到 x^* 的影响因素，才有可能找到解决 x^* 所处不舒服状态的办法。

对模型（3-2）中的 p，w，c 和 f 分别求导，就可以得到 $\frac{\partial x^*}{\partial p}$，$\frac{\partial x^*}{\partial w}$，$\frac{\partial x^*}{\partial c}$ 和 $\frac{\partial x^*}{\partial f}$，这样我们的科学问题就转化成了可以进行实证检验的假说，如 H_0：$\frac{\partial x^*}{\partial p}=0$。注意到，这个待检验假说的分子正是主体 A 的决策行为 B，而分母正是其进行决策时面临的约束 C。用科学问题（research question，缩写为 RQ）表达就是，某个约束（如 p）是否会影响该主体的决策行为？也就是，某个 C 是否会影响 B？这就是经济学研究中对应的 C2B 科学问题提出范式。

为了在下一节中更好地理解当前经济学研究中的不规范问题，

有必要强调三点：

一是，在这个基本的科学问题中，最根本的不舒服状态一定在主体的行为 B 上，因为正是 B 决定了资源分配的效率，用医学上的说法，B 是病根所在。这也正是经济学研究为什么一定要来自现实世界的根本原因。

二是，研究所关注的约束 C 必须最少满足两个条件：① C 与 B 是因果关系（也就是 C 是 B 的充分条件）；② C 必须是人类在现有技术和伦理范围内是可变的，如果 C 不能改变，那么即便 C 对 B 有统计上显著的因果影响，也无法通过改变 C 实现对 B 的改造。①

三是，基于模型（3-2）中得到的 x^*，就可以进一步得到 $q^* = q(p,w,c,f)$ 和 $\pi^* = \pi(p,w,c,f)$，这就是行为对应的结果方程。以利润（π^*）方程为例，对右边的变量求导，就可以相应地得到 $\frac{\partial \pi^*}{\partial p}$，$\frac{\partial \pi^*}{\partial w}$，$\frac{\partial \pi^*}{\partial c}$ 和 $\frac{\partial \pi^*}{\partial f}$，这样，检验每个约束对行为 B 的结果是否存在因果影响，就成了经济学研究中另外一种常见的科学问题表述方法。事实上，我们常常更容易在行为 B 的结果上（比如这里的 q 和 π 上）观察或感受到的不舒服状态，比如农民种植玉米的单产低、种粮不挣钱、企业竞争力不足等，都是在行为结果上感受到的痛，而不是直接观察或感受到农户或企业行为上的不舒服状态。

但值得注意的是，这种类似 $\frac{\partial \pi^*}{\partial p}$ 的科学问题只是隐藏了主体的决策行为，并不是其背后没有决策行为。借用医学上的概念，这里的 π^* 是病症表现，而病根仍在行为 B 上（也就是在 x^* 上）。这可以很容易地从 $\frac{\partial \pi^*}{\partial p} = \frac{\partial \pi^*}{\partial x^*} \cdot \frac{\partial x^*}{\partial p}$ 的等式中看出来，其中等式右边的第

---

① 还有一个鼓励性条件——最好 C 对 B 的影响不仅在统计上是显著的，还要在经济层面上是有意义的（也就是相较于干预 C 所需要付出的成本，干预产生的资源利用效率改进更大）。通常在研究之后才能观察到这一条，因此，C 对 B 是否一定存在经济意义本身并不影响科学问题的价值。

二项即为上述的模型（3-2），也就是真正涉及资源配置的行为决策问题，而方程等式右边的第一项（$\frac{\partial \pi^*}{\partial x^*}$）只是行为向前的一步延伸，其本身不再涉及主体行为或资源配置问题，理论上完全可以根据模型（3-1）的目标方程通过数学运算得到，在实践中，从 x^* 到 π^* 还可能受到其他一些不在理论模型里的因素以及一些随机误差项的影响，但只要这些影响中不涉及市场主体行为的变化，就不是经济学上的科学问题。

再来讨论一下之前举的工人与工会的例子中的科学问题。现在，假如研究人员并不知道是工会导致上例中工人劳动力资源利用效率的提高，那么问题是，为什么该工人会接受 0.1 英镑 / 小时这么低的劳动力资源利用效率呢？或者说是什么制约了其决定为每天 1.5 英镑工作 15 小时呢？答案可能是多方面的，经济学家需要思考的是，在众多可能因素中哪个或哪些最有可能影响该主体的行为决策，进而提出相应的假说。

经济学家当然可以尝试各种可能会影响该工人主体决策的因素，并通过观察或收集数据来依次验证，这其中可能就会找到工会这个因素，而更高效的方法是基于已知的某些理论或逻辑推理提出一种假说，如经济学家可能会基于谈判能力理论推理出是否存在工会可能是影响其决策的重要原因，因为工会有着单个工人无法企及的谈判能力。这样，该经济学家要回答的科学问题就可以更具体地表达为：工会是否能够提高工人的劳动资源利用效率？这可以进一步表达成一个待检验假说（H_0：$\frac{\partial B}{\partial c_i} = 0$），其中 B 仍代表该工人的劳动力分配决策，c_i 代表该主体所在企业是否有工会，是 A 做决策时面临的众多约束条件之一。显然，这个例子也可以通过 ABC 的分析，并利用 C2B 的范式，提出相应的科学问题。

上述关于经济学研究中的 ABC 分析范式和 C2B 科学问题提出范式显然遵循了应用科学研究改造世界的基本目标，为从经济学视

角实现这个目标提供了可能。为了更清晰地理解 ABC 范式及如何
从中导出关键科学问题，也为了便于讨论下一节的不规范经济研究
问题，我们把上面的讨论置于图 3-1 中。

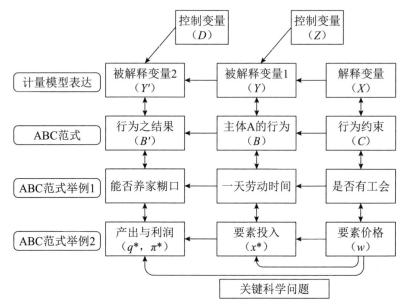

图 3-1　经济学研究的基本逻辑与关键科学问题

从图 3-1 不难看出，经济学研究中的 ABC 分析范式正是紧扣
应用科学研究力图改造世界这一基本目标，并基于资源稀缺这一经
济学存在的基本前提，从逻辑上自然而然地得来的。不研究主体的
行为就意味离开了资源稀缺这一基本的不舒服状态；而不找到导致
这种行为的原因，就不可能找到解决当前不舒服状态的办法。因
此，经济学研究中基本的科学问题为：某个或某些约束是否会影响
行为或行为的结果？当然，如前所述，当前的不舒服状态可以呈现
在行为的结果上，但这种不舒服状态的核心症结仍然在行为上。离
开行为直接研究约束对行为结果的影响，就等于把探索提升改造世
界能力的科学研究完全交给了模型，其结果是只知其然，不知其所
以然。

为了和实证研究中常用的计量模型对接，图 3-1 中加入了 ABC 范式对应的计量模型表达。显而易见，范式中的约束 C 正是计量模型中的研究人员感兴趣的解释变量，而范式中的 B 对应的正是计量模型中的被解释变量。这里的基本科学逻辑就是，只有当某个解释变量显著影响被解释变量的时候，人类才有可能通过干预该解释变量（约束），实现对被解释变量（行为或行为的结果）的改造。

四、现代西方经济学理论体系中的ABC范式

为了更好地理解经济学理论中的 ABC 范式，本节将对现代西方经济学中最核心的微观经济学和宏观经济学主体内容进行简单的拆解。读者很快会发现，几乎所有经济学教科书上的经典理论都有这样一个底层逻辑，我们需要的仅仅是更灵活地识别与定位 ABC 三要素。

现代西方经济学中的微观经济学在经过两百多年的发展与完善后，其内容已经十分丰富，其中最主要的内容包括：消费者行为理论、生产行为理论、市场均衡与分配理论、市场结构理论、要素市场、一般均衡理论与福利经济学、博弈论、市场失灵等。这些内容构成了当今几乎所有现代西方经济学教材的主体。我们先逐个看看 ABC 范式在这些理论中如何体现。

消费者行为理论中的 ABC 特别简单，主体 A 是消费者，行为 B 是消费者对商品或服务的选择行为，理论体系中的核心约束 C 是商品的价格和消费者预算（比如可支配收入）；生产者行为理论也十分简单，主体 A 是商品生产者或企业，该主体的行为 B 是要素投入，行为结果是商品产出和利润，理论中的核心约束 C 是生产者拥有的生产技术、要素价格和产品价格。

市场均衡理论的 ABC 略有不同，需要稍加思考。该理论的核

心是强调总供给或总需求发生变化后，均衡价格如何变化。显然，这样的均衡过程离不开同时考量两个主体 A——生产者和消费者，对应的行为 B 分别是商品的消费和生产，两类主体消费和供给的总量变化共同决定均衡价格的变化，所以均衡价格变化可以理解为两个主体的（总量）行为共同作用的结果。那约束 C 是什么呢？是影响需求或供给曲线变化的外在因素，比如政府对生产要素进行补贴，会导致生产成本下降，供给曲线右移，从而导致均衡价格下降；再比如，对消费者征税，相当于降低了其收入或购买力，个人消费下降，总需求下降，需求曲线左移，从而导致均衡价格上升。

因此，市场均衡理论背后也离不开 ABC 范式，但与前面的消费者行为理论与生产者行为理论又有所不同，主要表现在：①市场均衡理论同时涉及生产者和消费者两个主体；②市场均衡理论强调的是需求与供给曲线变化如何影响价格，表现为行为对结果的影响，但研究供给和需求对均衡价格的影响本身已经不再改变资源的配置，要想改变资源配置还必须找到影响需求与供给背后的其他外力，比如政府税收或补贴。如果我们套用上一章讨论因果关系时用到的内燃机模型，供给、需求和均衡价格之见的关系就如同活塞与转轴之间的物理关系一样，当前者移动就会带动后者移动，但没有外在力量，不管是需求、供给还是均衡价格都不会变动，就像内燃机缺少汽油，就无法推动活塞移动并带动转轴转动一样。因此，影响需求与供给变动的因素才是真正的行为约束 C。

市场结构理论则是在市场均衡理论的基础上，分析不同的市场条件对生产主体行为的影响，并通过影响定价行为影响到与消费者之间的福利分配。因此，该理论的核心主体 A 是生产者，其行为 B 是生产（与定价），面临的约束 C 是市场类型（主要有完全竞争、完全垄断、垄断竞争、寡头垄断四种类型）；不同市场类型决定了生产者的市场地位和对价格的控制力，并进而影响到福利分配，后者是生产者的行为结果（$B's$）。

　　风险决策理论则是指微观市场主体面临价格、产出、收入等不确定性条件时的行为决策，所以主体仍然是常见的微观主体，行为也还是这些主体各自的行为，只是决策时面临着某些不确定的外在条件或环境约束，因此，不同于之前（假定）确定性条件的消费者或生产者行为决策理论、市场均衡理论，风险决策理论核心约束正是不确定的决策环境（C），比如对于生产者来说，可能面临要素价格变动、产品价格变动、产量变动等不确定性，这些风险约束对于理性的生产决策主体来说，一定会影响到其生产计划与投入行为，这就是 C 对 B 的影响。

　　博弈论则在单主体风险决策的基础上，把市场上交易双方或竞争者之间的行为相互作为己方理性行为决策的外部约束（C），由于对方也会考虑己方的行为及行为概率，从而使得对方的行为作为己方行为决策的约束条件不再是固定不变的，因此，博弈论中的主体是多主体，但每个主体的行为仍然是单主体条件下各自的生产或消费选择决策，存在交易中对方或竞争方行为决策的不确定性则扮演着博弈论中的核心约束（C）。

　　市场失灵理论聚焦在讨论在哪些约束条件下价格机制在资源配置中将失效，也就是，主体行为将不再跟随价格信号进行调整。这种情况下，主体仍然是决策主体，并没有变化，其行为也还是其常见的行为——生产决策或消费决策，只是行为在这些条件下不再跟随价格变化，因此，这些让价格失效的外在条件就是行为面临的新的约束（C）。常见的导致市场失灵的约束条件有四种：信息不对称、公共物品、外部性和垄断。此外，交易费用也会导致局部市场失灵（也就是局部区间内价格无弹性）。

　　要素市场与产品市场理论则都涉及买卖双方主体，其中要素市场上，买方是企业，卖方是个体家庭或要素所有者，双方均以价格作为约束，决定自己的要素供给与需求行为；产品市场类似，只是买卖双方角色互换，买方是消费者，卖方是企业。双方依据产品价格决定自己的产品生产与需求行为。因此，要素市场与产品市场都清晰地体现了 ABC 的基本分析范式。

显然，微观经济学中最经典的理论都遵循着清晰的 ABC 范式。

与微观经济学的个量分析不同的是，宏观经济学是总量分析方法，强调的是政府行为可以弥补市场在资源充分利用中的失灵。宏观经济学的基本假设就是，政府可以控制宏观经济学环境，调节市场微观主体的行为，并进而调节国民经济的总产出、总收入、福利分配、通货价格等总量指标，实现资源充分利用或社会福利最大化的目标。这就是说，在所有宏观经济理论中，我们都可以把政府行为当做微观个体决策行为的约束，进而清晰地体现出 ABC 的范式。但与微观经济理论中的 ABC 不同的是，由于强调总量分析，因此宏观经济理论常常会跳过微观个体行为，直接研究政府行为对总量层面上的经济指标的影响，如总产出、总收入、收入分配、资源利用率、就业率、通胀率、经济增长、国际贸易等，但这些总量指标都是受全体微观个体行为决定的，因此可以看做是微观行为的结果。比如，一项改变利息的货币政策就一定要通过影响货币供给与需求双方主体的行为，才能对就业、经济增长、净出口、通货膨胀等总量指标产生影响。

五、经济学研究常见的不（欠）规范问题

基于前述经济学研究的基本目标和 ABC 研究范式，本节梳理了当前经济学研究中常见的四种不规范和三种欠规范问题①。进行规范或不（欠）规范判断的标准是研究是否有利于优化资源分配或利用，有利的就是规范的，否则就是不规范或欠规范的。

为了便于理解，我先给出图 3-1 的一个简约式（见图 3-2）。在

---

① 欠规范问题，即相应研究本身符合 ABC 研究范式，但存在一些不当之处。

下面的讨论中，我将把一些情况代入图 3-2，从而帮助读者更清晰地看出来为什么我认为这些情况是不规范或欠规范的。讨论中我会用到一些例子，其中一些可能与某些期刊文章有相似之处，但无须对号入座。

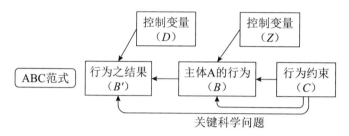

图 3-2　经济学研究的基本逻辑与关键科学问题（简约式）

1. 因果割裂化

图 3-2 中，因果割裂化相当于要么只讨论行为约束（C），要么只讨论行为（B）或行为之结果，表现为就现象谈现象或就问题谈问题，而不能把现象与现象联系起来（更准确地是把代表原因的现象与代表结果的现象联系起来），因此，也就无法实现改造结果的目标。这类问题不只出现在我国国内经济学界，也大量出现在国际经济学界，甚至一些学术界公认的顶级期刊上。好在，起码在国内几本公认排名靠前的经济学期刊上，这类不规范或欠规范问题近年来已大为改观。

这类研究一个常见的标题形式就是"……的现状（或现状研究）""……的综合测度""……的演化路径（或演化路径研究）""……的模式"等，或者简单地把标题中的"的现状""的综合测度""的演化路径""的模式"删除，只保留省略号代表的部分，如"我国中小企业的生存现状""西南山区贫困脆弱性综合测度""我国小麦主产区中心演化路径""地方政府隐形债务"等。这类研究中，有些在实际开展的研究内容中确实包括了因果分析，只是在标题中未能体现，但也有相当一部分，其内容就完全局限在题目所示的范畴内，使得整篇文章更像一篇研究报告，即便其中也常常有作者对一些因果关系的深邃思考，但往往无法按照现代科学提出假说、验证假说的逻辑进行严谨的理论或实证分析。

如果能够通过这样的讨论呈现出一些文献中没有看到的痛点，提出一些可能的因果关系，当然也是可以的，起码可以提供阶段性的认知，唤起更多对有关痛点或科学问题的关注。但是，在现实中，很多这类文献并没有落脚在痛点的呈现上，也未能逻辑清晰地提出有待检验的科学问题，甚至完全感受不到任何痛点。

这类不规范或欠规范问题从逻辑上认定是比较容易的，但在研究实践中，却常常带有一定迷惑性。这其中一些研究通常为了刻画某种现状、路径而对其中的关键指标进行多维度的、多视角、多系统的复杂度量，并采取各种指标体系和权重，对某个指标进行拆分、组合，甚至采用计量模型对其中的不同指标进行赋权，这常常使得一项研究看上去不仅有定量资料，更有"高大上"的分析工具。但是，稍加推敲就不难看出，不管用多少维度刻画某个现象或某个问题，该现象和问题依旧客观存在，并不会因采用不同的刻画和度量方法而改变，也就无法基于研究结论提出改造痛点、改变资源配置与利用效率的方案，从而失去开展经济学研究的意义。

更大的迷惑在于创新点的阐述上。由于其本质是个体现象或个体问题的讨论，而现象与问题是千变万化、层出不穷的，我们总是很轻易就可以找到一个现象与另一个现象之间、一种关系与另一种关系之间的差异，因此，研究人员就自然而然地把这种现象与另一种现象之间的差异或一种关系与另一种关系之间的差异当做其研究不同于前人的创新点。

举例来说，假设甲研究构建了一个贫困的测度指标，包括经济指标（E）、营养指标（N）和安全指标（S），并据此得到某地区的贫困度为 0.34（取值范围为 0~1，0 表示极端贫困，1 表示不贫困）；

乙研究认为这一贫困测度不全面，因为没有包括心理贫困（P），所以乙拟在其研究中加入 P 重新构建一个贫困测度指标，并测出同一地区的贫困度为 0.24（取值范围也是 0~1）。据此得出甲研究低估了该地区的贫困程度，原因就在于甲没有考虑心理贫困这个指标，而这也体现出了乙研究相对于甲研究的创新性。

从逻辑上讲，这似乎并没有什么问题，我们也不否定包括了心理贫困的新的贫困测度指标体系对于更全面地掌握贫困状况的价值。但问题是，即使类似这样的"创新"科研有很多（比如还可以把某种疾病的发生率纳入贫困指标），即使把各种各样能想到的测度维度都加到贫困指标中，即使采用更有理有据的方法进行赋权和指标构建，也都不能为改造当前的贫困状况提出任何有价值的办法或建议。这也是此类研究通常在文章结尾提出的政策建议总是和文章结论关联度不高的原因。

一种更不规范的研究是：涉及的现象本身无法或没有必要判定是否是一个需要改造的痛点，比如"我国小麦主产区中心演化路径研究"。上文中的贫困测度起码是一个从人类普遍价值观来看需要改造的不舒服的状态（也就是 problem），而如果不和其他现象或因素联系起来，单独讲小麦主产区中心演化路径是无法做出任何价值判断的，比如说，通过利用各种数据和方法，研究人员发现我国小麦主产区在过去的半个世纪内从江苏移动到了山东，再进一步移动到了河北，现在又进入了河南。这样一个路径能让研究人员或读者做出怎么样的价值判断呢？显然，很难做出判断，这就使得我们失去了改造的目标方向，完全变成了对现象的刻画。

必须强调的是，我并不否认这类研究放在别的恰当的学科下，是有其价值的，我之所以质疑其规范性，仅仅是因为这类研究并不能优化资源分配与利用的经济学研究根本目标。事实上，经济学家在针对某种经济问题开展研究前，往往需要对涉及的现象或问题进行深入的了解，很多时候甚至是在这样的现象认知中才能意识到某些需要改造的痛点，但规范的经济学研究并不能只停留在用各种方法对现象或问题的刻画上。换言之，对现象或问题的刻画充其量只是经济学研究的第一步。

2. 行为解释结果

在图 3-2 中，行为解释结果即用主体的行为（B）解释行为之结果（B'）。对照上一节讨论的经济科学的 ABC 范式，不难看出，这类研究缺失了对能够改变主体行为的因素（即原因）的探究，因而即使发现主体行为对其结果有影响也无法实现对行为的改造，也就无法改变由行为决定的资源分配。在实际研究中，这类研究十分有迷惑性。研究人员常常会把其中的行为伪装成原因，而把行为的结果伪装成结果。一些时候，甚至研究人员自己都没有意识到这种伪装。

先看一个用行为解释结果的例子——有机肥施用对于小麦单产的影响研究。在这样的研究中，研究人员可以收集很多农户有机肥的施用、小麦单产、家庭或户主特征、土地特征等信息，并用小麦单产对包括有机肥施用等在内的诸多变量进行回归，结果很可能会发现有机肥施用可以促进小麦单产提高，而且可能得出有机肥当年的边际贡献低于化肥，但其作用的延续期更长。据此，研究人员可能得出有机肥施用对单产的累积效应可能优于化肥这样的结论。为了得到一个更加稳健的结果，研究人员也可能采用各种更加精准的识别方法，甚至大量耗费人力物力开展田野随机干预试验。从表面上看，这是不是一个极其常见的经济学研究？类似的例子还有很多，比如企业创新对于其国际竞争力的影响、食物消费结构对于消费者健康的影响、农民工外出就业对家庭收入的影响等。

我们以食物消费结构对于消费者健康的影响为例，来讨论一下这种用行为解释结果的研究为什么不规范或欠规范。当用消费者的食物消费结构作为解释变量的时候，研究人员就已经把消费结构当成是一种相对于消费者的外生因素，也就是食物消费结构对于消费者而言是给定的，这使得本该进行行为决策的消费者失去了资源分配的权利。结合前面关于经济科学的讨论，不难得出，如果失去资源分配的权利，将无法从经济学视角下改造世界，变消费者不健康的状态为健康状态。每当此时，总有人质疑：“消费结构对消费者健康肯定是有影响的，比如高脂肪食物摄入过多就会导致肥胖等慢性疾病，难道这类研究都不属于规范的科研吗？”对于这样的质疑，必须强调：笔者不否认这类研究是科学问题，在营养科学上，这是一个十分重要的科学问题，我所强调的是，仅仅证明消费结构会影响健康，并不能改变不健康的当前状态，所以这种研究不能说是规范的经济学研究。

显然，对于这一问题，很多学科的研究人员都可以开展研究，如营养学家、公共卫生专家、食品加工厂、营养师、医生、统计学家、大数据分析师，当然也包括经济学家。人类的祖先更是通过尝百草，为人类筛选出诸多来自自然界的药物，并驯化了无数可以作为人类食物的动植物，即使那个时候根本还没有现代意义上的科学之说。因此，单独揭示食物消费对消费者健康的影响，并不能体现任何一个学科之所以成为一门独立学科的特殊性。经济学家可以回答这个问题，但如果不涉及资源分配就不能体现经济科学的独特性；营养学家也可以回答这个问题，但如果不深入研究食物摄入是怎么样在人体内转化成营养，并在不同的脏器中合成不同的可以吸收的成分，完成降解、代谢与转化等一系列生理生化过程，最终影响到人的健康这一系列机制问题，也不能体现营养科学的独特性。

值得注意的一点是，经济社会中有很多因果链条可能很长，以致于一项研究很难从最初的原因一步一步地触及最终的痛点上，因此，经济学家常常会做一些阶段性的研究，这其中可能就包括先定量回答食物消费结构对健康的影响，但这个时候研究人员最少需要注意以下三点：

（1）行为与结果之间多数时候只是一种相关关系，而非因果关系；

（2）基于该研究结果，研究人员并不能提出改造行为的建议与方案。假设某些研究发现主食摄入多会更容易导致肥胖，在经济学意义上，就不能提出类似"可以通过减少主食消费预防肥胖"这样的政策建议。这是因为：在现代西方经济学的逻辑框架下，支持研究人员得出该结论的每个样本的主食摄入量都已经是其在给定约束条件下理性的最优决策，因此，简单地让其减少主食消费量就等于让其放弃最优决策，这显然在逻辑上与经济学研究服务于优化资源配置的根本目标背道而驰；

（3）如果是经济学家开展的研究，就需要清楚地指出，这一研究只是为从食物消费角度改造不健康的状态提供了一个阶段性的成果，要想给出具体的改造方案，未来还需要回答"既然主食摄入过高会导致肥胖等慢性疾病，那为什么消费者还是会吃那么多主食呢？"这一问题，只有找到这个问题的答案，比如知识、价格、收入、市场发育等，才能找到从食物消费角度改造不健康状态的钥匙，真正体现经济学研究的学科特征与价值。

有没有哪些情况下用行为解释结果也具有明显的经济学意义呢？有的，至少在下面这种情况下，用行为解释结果的研究有一定经济学意义：当行为结果在行为发生后很长时间才能显现。

这种情况下，行为主体很难根据观察到的结果反过来优化自己的行为，或者即使观察到结果也已经错失修正行为的机会，这就相当于在做风险决策。在现代西方经济学框架下，风险决策的结果也是最优资源分配或利用方案，与确定性条件下的决策不同的是，行为的全部或部分结果会以概率形式出现，这就使得行为主体不得不以一定概率面对决策风险。当行为结果短时间内可以显现的时候，行为主体可以根据对风险发生概率、大小等信息的感知，在以后的重复决策中优化自己的行为，从而不断降低决策风险。但当行为结果在很长时间之后才能显现（比如上学），或者当行为对于主体来说发生的频率极低（比如结婚）。这种情况下，研究主体行为对（该主体）实际结果的影响，已经不能帮助当事人优化其行为，但研究结果对那些尚未开始或正在做相同或类似行为决策的主体来说，却具有重要的参考价值，这会使得新的决策者不像被研究的主体那样"盲目"决策，从而可以降低决策风险，帮助其优化资源配置。在这种情况下，用行为解释结果就具有了一定的经济学意义。

3. 行为解释行为

在图 3-2 中，这相当于用主体的一种行为（B_1）解释其另外一种行为（B_2）。对照 ABC 分析范式，可以看出，这类研究同样缺失了主体行为决策时面临的约束（C），导致其并不能改造行为或提升改造行为的能力。但在实际研究中，这类研究和上一小节讨论的用行为解释结果一样具有迷惑性。研究人员常常会把其中行为 B_1 伪装成原因，而把行为 B_2 伪装成结果。

先看一个例子。农户土地经营规模对有机肥施用量的影响。显然，如果科学证据表明有机肥施用量对于改善土壤质量，进而提升农产品质量有显著促进作用，那么，以此为标准，经济学家就想通过研究农户的施肥行为及其制约原因，找到提升其有机肥施用量的方法，这个过程中，农地经营规模对有机肥施用量的影响就常常受到经济学家的关注，并作为关键的科学问题。然而，仔细推敲一下就能看出，回答经营规模对有机肥施用量的影响，本身不能告诉决策者怎么样能够改变农户经营规模，也就无法直接基于该研究结论提出增加有机肥施用量的政策建议。要做到这一点，研究人员还必须回答，农民为什么选择某一经营规模、受到哪些约束，这样才能通过改变约束条件来改造农户经营规模，进而改变有机肥施用量。这样经营规模事实上扮演了从关注的约束条件（如土地流转政策）

到有机肥施用量之间的一种作用途径，成了其机制研究的一部分。

在各类经济管理类的期刊上，类似的文章数不胜数。比如居民住房消费对教育支出的影响，企业组织形式对企业创新的影响、玩游戏时间对学习时间的影响、非农就业对农业机械使用的影响等，这类问题和一个更极端的例子"苹果消费对梨消费的影响"如出一辙。

显然，这类研究与上一小节讨论的用行为解释结果具有相似性，所不同的仅仅是把之前的行为之结果（B'）用主体的另外一个行为（B_2）替代了。当 B_2 与 B_1 两种行为存在前后发生次序的时候，这两种类型之间就更加相似，如农民工进城对于家庭住房消费的影响。

在研究实践中，这类不规范问题常常被研究人员归结于双向因果的内生问题，因此试图通过寻找有效的工具变量（IV）进行解决。这种做法使得研究从技术层面上看上去更加严谨，但却经不起仔细推敲，不难看出，很多寻找到的有效工具变量事实上极可能正是导致 B_2 行为变化的外生原因（C），B_1 只是充当了从 C 传导到 B_2 的媒介作用，既然如此，为什么不直接把 C 当做解释 B_2 的原因呢？

4. 行为空心化

在图 3-2 中，这种情况相当于跳过主体行为（B），直接研究约束（C）与行为之结果（B'）。对于这个问题需要一分为二地看待。

一种情况是，让人类感到不舒服的状态更明显地表现在行为的结果上，同时，产生该结果的行为是显而易见的或者在之前的研究中已经成为了一种常识。这种情况下，经济学家确实可以跳过研究约束对行为的影响，转而直接研究约束对行为结果的影响。在图 3-1 中的 ABC 范式例 1 和例 2 中，"能否养家糊口"和"产出与利润"就是相应主体的行为结果，对应的主体行为分别是"一天劳动时间"和"要素投入（x^*）"。显然，相较于主体行为，行为结果产量或利润太低、一天所得不能养活家人更容易让人感受到不舒服。同时，对应的主体行为显而易见。这种情况下，跳过行为，直接研究工会（C）是否影响工人养家糊口的能力，或者直接研究要素价格对产出的影响，都是可以的。值得注意的是，即便不回答工会是否影响工人劳动时间，在这类文章中，研究人员通常会在提出问题时，阐述工会可能会通过影响工人劳动时长或劳动工资率而影响到工人养家糊口的能力，也就是常说的作用机制。

从上一节的讨论中，我们知道，宏观经济学方面的很多研究也属于这种情况。由于很多宏观变量之间的因果关系已经有大量理论与实证证据支撑，比如货币政策对失业率的影响、汇率制度对国际贸易的影响、利息与经济增长、税收对收入分配的影响、自贸协议对粮食安全和农产品价格的影响等，因此，在开展这类实证研究的时候，研究人员常常会忽略背后某个因素（X）对市场微观主体行为的影响，转而直接研究该因素对宏观层面上表现的另外一个因素（Y）的影响。这当然是可以的。稍加分析就知道，货币政策如果不对市场上任何主体行为产生影响，就不可能将其作用传递到失业率上，背后一定少不了对劳动力供给者和需求者的行为影响。某种要素市场价格的波动一定是供需双方某些主体行为变化的结果，如果没有供需双方行为的变化，可能会导致价格变化吗？当然不能。

我这里讨论的行为空心化不规范问题主要针对的是另外一种情况——完全脱离行为讨论的研究。这种情况下，读者（甚至包括研究人员自己）就很难搞清楚为什么某个约束和行为结果之间可能存在因果关系，以及这种因果关系到底是如何形成的。以交通基础设施为例，"交通基础设施建设对于欠发达地区民营经济繁荣的影响""乡村振兴对于农业可持续发展的影响"等研究通常的论证逻辑是：民营经济是地区经济的重要组成部分，其繁荣有利于地区经济的繁荣；过去的研究关注了包括各类鼓励政策、企业特征、企业文化等对于民营经济的影响，却几乎没有关注过交通基础设施改善对其的影响。因此，本文采用某套数据，通过建立某种计量模型，实证评估交通基础设施对地区民营经济繁荣的影响，进而填补文献中的空白。不出意外，绝大多数这类研究会发现交通基础设施会促进民营经济的发展（也可能得到相反的或没有显著影响的结果），进而提出要想促进民营经济的发展，就要大力提升交通基础设施的政策建议。

这听上去是不是十分经典的经济学研究？是的。但是仔细推敲一下就会发现，如果研究完全忽略了其中的主体行为变化，就非常容易导致并不可靠的结果。上面交通基础设施的例子最少有两类缺陷：

一是，交通基础设施和民营经济繁荣二者之间可能只是一种相关关系，而非经济学研究强调的因果关系，一种常见的可能就是二者同时受到另外一个因素的影响，如地方税收政策，那么改变交通基础设备将不能带来民营经济繁荣；二是，即便二者之间是因果关系，离开经济主体行为的分析，我们也无法保障这种关系可以在其他非样本区域得以成功复制。也就是说，假设上述交通基础设施对民营经济的促进作用是在江浙沪三地样本数据研究基础上得到的，我们就无法保证这一结论在云贵川地区也适用。用同样的逻辑，可以说，在中国验证成立的脱贫攻坚发展经验可能也无法复制到非洲地区。

对于第一类缺陷，随着各种非常精巧的识别方法的出现，使得研究人员可以得到更加稳健的因果关系，因此可以在一定程度上弥补行为缺失带来的问题。但是，对于第二类缺陷，却不是依靠识别和分析手段就能够弥补的。

为了更清晰地理解第二类缺陷，我们用台球打个比方。众所周知，在打台球时，击球手需要通过击打母球，直接或间接把目标球打进目标球袋中，实现得分。现在，假设母球和目标球之间随机地放置多个球，我们用一个遮挡物挡住击球手的视线，使其除母球和目标球之外，看不到其他所有中间的球。此时，让击球手通过击打母球，把目标球打进某个目标球袋，那么，击球手能够做的就是尝试从不同的角度和击球点，用不同的力度反复击打母球，并观察目标球的走向和落袋，最终，就可能得出一个结论，如，左偏30°，低位击球点，8N的击球力，就可以把母球打入目标球袋。用经济学的语言来说，就是给母球这样一个冲击（原因），就可以在一定的置信水平上得到目标球入袋的结果。现在，我们换个场景，其中母球、目标球和球袋都不变，但改变一下被遮挡的其他球的位置，这个击球手还能否用刚才角度、击球点和力度，把目标球打入目标球袋吗？显然，机会渺茫。改变母球与目标球之间的任何一个有传导作用的中间球所在位置，都无法让相同的冲击得到相同的结果，这就意味着，任何一个小的改变，都可能导致原有的因果关系失效。

而解决复制难题的办法就是移开遮挡物，认真观察并分析每次不同的击球如何通过母球传导给其中哪个或哪些中间球，以什么角度、以什么速度，传导到下一个中间球，或被另外一个中间球干扰行进路线，并最终以什么角度和速度撞击目标球。显然，只要搞清楚每个中间球在受到什么样的冲击下（原因或约束），就会产生什么样的反应方向和速度，在面对不同的球局时，击球手就掌握了用特定的击打方式实现特定目标的主动权。

把对台球中间球的响应的分解用于上面提到的交通基础设施对民营经济繁荣的影响中，就等同于把缺失的主体行为加了回去，这就是我们常说的经济学机制分析。从这点上看，这类行为空心化的不规范问题，基本上等同于行为作用途径与机制分析缺失问题。

5. 约束不可变

对于改造型研究，研究的目标是为改造某个已经意识到的痛点寻找方法。这个时候，如果研究人员把不可改变的因素当做核心约束条件，就会导致这类不规范或欠规范问题。简单的逻辑就是，如果原因无法改变，那么结果就无法改变。①

这类型不规范或欠规范研究在经济学期刊中也十分普遍，比如研究性别对于游戏成瘾的影响、面相对个人学习效率的影响、不同地区的收入不平等研究等。注意了，我把这类不规范问题限定在改造型研究上，就是说，游戏成瘾、学习效率低和收入不平等是（在本研究之前）已经意识到的痛点了，而非试图通过本研究揭示的痛点及其特征。

显然，即便在采用各种严谨的识别方法之后，研究人员能够得到一个在统计学上显著的结果，甚至在一定的置信水平上确认是因果关系，人类也无法在现有的制度、伦理、技术下改变约束，从而实现改造行为或行为之结果。例如，研究结果表明，男性比女性更加容易游戏上瘾，如果性别是核心解释变量，而非控制变量，那么想要降低个体或全社会游戏上瘾程度，就会从逻辑上给出"应该将男性变性为女性"的建议。同样，我们无法因地区对于收入不平等的影响而得出"让改善甘肃人民收入不平等的办法是将其全部迁移到广东或浙江"这样的结论，更无法为了提高学习效率而通过手术改变一个人的面相。

因此，这类不可变的解释变量在理解痛点产生的原因时，只能作为控制变量或者用来证明"如果不控制这些变量，其他可以调节的关键变量（原因）的估计结果有偏差"。当然，如果是那样的话，

---

① 对于揭示型研究，核心约束不可变并不是问题，原因是研究的预期结果仍然可以帮助人类更好地认识到该痛点的存在及可能存在的群体特征。这将有利于今后通过进一步的研究，探寻改造该痛点的有效方案。

文章的重心就不在这个不能改变的约束因素上，而是其对另外一个（可变）约束的效应的异质性影响上，相应地，文章的关键科学问题就变了。

当然，必须指出，这种类型研究只是在当前条件下无法用来改造行为，但不等于说这类研究是不符合经济学研究范式的。在当前条件下不可改变的因素或许在未来的某个时候就可以改变了，届时，该研究结论就可能被用来指导对结果的改造了，只是这种概率在多数时候并不高，因此，开展这类研究很大程度上只是满足个人的好奇心，也正因如此，我更倾向于把这类研究看做是欠规范而非不规范的经济学研究。

6. 痛点不痛

这也是一类欠规范问题。人类要通过研究改造某种行为，一定意味着当前这种行为是令人不舒服的，即如果研究的行为事实上并不明显地令人痛苦或不舒服，甚至是一种十分舒服的状态，那么就无须改造。因此，尽管找到了统计上显著影响这种行为的可变约束，这种因果结论在改造世界上的实践意义仍十分微弱，这通常就会表现为只在统计学意义上显著，但在经济学意义上不显著（改造行为的经济收益太小，甚至可能是相反的）。

例如，收入增长困难是很多个体和社会面临的痛点，因此，研究这些群体增长收入为何如此困难，甚至会掉在贫困陷阱中无法摆脱，找到其中的可变原因，就有可能为改变这种状态提供有价值的政策建议或工具。在这个过程中，研究人员通常会把低收入群体和高收入群体放在一起来进行研究，以期从高收入群体中找到一些帮助低收入群体脱贫的方法，这是完全没有问题的。但是，如果只试图回答"高收入群体为什么能够成为高收入群体？"或者"是什么因素制约高收入群体的收入进一步增长？"，那么，这样一个研究起点与落脚点的转移，就使得研究本来的痛点不那么痛了。高收入群体当然也有进一步提高收入的需求，但低收入群体的收入增长困难显然更值得经济学家研究。

7. 困在当下

这类问题是说，在研究人员选择约束（C）或对约束进行量化时，很容易受制于当前的法律法规和规章制度，试图在允许的范围内寻找解决问题的方案，结果是，要么找不到统计上有效的约束，要么是即便找到有效的约束，其边际影响也十分有限。

举个例子来说。很多劳动经济学家或行为经济学家试图研究保险合同具体条款设计对于参保人保险购买行为的影响。假设根据当前的《合同法》，一项合规的保险合同应该包括 x、y、z 三个基本条款。这个时候，常常有研究人员试图通过把 x、y、z 三个条款按照不同的顺序、位置、颜色、字体等进行设计，并逐一研究哪种条款的组合设计更容易促进潜在受保人购买保险。最终或许可以找到一个相对有效的组合，或许完全找不到，但问题是：为什么不试着只研究 x 和 y 的组合，而不考虑 z? 答案是"那样不符合《合同法》"。以上情形就属于典型的被困在既有约束中，而这背后是研究人员自身也没有意识到的一个潜在假设——当前的《合同法》本身不是导致保险购买意愿不强烈的原因。

显然，这种自困于当下既有约束里的研究，不仅限制了更有效解决方案的寻找以及改造世界的可能性，更严重地限制了科学研究所追求的创新性。敢于对现存的一切法律法规、规章制度、条条框框进行怀疑并严谨求证，毫无疑问是科研创新中最关键的素养。

除了上述七种常见的不规范或欠规范的经济学研究问题外，还存在一些其他欠规范或不规范问题，包括因果倒置、行为与约束错位、约束主导（而非行为或问题主导）等。这些问题相对而言更容易被识别和修正，因此，不再展开讨论。

六、本章小结

本章从资源稀缺这一经济学存在的前提出发，指出经济学本质上属于应用科学，因此经济学研究必须服务于人类优化资源分配与利用效率的基本目标。围绕这一底层逻辑，本章提出了经济学研究所需要具备的"主体、行为与约束"的 ABC 分析范式，以及"约束怎样影响行为"的 C2B 科学问题提出范式。在此基础上，本章进一步讨论了中国当前经济学研究中若干常见的不规范或欠规范问题。

ABC 和 C2B 这两个范式不仅有利于研究人员更具操作性地开展经济学研究，还有利于帮助研究人员更准确地把握一项经济学研究或一篇经济学文献底层的基本经济学要素和逻辑，这就很容易将其与其他文献进行比较，从而更容易看清这项研究或文献的核心价值和局限。

"问题是创新的起点，也是创新的动力源。"（习近平，2016）。经济学研究的 ABC 范式正是这句话的逻辑延伸。

但是，行文至此，必须强调，我并不想把大家局限在这个"自以为是"的经济学研究范式中。科学研究本身具有开放性和包容性。人类认识世界、改造世界本身就是一个"否定—肯定—再否定—再肯定"的波浪式前进和螺旋式上升的过程，任何后来被证明是错误的尝试和努力都是构成人类知识阶梯的重要组成部分，因此，只要是研究人员大胆提问、认真求证得到的研究结果，放在人类认知世界的长河中都是有价值的。我只希望读者把这两个范式当作一架小梯子或一个小板凳，给正在攀登经济学这座大山的你提供一点支撑或一个起点。

第四章
经济学期刊文章结构与研读方法

经济学论文是应用类科技论文，因此，我们在第二章讨论过的应用科学研究的目标、方法、科技论文写作的目标、原则等，都适用于经济学论文。所不同的是，经济学研究的对象和经济学改造世界的手段不同于其他很多应用科学。这一点，我们在上一章有关经济学研究的基本范式中已经有了相应的认识。

知道科技论文写作的一般要求，只相当于学会了科技论文的形式，而掌握了科学研究和经济学研究的基本规范，就相当于学会了科技论文的内容。形式与内容是辩证统一的。只有内容，没有形式，内容就无法传播；只有形式，没有内容，就缺失了科研的灵魂。这就像学武功，只学会了把式，尚没有功力。

本章就经济学期刊文章的常见结构和文献研读的基本方法进行讨论。之后两章将结合大量例子，对本章讨论的方法进行详细解析。作为一本以文献研读方法为主题的著作，这三章是最重要的章节。但读者很快就会意识到，如果离开前两章对科学研究、经济学研究和科技论文写作的一般性认识，很大程度上会影响到本章和之后两章的理解，会有一种知其然不知其所以然的感觉。

一、经济学期刊文章结构

经济学文章与其他很多应用类科技文章一样，有很多种类型，最常见的有常规论文（regular articles）、评论（comments）、综述（reviews）、信函（letters）、通讯（communications）、学术动态（scientific news）、研究报告（reports）等。

本书重点讨论的是一般意义上以公开发表形式出现的常规论文（regular articles），包括已经正式发表的论文和通常意义上的工作论文（working papers）。

尽管不同的期刊和文章间有所差异，但本书讨论的经济学学术期刊文章通常会包括以下部分：

（1）标题（title）

（2）作者与机构（authors and affiliations）

（3）摘要（abstract）

（4）关键词（keywords）

（5）引言（introduction）

（6）研究框架、过程与结果（framework, process and results）

（7）结论（conclusion）

（8）参考文献（references）

其中，（5）—（7）就是我们通常所说的正文。这个一般性的论文结构会因期刊或栏目不同而有所不同，比如，包括经济学在内的诸多社会科学类期刊论文中，方法和材料部分常常被理论框架、实证模型和数据替代，部分期刊还会在引言后专门设置一节进行文献讨论，近年来，一些期刊（主要是英文期刊）还增加了亮点（highlights）。

上述经济学论文的基本结构很好地契合了我们在第二章第一节讨论过的科技论文的根本目标和原则——把研究过程与发现用最准确的方式记录下来，并力图用最高效的方式传播出去。

　　不少讨论论文写作的参考资料都会把科技论文的结构及每一部分相应的格式规范、技术性要求或禁忌进行详细的讲解，比如，缩写不要出现在标题或摘要中，摘要尽可能不用排比句，也不要用引文等。但这些并非本书的重点。除非必要，本节对论文结构的关注主要是想挖掘各部分在文献研读中的作用，以更好地服务于本书的中心任务。

　　接下来，我就对这个一般结构中的各组成部分进行逐一分析，重点解释每部分在论文中的目标和读者可以从中期待的内容。

1. 标题

　　1）标题中的四类信息

　　论文的标题基本都出现在一篇论文的顶部。论文标题和作者信息、起始页也会出现在期刊目录中，为读者概览和选择提供便利。每一期中比较有代表性的几篇论文还常常和作者信息一并出现在期刊封面上，这样设计的目标就是为了第一时间捕获读者的注意力。近年来，由于纸质版期刊逐渐被电子版替代，封面文章的地位正变得越来越不重要。

　　经济学期刊论文的标题长度通常不会超过 25 个字，即便有长标题，也基本上是由正副标题构成。为了高效传播，文章的标题总是力图用最少的文字提供尽可能丰富和有价值的信息，同时，能够尽可能勾起并保持读者对论文的兴趣。

　　人类文字千变万化，这使得一篇论文的标题只有更好，没有最好。这也就是说，并没有一个程式化的起标题方法。但我们总是期待能够在经济学期刊文章的标题中尽可能读到下面这些信息：

　　● 本文要回答的关键科学问题是什么？

　　结合第三章的内容，识别关键科学问题基本上就等同于要从标题中读出来本文主要涉及的主体（A）、行为（B）或行为结果（$B's$）和核心约束（C）；一旦解析出来 ABC，就可以用 C2B 构建关键科学问题了。

● 本文主要属于改造型、揭示型还是方法型？

这就需要我们从标题中努力判断本文关键科学问题背后的痛点是什么，以及本文的主要目标是通过研究寻求改造痛点的方法，或是通过研究揭示某个痛点，还是提供方法。

此外，如果从标题中还能够读出：

● 本文的创新点可能是什么？

● 关键科学问题的答案是什么？

那么这样的标题就更符合我们一直强调的"用最少的文字内容呈现最丰富的信息"的原则。

先看几个例子体会一下。

例一："农村脱贫户的返贫问题研究"。

从这个标题中能读出这篇文章拟回答的关键科学问题吗？这就需要我们按照 ABC 范式对标签进行解析。主体（A）是什么？显然是农户，这可以在经济学上归为生产者或生产者与消费者合二为一的市场主体；行为（B）或行为结果（$B's$）是什么？返贫，这直接理解为主体的行为显然有点牵强，但稍加思考，就可以看出，把返贫当作主体某种或某些行为的结果（$B's$）更恰当一些；产生这个行为结果所面临的约束是什么呢？标题中完全看不出来。这样 C2B 的科学问题提出范式就缺乏了 C 这个关键要素，因而我们很难从标签中读出这篇文章的关键科学问题了。

这篇文章属于哪种类型呢？这个标题就清晰地体现了现实痛点——返贫现象，但似乎不容易看出是试图揭示什么导致该痛点，还是从哪个角度寻求改造该痛点的方法，所以无法判断研究的类型，但大概率不是方法型。

这个标题中显然也看不出这篇文章可能的创新所在和关键科学问题的答案。

例二："公共转移支付降低了贫困脆弱性吗？"

这个标题似乎本身就是这篇文章要回答的关键科学问题，套用我们的 C2B 范式，公共转移支付就可能是核心约束 C，贫困脆弱性就可能是以行为结果出现的 B。那主体 A 是什么呢？尽管不像例一那样在标题中直接出现主体"农户"，但从例二的标题中，我们还是很容易"推测"主体是经济学意义上的生产者——生产收入或财富的人。这样看来，把标题直接当做这篇文章的关键科学问题似乎很恰当。

这篇文章属于哪类型的研究呢？从标题中看，可能涉及两个痛点：一是脱贫成果不稳定（脆弱），二是公共转移支付可能未达到预期降低贫困脆弱性的效果。如果是前者，说明不稳定这个痛点已知，因而要改造，公共转移支付就是本文想要寻求的改造贫困脆弱性的潜在方法，所以是改造型；如果是后者，就是揭示型，研究的目标是试图揭示公共转移支付在降低贫困脆弱性上的无效或低效，或者向质疑其有效性的人提供反面的证据。这样说来，这篇文章可能属于改造型或揭示型，或者两者兼而有之，但从标题中，我们也基本可以判断，这篇文章不是方法型。

例三： **"延续中国奇迹：从户籍制度改革中收获红利"。**

这个例子我在下一章中还会专门讨论，这里暂时不展开分解其中的 ABC、痛点与所属类型，但我想强调的是，这个标题不仅给出了这篇文章拟回答的关键科学问题——户籍制度改革能够创造经济红利吗？还给出了清晰的答案——能（延伸中国奇迹）。

例四： **"土地细碎化威胁家庭食物安全"。**

这个标题不仅告诉了读者研究的痛点——（针对）家庭食物不安全的既有痛点，或（揭示）土地细碎化带来的家庭食物不安全的新痛点，也给出了关键科学问题——土地细碎化会威胁家庭食物安全水平吗？还给出了相应的答案——会降低。读者可以试着按照例一和例二的方法解析一下这个标题。

从刚才的几个例子中，不难看出来，即便在标题这么短短的一句话中，如果掌握一定的方法，我们仍然能从中提取出很多有利于理解本文的重要信息。这正是我不断强调的文献研读实践中要遵循的一个重要原则——从最少的阅读内容中尽力抽取最丰富的信息，体现的正是我们前面讨论的科技论文高效传播的理念。

2）关于标题的两点注意事项

（1）"尽力抽取"的意思是，前述四个问题的信息中没有哪一个是必须出现在标题中的。绝大多数时候，如果一个标题能够体现出其中的 2~3 项，就已经很不错了。

（2）通过标题努力判断本文属于哪种研究类型，并努力抽取出可能的痛点是十分有益的习惯。我们前面讨论过，为了高效地传播科技成果，一篇科技论文最需要向读者呈现本研究的重要性和创新性，如果通过标题就能让读者读到或感受到这篇文章涉及的痛点，将十分有利于体现重要性，因为这将更有利于抓住读者的注意力，引起读者的共鸣。但是，由于标题空间有限，能够体现在标题中的痛点多数时候只是一个一般性、大尺度的痛点（general problem），而非本文针对或揭示的具体痛点（specific problem）。

那我们为什么还要力图在标题中呈现痛点呢？读者很快会在后面的内容中意识到，即便是一个大尺度上的痛点，也能为我们后面高效地研读摘要、引言起到很好的引导作用，同时，其对我们进行文献分类十分有用。因此，我依旧十分鼓励读者在读标题的时候，就试着从中窥见其中的痛点，哪怕只是靠自己的"推测"。下一章，我还将通过大量例子，进一步结合上一章中的经济学研究方法，讨论如何解读标题。读者将可以更清晰地体会到从标题中抽取痛点的好处。

3）从标题中可能读出创新性吗？

从标题中努力提取本文的主要创新点是一个好习惯。受标题长度的限制，从标题中直接看出文章具体的创新点往往不容易，但却有可能"推测"创新点可能在哪方面。在题目中体现创新的做法很多，常见的有以下两种。

第一种是对于一些理论、机制或方法创新为主的论文来说，经常直接采用作者所提出的新理论、新机制或新方法作为题目。

比如"*Quadratic Engel Curve and Consumer Demand*"（Banks et al., 1997）这个题目中，"engel curve"和"consumer demand"显然是具有一定经济学基础的人都知道的重要概念，所以这两个词汇一定不是创新点，那么创新点就是"quadratic"了。诚如读者将会在摘要中看到的那样，这篇论文的核心观点是说，传统的近乎理想的需求系统（AIDS 模型）在支出效应上只捕捉了线性作用，而忽略了支出的非线性效应（更准确地说是二次项效应），所以作者就提出了包括支出二次项在内的需求系统模型。这样的题目让读者清晰地看到了需求系统模型从线性支出方程到非线性的前沿拓展。再比如"*New Growth Accounting*"（Gong, 2020）这个题目。显然，这个题目清晰地告诉读者，这篇论文的核心创新在于提出了一个新的经济增长核算方法。诚如读者在接下来的摘要中很快就可以意识到的那样，这一点正是本文最核心的贡献。尽管不像上一段举例的题目那样可以清晰地看出来具体的创新是什么，但这足以说明本文的核心创新在方法上。同样，读者可以"想象到"，这个新的经济增长核算方法一定与某些传统方法不同，而且一定是有所改进的。否则，这篇文章提出的核算方法即便不同于过去的方法，也没有其独特的价值。

对于这类以新方法、新理论、新机制等为关键创新点的论文来说，对应的关键科学问题常常不容易一句话表达，相应的答案也就更不容易从标题中抽取出来，因此，题目经常直接用创新的内容表达，比如"一个关于……的分析方法""……的机制研究""……新理论"。

二是，用副标题体现论文创新所在。在经济学文献中，副标题是如此常见，以至于我觉得有必要重点讨论一下。副标题在经济学文献中常见的表达方式有很多，比如"来自……的证据""基于……方法""基于……理论""从……的视角""在……背景下"
等。有时候，这类副标题还可以作为状语从句置于标题前端，而不
改变标题的意思。比如"监管型小股东的治理效应：基于财务重述
的证据"这个题目，把副标题改到前端就可以写成"基于财务重述
视角考察监管型小股东的治理效应"。

通常人们在讨论副标题的时候，认为其作用主要包括两点：一
是对正标题的范围进行一定的限制，二是对正标题进行补充。但我
认为，经济学文献中，只有当副标题中限定或补充的内容具有真实
意义时候，副标题才更具有其存在的价值。

举个例子，"大规模交通基础设施建设与县域企业生产率异质
性：来自'五纵七横'国道主干线的经验证据"（《经济学（季刊）》
2021 年第 11 期）。在这个题目中，正标题"大规模交通基础设施
建设与县域企业生产率异质性"是我们前面说过的关键科学问题式
的呈现方式，可以改写成"大规模交通基础设施建设对企业生产率
的影响存在县域间异质性吗？"。从副标题"来自'五纵七横'国
道主干线的经验证据"中，读者可能并不知道这背后困扰主标题中
关键科学问题回答的内生性，以及把"五纵七横"国道主干线作为
一种自然实验将在解决此内生性方面的优势，但读者完全可以期
待，利用"五纵七横"国道主干线可能正是本文的一大亮点，而且
一定在这一点上有所创新，起码在回答正标题中的关键科学问题
上，一定如此。

理解这一点，我们可以反过来问，如果副标题不是创新所在，
"来自'五纵七横'国道主干线的经验证据"这一副标题还有什么
价值呢？除了补充说明这是一项经验研究外，再无其他价值。而从
正标题中也基本上能看出这是一项经验研究。

再比如，"劳动力流动如何影响农户借贷：基于社会网络的分
析"。这个标题中，我们可以很容易看出来其关键科学问题——劳
动力流动（是否和）如何影响农户借贷？同时从副标题中，能够看

出来这篇文章采用的研究方法——社会网络，可能就是其不同于文献的一个重要方面，也就是本文的一个创新所在，或许是本文第一次提出"社会网络分析方法"这个方法，也或许是第一次把这个方法应用到回答正标题中的关键科学问题上。

理解这一点，我们同样可以反过来问：如果这个不是创新所在，就意味着已经有文献提出过"社会网络"分析方法，或者采用"社会网络"分析法回答过"劳动力流动如何影响农户借贷"这个科学问题了，那把"基于社会网络的分析"放在标题中还有什么额外价值呢？有读者可能会辩解，尽管不是创新，但这个副标题仍然是对正标题的补充或限制。确实如此，但我的问题是，如果补充或限制的东西不能体现正标题无法体现的重要信息，那做这样的补充或限制还有什么必要呢？

类似的例子还有"……：来自×个样本家庭的调研证据"或类似副标题，其中的"……"代表的是正标题，"×"代表的是具体的样本数量。假设过去在研究这个问题上，研究人员所用的数据样本量都很小，而这篇文章的样本量很大，那么，把这个样本量的数据放在副标题中，就突出了本文与文献中的一大差异——大样本对过去研究中的小样本。若非如此，那么把样本量放在标题中的价值何在？是想让读者觉得本文所用样本量大还是小呢？说不定对于一些评审专家来说，会在看到这个样本量的时候，就产生了"样本量这么小"这样不利于本文的第一印象。

2. 作者与机构

标题的下方通常就是论文的作者和每个作者所在机构，并在通常情况下会标明本文的通讯作者。一些时候所在机构和通讯作者的标注也会放在文章首页脚注或文章尾注中，这主要取决于期刊的风格。

作者和机构的标注方式涉及很多版权、贡献大小等问题，这些对本书所讲的文献研读没有什么影响，不做讨论。需要了解这方面信息的读者可以找专门的资料学习。

但作者与机构对于文献研读来说，却常常有着独特但很容易被忽视的作用。在学术领域，作者和机构都有自己的声誉，这种声誉常常能反映其作品的通常水准和研究特色。这一信息很多时候可以被用来当做一个文献质量高低判断的粗略标准，特别是对于学术声誉极高的机构和学术声誉极低的机构来说，这种做法即便会导致一些误判，但在实用性上，也是一种粗略判断文章质量的方法。特别是当我们把作者、机构声誉与期刊声誉联系起来使用的时候，这种做法的可靠性就会大幅度提高。

从这个角度而言，如果读者平时能积累一些有关机构和期刊声誉的知识，对于提高文献研读的效率是十分有益的。我们当然不指望记住所有作者并了解每个人的声誉，但放在一个小的领域内，如果养成关注每篇文章作者与机构的习惯，久而久之，对领域内很多学者就有了一个人体的认知。

除了这个功能之外，很容易被忽视的作用是，从机构的名称中，我们常常能直观判断这篇文章所在的学科领域，以及是否是由不同学科的作者合作完成，当不同学科的作者一起完成这篇文章的时候，本文大概率可能是一个交叉学科领域的成果。这样的信息对于我们之后带着疑问阅读文章的其他内容，以及根据不同学科对文献进行分类十分有帮助。

3. 摘要

绝大多数的经济学论文都有摘要。经济学期刊论文的摘要通常在标题和引言之间，长度一般在100~300字。摘要内容只针对本文，除非必要，通常不需要在摘要中和其他研究结果进行比较。

与标题一样，摘要的写作也要紧扣高效传播科技成果的目标，这就要求摘要和标题一样要遵循：用尽可能少的文字，提供尽可能多和尽可能重要的信息。同时，摘要要有一定的完整性，以确保可以独立传递一篇文章的关键信息。

经济学论文的摘要通常由三个必要组件和若干常见组件构成，其中必要组件有：

- 关键科学问题
- 相应的答案
- 核心方法（与材料）

这其中的一些组件在标题中或许已经体现出来或可以被"推测"出来，但在摘要中仍旧必须出现，这既是对标题信息的确认，也是摘要所含关键信息需要一定完整性的要求。

试想，如果读完摘要之后，仍然无法从中清楚地看到本文回答了什么关键科学问题以及相应的答案是什么，那么，作者还能期望从中获得什么抓得住自己兴趣的信息呢？

不同于标题，摘要除了体现标题中可能已经能够体现的关键科学问题之外，还会包括一些围绕关键科学问题的其他科学问题。在绝大多数的经济学期刊文章中，最常见的情况是一篇文章往往只回答 1~2 个关键科学问题，同时，为了回答得更严谨而深入，研究人员往往还要围绕着关键科学问题回答一系列其他科学问题，比如机制分析或异质性分析对应的科学问题等。这些科学问题几乎不会出现在标题中，但却常常出现在摘要中。

在一个新现象或新问题刚出现的时候，作者往往喜欢在一篇文章中同时回答很多问题，这类标题最典型的样式就是"……的影响因素"，每个影响因素都可以和被解释变量构成一组科学问题。但随着研究的不断深入，这种有宽度无深度的研究就很难满足认知需求。

需要注意的是，关键科学问题并不一定是一个问句，陈述句同样可以表述关键科学问题，比如，"本文实证研究了极端天气对农作物产量的影响"，这种表述完全可以在不改变意思的前提下，改写成"极端天气对农作物产量有什么影响？"或"极端天气会影响农作物产量吗？"这样的疑问句。

摘要中的方法常常由研究所依赖的理论、实证手段和数据组成。把方法放在摘要中，有两个重要原因：一是有利于读者更便捷地对这篇文章所用的方法及其应用在本研究中的优缺点进行粗略的评判；二是方便读者快速记录文献所采用的理论、方法或数据，这对后期文献分类分析十分有帮助。因此，除非本文就是方法型研究，否则摘要中涉及方法内容，其重要性不在于能否让读者理解所用的理论、方法或数据，而是是否便于读者记录和后续分类时使用。

除了这三个必要的组件外，经济学论文的摘要通常还包括四个常见但非必要的组件：

- 痛点
- 创新性
- 非关键科学问题的科学问题和答案
- 主要发现的应用

从关键科学问题中，我们多数时候能够判断本文拟改造或拟揭示的痛点，但如果在摘要中作者能更清晰地指出痛点，那将十分有利于读者更准确地把握本研究的目标。更具体地说，痛点在摘要中的作用就是要让读者比较清晰地知道"为什么回答这个（些）关键科学问题很重要"。但是，受字数限制，痛点在摘要中只能是常见而非必要的组件。

同样，关键科学问题及其答案并不能帮读者判断本研究不同于过往研究的独特价值。因此，如果创新性可以用很短的语言刻画，在摘要中就已经体现出来，对读者来说无疑是一大好事，可以省下很多到正文中搜索的时间。但是，同样的原因，摘要的长度经常使得刻画创新点十分困难，因此，也只能作为可选项。

除了关键科学问题之外，在一篇经济学文章中，研究人员通常还会开展一些机制、异质性、稳健性等方面的研究，对应回答一系列重要的科学问题。其中一些相对更为重要的科学问题及其答案这个时候就可能出现在摘要中。至于要放哪些、不放哪些，当然要首先考虑摘要长度的要求，还要考虑"增加这一点能否给读者额外提供有价值的信息"或"能否吸引更多读者关注这篇文章"。掌握这一点，需要很多练习，尤其需要具备一定的换位思考能力。

说到这里，有读者可能注意到，我这里关于摘要组件的观点与其他很多科技论文写作的著作或指导材料中的说法不一致。有很多科技论文写作指导把摘要概括为目的、方法、结果和结论四要素。我并不反对这种四要素的摘要指导方法。如果细心比较，其实可以看出来，我的摘要组件构成与这种四要素法具有不少相似性，但也略有区别。比如我所说的答案就是四要素法中的结果，我称之为"主要发现的应用"就是四要素法中所说的结论。我主要考虑到不少人无法准确区分"结论"与"结果"的区别。与四要素法不同之处主要有两点：一是去掉了"目的"，转而用关键科学问题（和痛点）取代；二是增加了创新性和其他重要科学问题及其答案作为常见但非必要组件。

为什么要替代"目的"呢？原因如下：对于很多经验有限的科研人员来说，"目的"这个看上去很简单的组件，并不容易准确把握，把"回答某个问题（question）""估计某个效应"当做目的的研究不胜枚举。这既是对研究"目的"的误解，也常常导致读者（甚至包括作者）很难体会到改造或揭示痛点才是研究真正的目标。

举例来说，在经济学文献的摘要中我们经常看到这类写法——"这篇文章的目的是要回答为什么电商在中国发展这么快"，"本文的目的是为了估计消费者对有机食品的支付意愿"，"本研究的目的是要估计中国企业对增值税的投资反应弹性"。在这些表达中，尽管都有"目的"二字，但稍加推敲就不难发现，在"目的"的后面跟着的要么是本研究回答了什么问题，要么是本研究做了什么事情

（比如，估计了支付意愿或投资反应弹性）。这显然不是"目的"的真实含义，即回答这个问题或做这个事情是为了什么。因此，直接把"目的"当摘要组件，对于很多经验不足的科研人员来说，很容易把"做了什么"当成了"为了什么"。

在摘要空间允许的条件下，如果能把文章的主要创新性和其他重要科学问题及其答案表述出来，无疑可以帮助读者在更短的时间内获取大体理解这篇文章核心贡献和其他主要内容的可能。这完全符合科技论文用最高效的方式传播科技成果的目标要求。

"主要发现的应用"也是摘要内容的一个可选项，其作用在于帮助读者在较短时间内把握研究发现可能的用途。这部分内容在摘要写作中不需要特别详细，能辅助读者对主要发现的潜在用途有粗略判断即可。对研究发现的应用感兴趣的读者可以跳到文章的结论部分进行研读。

4. 关键词

科技类论文在摘要后和正文前通常都会有 3~5 个关键词。关键词是能够准确体现本研究核心价值、所在领域等词汇或简单词汇组合，是为各种文献数据库依据作者自己的选择给文章贴上的书签。关键词搜索是现代通过网络搜索文献的主要方法之一。关键词选择是否恰当，关系到该文被检索的频率和成果被利用率。

随着搜索算法的提升，现在一些搜索引擎可以基于算法从文章中抽取关键词，其结果可能比作者选择的关键词更能准确地代表本文。这使得作者自己提供关键词变得不像过去那么重要，但目前大多数的科技文献搜索引擎还做不到或做不好这一点。因此，选择恰当的关键词仍旧十分重要。

怎么判断关键词是否恰当呢？两个标准：一是有更大的概率被检索到，二是有更大的概率被利用上（比如被引用或转化）。充分理解这两个标准，就要站在检索人的立场上思考。检索人的目标是想要用自己已知的零星信息尽可能高效地检索到有用的文献。为了达到此目标，采用尽可能精准的关键词就十分重要。涵盖面太宽的词汇可能使搜索出来的文献中包含大量与检索人需求无关的文献，涵盖面太窄的词汇又可能把有用的文献排除在外。涵盖面宽窄可以通过考察该词汇在学科或专业划分中的层级来判断，所处层级越靠上，涵盖面就越宽，反之就越窄。

怎样提高检索人利用你文献的概率呢？答案是，关键词越能代表你的研究的主要价值所在，越可能对检索人有用，就越可能被引用。这样，我们就不难理解，回到作者的立场上，选取关键词重要的就是怎么做好平衡，既要尽可能提高被检索到的概率，又要尽可能避免对检索人无用。因此，关键词一定要能引导读者通过搜索和阅读意识到本文对其研究的重要参考价值。

需要注意的是，选择关键词并非把标题简单拆解成若干词汇就可以了。这一点，大家很容易从关键词和标题的目标目标差异中看出来，此处不再赘述。

5. 引言

在科技论文中，引言也常被称为绪论或导言，是经济学论文正文的第一节内容，也是正文部分最重要的一节。"引言"二字常常直接被用作节标题，但不管有无节标题，文章的第一节通常都扮演着引言的角色。

引言可长可短，短的可以只是一段话，长的则可以有数页，很大程度上取决于期刊和作者的风格。对于绝大多数的经济学期刊来说，都有其相对固定的引言长度和风格。[①]

好的引言要让读者能够抓住本文核心"故事"的梗概，这其中

---

① 说到此处，临时插一个写作的小技巧。写作前就将若干个论文结构风格一致的期刊作为将来投稿的选择，是一个好的习惯，可以减少很多因期刊风格不同而大幅度修改文章结构的麻烦。

最核心的是要向读者呈现本研究的重要性（或关键科学问题的重要性）和创新性。

　　有经验的读者已经可以从标题和摘要中或多或少体会到一些文章的重要性和创新性，但对于绝大多数新人来说，即便有所体会，也通常停留在"知其然"的层面，而无从知晓"所以然"。因此，引言必须担起此重任。在此基础上，加上标题和摘要中获取的其他信息，读者就能在整体上把握住本文的"故事"梗概了。

　　但要做到这一点，引言就不能像摘要那样干瘪瘪地列出来核心要件就完事了。如果说摘要给出的是文章的骨架，引言就要有血有肉有温度。这一点在包括经济学在内的社会科学文章中尤为重要。一个精心撰写的引言不仅能紧紧地抓住读者的兴趣，还能带动其情绪，激发共情，甚至使其愿意参与到研究中来，相反，不好的引言会使读者就很难抓住作者的思路，更无法与之形成共鸣。

　　怎么在引言中体现关键科学问题的重要性呢？

　　这就需要在提出关键科学问题前给出必要的铺垫，也就是要给出回答这个关键科学问题的背景（background）和动机（motivation）。

　　什么是背景？答案要取决于本文属于哪种应用研究类型。如果是改造型，背景就是能够呈现目标痛点及其严重性的内容，用 C2B 范式来说，就是其中的行为 B 或行为的结果 $B's$，通过对行为或行为结果的描述，让读者感受到非改造不可；如果是揭示型，背景写作的重心就是要告诉读者导致本文拟揭示痛点的话题或现象，用 C2B 范式表述，就是其中的核心约束 C；如果是方法型，背景的重心则在于强调既往方法使用的广泛性及其存在的缺陷，以烘托本文即将提出或改造的方法的重要性。

　　动机是背景的自然延伸，是从背景中引出关键科学问题的桥梁。直接来说，动机就是引领读者从背景中提出本文的关键科学问题，并让读者深切意识到关键科学问题的重要性。多数时候，读者能自然而然地从背景过渡到本文的关键科学问题，但也有一些时候，从背景到关键科学问题的过渡并不自然，甚至还有点突兀，这就需要作者引导一下。

怎么在引言中体现本研究的创新性呢？

为了在引言中呈现创新性，作者就必须清楚地交待本文拟回答的科学问题的文献前沿与缺口（literature frontier and gaps），并指出本文将如何创新性地弥补这些缺口及其价值。这就要求在引言写作中强调三点：

第一，创新性一定紧密围绕着关键科学问题展开。这既可以体现在关键科学问题的提出本身就具有创新性（现有文献中没有提出过这个科学问题），也可以体现在提出和回答该关键科学问题的理论依据、视角、方法、数据等方面的创新。创新性基本的表达方式就是：……首次回答了……问题；本文第一次把……方法应用到回答此科学问题中；我们（首次）证明……模型存在……缺陷，在此基础上提出和验证了一个新模型；等等。

第二，创新性一定是针对文献前沿而言。创新的前提是看到了文献前沿和前沿上仍存在的不足，这样才有可能通过本研究推进前沿。因此，引言中的核心文献部分必须专注于文献前沿（而非发展脉络），并强调其仍存在的缺口，以支撑本文的创新性。这是引言中文献部分与很多期刊文章中独立的文献综述部分最大的不同，后者通常围绕着本文的痛点和 / 或关键科学问题给读者提供一些更大范围和更长历史的文献发展脉络梳理，以帮助读者对相关文献有更系统的认知，而不仅仅是为了支撑本研究的创新性。关于这一点，我还会在本书第九章文献写作部分展开讨论。

第三，创新点不等同于文献缺口，但在一篇文章中创新点要与文献缺口相对应。在引言中讨论文献缺口时，必须限定在文章可以填补的缺口上，并和创新点对应。不能填补的缺口要么不提（因为超出了文章的范畴），要么放在文章的最后，作为未来的研究方向提出来。同样,如果某个点果真是本文的创新点,就要在陈述文献缺口的时候将创新点对应的缺口指出,否则就无法判断这个创新点是否真的是创新点。

由于一种缺口可能有很多种填补办法,因此,即便缺口与创新一一对应,清晰地指出缺口仍旧不意味着文章的创新已经清晰了。从写作规范性上讲,那些不谈缺口只谈创新的论文,创新就是"作者声称",是否真是创新,还需要读者到文献中确认;反过来,那些只谈缺口不谈创新的论文,就看不到其贡献。比如,针对文献中某个变量的内生性问题从来没有得到过重视这一缺口,可以创新性地采用工具变量法解决,也可以创新性地采用随件干预实验的办法,但如果只说"内生性问题没有得到重视",就无法帮助读者在引言中准确把握本研究的创新性与价值。

关于文献缺口类型,我在本书第八章还会详细讨论,这里暂时按下不表。

除了重要性和创新性之外,不少期刊或作者还喜欢在引言中交待研究所用的材料(materials)、方法(method)、主要发现(main findings)及其潜在应用价值或意义(implication),一些作者还喜欢在引言的最后加入文章导航段(roadmap)。但在我看来,如果这些信息已经在摘要中提及,而补充的信息对于进一步抓住读者的兴趣和注意力没有太大帮助的话,这样的补充并非必要。除非本文采取的是完全不同于常规的范式或文章内容特别多、结构复杂,否则导航段也是不必的。

6. 研究过程与结果

这一部分呈现作者围绕关键科学问题开展研究的一系列过程。如果把一篇文章的引言当做是作者给读者有关科学问题及其重要性和创新性的承诺,那么,这一部分就是告诉读者,作者是怎么兑现其承诺的。

在经济学文献中，这部分内容通常包括理论构建、实证方法、材料或数据、研究结果、稳健性检验等内容，具体包括什么内容要取决于回答关键科学问题的实际需求。比如，如果只是在理论上提出和回答本文的关键科学问题，那么实证方法、材料就不需要说明，如果理论机制十分简洁，研究的重心是实证回答关键科学问题，那么理论框架也没有必要提及。

衡量这部分内容好坏的最基本标准是能否满足科学研究的可重复性和可检验性。就是说，别人照着你的理论、逻辑、程序、方法、数据和模型等，就可以得到与本文一致的结果。不管供读者参考学习，还是在试图对文章的研究过程或结果提出质疑，都必须建立在认真研读这部分内容的基础上，因此，这部分内容的呈现必须做到准确无误、清晰明了、详略得当。

除了这些基本要求，这部分内容并没有其他特殊性和一致性的要求。但充分理解整个研究过程和结果的解释，却往往需要很多专业知识。比如，经济学文献在这部分就可能使用大量的宏微观经济学、统计学、计量经济学等专业知识，这些内容超出了本书讨论的范畴。

7. 结论

所谓结论可以简单地理解为对结果的总结和讨论。那要讨论什么呢？如果把一篇文章的引言当作是作者给读者有关科学问题及其重要性和创新性的承诺，那么，结论部分就相当于在研究之后，告诉读者这些承诺是否能被兑现和应用，尤其是后者。为了做到这一点，一篇应用类学术文章的结论通常由三部分构成：

一是总结。简要总结本文关键科学问题和涉及的其他相关科学问题的答案，特别是那些受篇幅限制未出现在摘要中的重要答案，一定要在结论中清晰而简洁地呈现。这部分与摘要中的研究结果部分是包含与被包含的关系，结论一定包含摘要呈现的科学问题的答案，但摘要不一定能包含所有结论中呈现的科学问题答案。

由于这个原因，读者在研读结论时，重心就可以放在那些未曾出现在摘要中的研究结果或细节上。

二是应用。简明扼要地讨论主要发现的可能应用（implication），这需要结合本文研究的类型来展开，并因类型不同而有所不同。

对于以改造痛点为目标的研究，其主要发现必定为证明某个怀疑的约束是或不是导致该痛点的原因，如果结果拒绝了原假设——怀疑成真，那么，通过改造这个原因以改造拟解决的痛点，就是研究发现最重要的一条应用。具体讨论中，还可以结合围绕关键科学问题的其他重要科学问题的答案，以及该应用拟面向的读者展开；如果无法拒绝原假设，那就意味着，本文没有找到解决该痛点的办法。这个时候，研究的应用价值就在于告诉其他研究人员，这个原因（暂时）被排除了。

对于以揭示痛点为目标的研究，其主要的发现必定是证明某个痛点存在或可能出现，因此，其应用价值就在于呼吁科学界关注该痛点，为找到进一步的解决方案开展更多的研究，或呼吁政府或产业采取某些措施纠正或避免该痛点的发生。反之，如果研究结果是，证明该痛点不存在或不会发生，那么，该研究发现的价值就在于告诉其他科研人员（暂时）无须担心。

对于方法型研究，研究的主要发现就在于提供了新的理论、方法、数据、测度指标等，因此其直接的受众就是学术界，应用就在于为学术界提供了开展某些研究的新方法、新工具、新材料等。

当然，由于一篇文章可以是三类中的任意一类，也可以是不同类型的组合，所以，主要发现的应用讨论也可以是上述三种情况之一，或是对应的组合形式。

三是尚存的不足与未来研究方向。通过对本文科学问题的回答，作者无疑比其他人（包括评审专家）更有可能看到本文存在的不足和在这个方向上仍然值得深入研究的问题。在结论部分把作者的这些认知分享出来，无疑将有利于其他研究者更准确和高效地看清文献仍然存在的缺口，从而可以节省很多找文献缺口的时间。这种坦诚、无私的分享在学术界是非常令人尊敬的。

当然，把主动承认不足当做应对评审专家和主编的"挡箭牌"就是另外一回事了，与负责任的做法全然不同。负责任的做法是作者指出的不足一定有助于读者更准确地理解本文的结果（也一定值得进一步研究），反过来就是说，如果没有这些讨论，一部分读者就可能对本文的结果理解有偏，把本来只是局部存在的结果当做整体存在，或相反，从而高估或低估本文的价值。而作为"挡箭牌"的做法就只是摆出主动认错的态度，好让评审专家和主编高抬贵手，试图应付了事，本质上不是为了使读者更准确地认识本文的核心结果。

需要注意的一点是，任何研究都有不足，但不足不能大到可能颠覆本文主要发现的地步，只能是对这些发现的局部有影响或限制，而且这些不足也一定是作者无法在当前条件下克服的。比如，如果一篇文章的核心实证模型中被解释变量是离散变量，但研究人员只用了普通最小二乘进行参数估计，这就可能导致严重的估计结果偏差，比较妥当的办法是采用适合离散变量的模型。如果作者坚持用原模型，而在结论部分承认自己没有用离散模型是不足，那么，这种做法就属于"挡箭牌"的做法，是不妥当的。

最后，在结论部分有四点值得强调：

第一，讨论主要发现的应用价值就离不开目标听众（audience）。在经济学研究中，目标听众主要有四类：政策制定者、产业界、公众和学术界。注意到，前三类目标听众也正是我们前面讨论的资源利用与分配决策的主体，也通常是改造型研究的目标听众，学术界则主要是揭示型和方法型研究的目标听众。

第二，公众当然也可以是科技论文成果的听众，但一篇发表或待发表的科技论文却不能仅以公众为目标听众，也不能因为没有直接把公众当做目标听众而被拒绝其发表。因此，作者在结论讨论中可以把公众当做一类目标听众，但这不是强制要求。

第三，不管是一篇文章属于哪一类研究，其开始研究之初，一定是针对某个文献缺口的，因而研究的主要发现都有学术上的应用价值。因此，学术界是所有应用科学研究的目标听众。

第四，即便作者在其文章中未得到预期的结果，研究也常常是有意义的，这个时候，学术界就是本文的最主要听众。只要作者相信并接受这个结果，这就相当于告诉学术界，该方法不可行或该痛点不需要担心。如果作者自己并不太接受这个结果，那么就可以进一步挖掘出背后的原因，需要反过来寻找原因，并基于新的研究发现，重塑这篇文章。如果受某些条件限制，作者无法在本文中深入挖掘背后的原因，那么，只要整个问题提出和验证的过程是严谨的、可靠的，这样的结果也非常值得发表，这相当于提出了一个新的质疑（puzzle）——某些预期与结果不一致，且原因未知。这就会给学术界提供新的研究选题，从而有利于科学的进步。

8. 参考文献

1）参考文献的基本形式

学术期刊文章中的引用和参考文献在科学研究中扮演中十分重要的传承作用，这可以帮助作者更清晰地表明自己的研究站在哪些研究的肩膀上，也能帮助看这篇文章的读者更便捷地向后追溯（backwards）有关文献的来龙去脉。

当一篇文章中涉及外源观点或证据资料的引用时，就需要在相应的地方标明引用来源，并给出来源的关键检索信息。前者就是引用，后者就是参考文献。

引用通常在文章中用小括号"（）"或用上标数字符号表示。采用括号形式时，括号内最常见的内容就是来源作者的姓名（外文通常只标明作者的姓氏）和资料的公开发表年份；采用上标数字符号的形式时，则不需要这些信息。如果引用标注形式是上标数字符号，基本都在引用内容的后端标注，如果是括号形式，则既可以在引用内容的前端标注，也可以在后端标注。在前端时，引用来源的作者或机构会提到括号前面作为语句组成的一部分，只把年份信息留在括号中即可；在后端时，作者或机构和年份信息都放在括号中。引用内容前或后要用句末符号或另外的引用标注分开，目的是表明该引用只涉及哪部分内容。

参考文献就是按照一定的次序把一篇文章中所有引用过的文献和证据来源做成列表，以方便读者查找。参考文献在一篇文章中的位置通常有两种：一是放在引用所在页的脚注中，使引用和参考文献中一一对应；二是放在结论后、附录前（如果有的话）。

由于绝大多数的学术期刊都对引用和参考文献的样式有具体要求 [通常可以在期刊投稿网站上的"作者须知"或"投稿须知"（author guidelines）中找到]，这里就不再对引用和参考文献作更多的细节说明。但是，有关引用和参考文献的几点注意事项还是有必要强调一下，因为这会直接影响到读者进行文献研读的效率。

2）有关引用和参考文献的三点注意事项

（1）引用和参考文献必须一一对应，也就是，文章中涉及的引用都要能在参考文献中找到；反之亦然。

（2）对于网络信息来源的参考文献，在参考文献记录后或脚注中加上相应的网址，并标明信息搜索的时间，提供的网址要能在有效时间内直接被访问并展示引证的相关资料。

（3）引用标注的格式和参考文献的格式必须确保读者可以用最快速度找到想要找出的参考文献。这会涉及两个基本要求。

一是参考文献必须根据引用标注格式按照相应的次序罗列。当应用格式为上标数字符号时，引用的数字符号要严格按照在全文中出现的先后顺序排号，可根据期刊要求全文统一排号，或分页排号。参考文献不管是放在每页的脚注中，还是列在文章的末尾，都必须严格按照数字从小到大排列，而不能按照其他方式（如作者姓氏字母先后）排列。

如果引用标注是括号格式，参考文献就一定按照作者姓氏字母（或机构首字母）从 A 到 Z 进行排名，而不能再用其他方式排列。涉及中英文期刊的，可以根据期刊要求把中英文分开排序。

我见过不少期刊，引用格式是括号形式，但参考文献却按照文献在文章中出现的先后次序排列。这使得读者想要根据引用找到任何一篇文献，都必须把参考文献从头到尾过一遍，效率极低。

二是，对于英文文献来说，引用标注的括号中只需要提供作者的姓（last name，或 family name）和年份，而不需要标注名（first name），这个时候，参考文献中就必须把第一作者的姓（last name）放在前面，名（first name）放在后面，中间用逗号隔开。如果不用逗号分开，就会被误认为写在前面的是名，后面的是姓。比如，Junfei Bai 中的 Junfei 是作者的名，Bai 是作者的姓。如果写成 Bai Junfei，就会被认为 Junfei 是姓，Bai 是名。中间加上逗号，写成 Bai, Junfei，读者就会知道逗号前面的是姓。由于在引用标注中会写成诸如（Bai, 2000）的样式，这样读者就能很容易通过 B 的排序位置在参考文献中找到该文献。Junfei Bai 这种写法也不正确，尽管这种写法不会让颠倒作者的姓与名，但却因为首字母排序依据的是 J 而非 B，从而很难在参考文献中找到该文献。

3）参考文献常被忽略的重要功能

参考文献中包含着大量重要但常被忽略的功能，这些功能使得参考文献是提高文献研读和文献分析效率的一个重要信息库。其功能包括：

（1）常发相关文章的期刊。很多研究人员不会给自己的文章选择期刊，就是因为不知道这一点。从一篇文章的参考文献列表中，很容易就会看出来哪些期刊偏好与本文类似的文章。如果读者拟开展的研究与本文密切相关，这些期刊就可以成为自己将来文章的目标期刊。

（2）从相关研究发表的年份分布大致判断该主题的研究热度。如果一篇文章的参考文献中，相关文献发表时间都比较久远，大体上意味着这个主题已经比较陈旧，相应地，新研究的创新难度通常就会较大。但如果真能创新，也意味着本研究可能把一个文献中似乎已经盖棺定论的问题重新提出来，有机会掀起新的一波研究浪潮。

（3）相关研究中有较大影响力的作者。如果一篇文章的参考文献中，同一个作者的多篇文章被引用，则大体上意味着该作者在这个话题上的显示度和影响力。这个时候，直接用作者姓名在文献检索库中进行搜索，更容易找到更前沿的文献。

（4）从参考文献的标题信息中，可以粗略了解相关研究主要回答过哪些科学问题。读者可以在随后的文献研读实践章节中更充分地体会到其作用。

（5）从参考文献的期刊质量大体可以判断这篇文章的质量。一篇文章的大体质量与其参考文献的质量大体上成正比，如果参考文献基本上都是顶级期刊上的文章，那么当前这篇文章的质量也不会差到哪里去。反过来，如果参考文献中有大量不知名期刊，甚至非学术期刊，那么，基本上意味着这篇文章的质量不会好到哪里去。

重视上述这些参考文献的功能，将极大地提高我们研读文章的效率。

二、经济学文献研读方法——递推法

从上一节讨论的科技论文结构中，读者不难看出，掌握一篇文章精髓（文章的核心"故事"）所需的一些关键信息通常会出现在多个位置，比如关键科学问题就可能同时出现在标题、摘要、引言和结论部分，关键科学问题的答案甚至研究的创新性也是如此。

这就意味着：①在前面阅读中已经获悉并确认的信息，在后面板块的阅读中就可以快速跳过去；②如果从已研读的内容中获取了足够满足研读目标的信息或断定不具有进一步参考价值，文章剩余内容就不需要继续读了。

这就是说，研读经济学文献完全没有必要从头到尾地看，更没有必要因为其中一些看不懂的方法、理论、模型等而深陷其中。这一认识为我们提高文献研读效率提供了一个重要的方法，我称之为递推法。

1. 递推法简介

在文献研读实践中，递推法的核心要义可以表述如下：

如果能够从文章标题中获取所需的信息，就没有必要读摘要；如果能从摘要中获得所需的信息，就没有必要读引言和结论；如果不想从理论、方法或数据上挑战本研究，或者不想学习本研究采用的理论、方法与数据，就没有必要读引言与结论之外的正文部分。

递推法强调了文献研读的一个重要原则——能少则少。这个原则自动包含着文献研读的一个顺序：先读标题，再读摘要，再读引言和结论，最后才读剩余的论证过程与结果部分。完成每一步后，是否要继续下一步，取决于研读文献的目标和预期达到的水平。

这里必要回顾一下第二章第二节的部分内容。文献研读按照目标或现实需求可以划分为四类——把握前沿缺口，界定研究创新；探索新领域，开辟新战场；学会新理论，掌握新方法；跟踪研究前沿，奠定知识厚度。文献研究想要达到的水平有七种——读得懂、讲得出、会归类、敢放弃、接理论、敢评判、能复制。

显然，根据不同的文献研究目标和预期想要达到的水平，我们就可以决定在一篇经济学文献中，重点读哪些部分内容就足够了。如果目标是探索新领域，开辟新战场，或者是跟踪研究前沿，奠定知识厚度，那么，只要读标题、摘要就差不多了，如果还想做得更好一些，就研读引言和摘要，但研究的过程与结果就完全没有必要研读；如果目标是把握前沿缺口，界定研究创新，或者是学会新理论，掌握新方法，研究的过程和结果部分就必须要研读，还可能需要十分认真地研读。

按照想要达到的水平来说，如果文献研读只想做到读得懂、讲得出、会归类、敢放弃、接理论，标题、摘要、引言和结论已经足够，除对研究具体过程的批判外，研读这些内容也基本上能够满足我们敢批评的预期目标；但如果想要批判或复制研究过程或想要开展方法型研究，就必须精读研究过程部分。

想想看，一篇经济学文章的标题通常不超过 25 个字，而摘要有 100~300 个字，至少是标题字数的 4 倍，正文则有 6000~30000 字，是摘要字数的 20~300 倍，更是标题字数的数百倍到上千倍。引言和结论也有上千字，是摘要字数的好几倍和标题字数的数十倍。

如果我们从标题中已经能够获得所有想要的信息，那还有什么理由花时间读其他内容呢？如果能依据摘要，就能把一篇文章的核心"故事"复述出来，还有必要再读其他内容吗？反过来，如果我们从标题中什么有用的信息也读不出来，那么，能从摘要中读出有用信息的概率就会大幅度下降，如果在摘要中还是读不出什么有用的信息，则几乎可以断定读完全文也得不到什么有用的信息。

这样，如何从有限的研读内容中获取最丰富的信息，就成了本书接下来几章讨论文献研读实践最核心的内容。反过来，这也意味着，我们在文章写作时，也要努力遵循这个原则，这样才能和读者保持在相同的"频段"上。

2. 递推法的三个前提

本书分享的文献研读递推法基于三个重要的前提。认可并深刻理解这三个前提，对于灵活掌握递推法十分有益。

（1）应用科学研究的核心目标是为改造世界提供科学依据，而令人不舒服、不和谐的痛点是改造世界的出发点。围绕着痛点，包括经济学在内的应用科学要主要做两类研究：以改造痛点为目标的改造型研究和以揭示痛点为目标的揭示型研究。之前提到的方法型研究主要是服务于前两类研究。

（2）包括经济学在内的应用科学类学术论文的最本质目标是记录和高效传播研究成果，以实现传承和更快速地实现改世界的目标。为了这个目标，各个领域的应用科学家和出版界，已经探索出一整套行之有效且相对固定的科技论文结构和写作方法，结构中的每部分都有其相对固定的目标。这样，作者在写作中就必须把恰当的内容放在恰当的位置，读者就可以有的放矢地在相应的位置寻找期待的信息，从而实现读者与作者之间的"同频"。

（3）经济学本质上属于应用科学，所以经济学研究完全遵循前提（1），经济学文献的结构和写作完全遵循前提（2）。除此之外，经济学存在的前提——资源稀缺——决定了经济学必须研究掌握资源分配和利用权力的主体（A），并研究其行为（B）或行为的结果如何受到各种约束（C）的影响，这样才能从约束中找到优化资源利用和分配的有效方案。这就决定了，绝大多数的经济学文章都是在提出并检验某个具体的约束 C 对某个主体 A 的某个行为 B 或行为的结果 B's 是否存在因果影响。为了更好地做到这一点，经济学领域的研究人员也经常性地回答"某个现象是不是痛点"这样的问题，也会经常性地开发新的理论、模型和估计方法，收集数据、文本等证明材料，但这些研究工作由于不直接涉及资源分配和利用，因而本质上并不属于经济学家的专属。

细心的你或许已经注意到了，这三个前提指向的正是本书前几章讨论的核心内容。你很快也会在后面的文献研读、文献分析和文献写作章节中意识到，离开前几章内容的讨论和认识，就很难深刻掌握递推法在文献研读中的应用。

第五章
经济学文章研读实践（一）

    本章将通过大量例子讨论如何把递推法应用在经济学文献研读中。讨论内容主要包括标题、摘要、引言和结论四部分。读者将从讨论中具体体会如何贯彻文献研读时能少则少的原则，并看到如何将前几章讨论的内容应用在文献研读中。读者很快会发现，如果这些方法能熟练掌握，即便只是研读一篇文章中的四个部分甚至更少的内容，对于我们做文献的目标而言多数时候就已经足够了。

    在一开始，掌握这些方法并不容易。为此，在整章中，我都会不厌其烦地力图把前几章的内容应用在每个例子中，就像剥洋葱一样，一层层地剥开，再慢慢深入，过程难免有点琐碎。如果你很快在几个例子之后就抓住了其中的要领，并能灵活地运用在文献分析中，那就可以跳过剩余的例子，直接进入下一节内容；如果你觉得还需要更多训练，本章也在每节中提供了足够丰富的例子供参考。无论你属于哪种情况，相信一旦感悟到其中的要领，这个一开始看似琐碎的过程，就会很快变得十分简单，甚至你会形成条件反射，那个时候，你完全可以根据自己的情况随意调整解析的步骤。

    本章所用的例子多数来自经济学领域影响力比较大的几本期刊，其中，中文期刊主要包括《经济研究》、《经济学（季刊）》、《管理世界》、《世界经济》、《中国工业经济》和《中国农村经济》，英文期刊主要包括 *American Economic Review* (AER)、*the Quarterly*

Journal of Economics (QJE)、*Journal of Development Economics* (JDE)、*Journal of Environmental Economics and Management* (JEEM)、*American Journal of Agricultural Economics* (AJAE)、*Food Policy* (FP)、*China Economic Review* (CER) 等。此外，我也会根据需要采用一些虚构的例子进行讨论。

一、标题解析

递推法的第一步就是标题解析。

读者可能在上一章的几个例子中已经感受到，掌握一定的方法可以帮助我们从经济学期刊文章的标题中抽取出很多信息，哪怕多数只是"推测"。即便如此，也是十分值得的。熟悉一些学术文献搜索过程的读者都知道，诸如中国知网、Web of Science 等这类学术文献搜索网站反馈的搜索记录经常有成百上千条。对于这么多的搜索结果，逐个点开看摘要再确认是继续读还是放弃，是十分低效的，更不用说在用不同关键词和不同的限制条件反复进行搜索的情况下。

如果熟练掌握从标题提取丰富信息的能力，并学会基于这些信息，快速决策是该放弃还是继续进入下一步，必然会极大地提高文献研读效率。从标题中获取的信息越丰富，在后面读摘要、引言的时候，就会越轻松。同时，如果能够结合搜索结果显示页面上的第一作者姓名、期刊名称、发表年份等信息[谷歌学术（google scholar）等还会显示部分摘要]，就能在这一阶段把大量搜索出来的文献筛除，甚至连摘要都不需要打开。从个人经验来看，80% 以上的搜索结果可以依据标题筛除。这当然只是一个参考数据，实际情况因人而异。

在正式进入举例讨论前，有必要回过头来再次强调一下第三章的 ABC 经济学问题分析范式和 C2B 科学问题提出范式，*A* 代表经济学上的行为主体，B 是该主体的行为，在研究中也可以被行为的结果（$B's$）替代，C 代表该主体进行经济行为优化时面对的约束。关键科学问题 C2B 正是我们在第二章讨论过的应用科学研究中至关重要的因果关系，换言之，C2B 就是一组因果关系，其中约束 C 就是原因，B（或 $B's$）就是结果。这个对应关系是如此重要，以至于我必须在本书的很多地方反反复复地强调。

接下来，我就通过举例解析的方式帮助大家更好地理解和掌握如何从经济学期刊文章的标题中提取关键和丰富的信息。在一些例子中，为了呈现一些容易在解析文献标题时犯的错，我还会用采用 Q&A 的形式进行。这些 Q&A 来自我在"经济学文献研读方法"课程上的真实案例。为了尽可能模拟教学实践的场景，在讨论中，将会出现一些口语化的表达，显得不够严肃，敬请读者理解我的有意为之。

1. 举例解析

例文 1　信息化能促进农户增收、缩小收入差距吗？（朱秋博等，《经济学（季刊）》，第 22 卷第 1 期，2022 年 1 月）

解读

（1）识别关键科学问题

很显然，标题就是这篇文章的关键科学问题，也就是一组因果关系，"信息化"是原因，收入变化、收入差距变化是结果。标题中也很容易看出来行为主体（A）是农户，在现代西方经济学框架下，可以归为生产者或消费者，但考虑到标题中的"增收"和"收入"，归为生产者显然更顺畅一些；"增收"是农户行为的结果（$B's$），收入差距则是个体增收结果在群体上的表现，所以也是个体行为的结果（$B's$）。约束（C）呢？从标题的结构来看，必然是"信息化"。这样，本文的关键科学问题就可能有两个：信息化能否提高农户收入？信息化是否会导致收入差距拉大？

Box 5-1 疑问句做文章标题

用疑问句做标题是经济学文献中一类十分常见的标题形式。比如，"高校扩招如何影响中等职业教育？（陈技伟，冯帅章，《经济学（季刊）》2022 年第 1 期）"、"进口竞争如何影响企业环境绩效——来自中国加入 WTO 的准自然实验（邵朝对，《经济学（季刊），2021 年 第 9 期》）"、"*Do Remittances Promote Fertilizer Use? The Case of Ugandan Farmers*（Veljanoska, 2021, *American Journal of Agricultural Economcis*, Vol.104, No.1）"、"劳动力流动如何影响农户借贷：基于社会网络的分析"（尹志超，刘泰星，张逸兴，《世界经济》2021 年第 44 卷第 12 期）、"*Can community service grants foster social and economic integration for youth? A randomized trial in Kazakhstan*"（Bhanot *et al.*, 2021，*Journal of Development Economics*, Vol.153）等。

显然，与例文 1 一样，在这些例子中，作者都用了文章的关键科学问题直接作为标题，这就很容易从中看到相应的因果关系。这个时候，读者可以大胆地利用"*X* 会如何影响 *Y*？"或"*X* 是导致 *Y* 的原因吗？"等类似的样式，首先识别出关键科学问题中的原因（*C*）和结果（*B* 或 *B's*）。进一步，因为主体的行为或行为结果基本上出现在结果上，所以识别主体就变得更容易。同时，核心约束基本上就是关键科学问题中的原因，也十分容易识别。

（2）判断所属研究类型

这篇文章涉及的痛点是什么呢？收入不高、收入增长缓慢、收入差距拉大都可能是痛点。如果目标是改造，就意味着研究人员试图从信息化入手，寻找提高收入、缩小收入差距的办法，文章就属于改造型；如果目标是评估信息化建设是否达到了预期的目标或产生了新的痛点，比如收入差距拉大（这一点当然不会是信息化期望达到的效果），文章就属于揭示型。这么说来，这篇文章既可能是改造型，也可能是揭示型，但从标题中，我们可以确定这篇文章不属于方法型。

（3）关键科学问题的答案

从标题中并不能直接看出关键科学问题的答案。但我们可以做一些猜想，两个关键科学问题，如果不考虑答案是"没有影响"，那么最少有四种可能：①收入增加，差距拉大；②收入增加，差距缩小；③收入下降，差距拉大；④收入下降，差距缩小。如果是结果②，我们当然乐见其成，如果这种情况还有痛点，那就是，信息化在增加收入和缩小收入差距上没有达到某种预期的效果，但标题中我们很难看得出这一点；如果是结果③，就意味着，信息化不但不能作为改造收入低或收入增长缓慢的痛点，还会导致收入差距拉大的新痛点，那么简单的办法就是停止继续推进信息化。这大概率不会发生，但理论上是存在这种可能的。

如果是①和④呢？那就意味着信息化会在两个人类期望的指标上有相反的作用。这就是说，我们不能简简单单为了规避一个痛点，而减缓或取消信息化。从逻辑上需要思考的是：有没有可能在发挥信息化在一个点上的正面作用时，采取其他措施更好地规避其在另外一个指标上的负面作用？这篇文章会回答这个问题吗？起码从标题上我们是看不出来的，但有兴趣的读者可以把这个疑问记下来，并在后续的阅读中继续在文章的其他部分中寻找答案。如果到最后还没有找出答案，那这就有可能成为一个新的研究话题。

（4）可能的创新

从标题中，还看不出来这篇文章可能的创新之处是什么，但通过关键科学问题，我们大体可以窥见文献中的不足：信息化对收入增长和收入差距的影响在文献中没有被研究过，或者目前的研究结果不一致。带着这样的信息就能让我们在以后的研读过程中目标更明确，也更轻松。

（5）是否存在不规范或欠规范问题

结合本书第三章的主要内容，判断本文是否存在不规范或欠规范的可能，就要仔细研究关键科学问题。"信息化"作为核心的约束，该变量的选择就需要外生于主体生产行为或结果，比如，信息基础设施建设或其他主体信息化行为对于本文的主体农户来说，就可能是外生的，而如果用农户是否使用手机、网络或使用程度度量信息化，关键科学问题就有"用行为解释结果"的不规范或欠规范嫌疑，原因是收入是该行为的结果（尽管不是唯一决定因素），而且很难说该结果超出行为主体的理性预期范围。从该标题中，我们还看不出作者在本文中是怎样度量信息化的，因此，这是需要进一步在文章其他部分确认的疑问。如果着急，我们还可以按照文章的基本结构直接到研究过程部分进行搜索式阅读，看看文章中有没有出现用主体行为解释自己行为结果这样的不规范或欠规范问题。

Box 5-2 盯着标题看 1~2 分钟

课堂上，我通常会请同学们盯着标题看 1~2 分钟，并试着用 ABC 和 C2B 两个范式解析标题，并据此寻找本文要回答的关键科学问题（RQ），同时，努力从标题中看到本文涉及的可能痛点，以初步判断本文所属的研究类型。这个过程在一开始并不容易，绝大多数同学都不得要领，但在多次训练之后，同学们基本上都能很好地掌握，并能够从中获益。这个过程中，需要强调的是，只盯着标题看，不要看摘要，同时，要清晰地记得我们期望从中获得的重要信息是关键科学问题和研究所属类型。如果能从标题中进一步推测出本文可能的创新点和关键科学问题的答案，当然更好，但不是必须要做到。

例文 2　Does attending elite colleges pay in China? (Li et al., *Journal of Comparative Economics*, 2012, 40, pp.78-88)

解读

（1）识别关键科学问题

从标题中可以看出来，这文章显然是一个涉及人力资本的问题。当涉及个体或家庭的人力资本问题时，经济学分析中通常把主体看做是生产者，这样会更方便和直观一些。具体到教育上，可以把教育当作生产行为中的投入，人力资本或人力资本在就业市场上的表现则作为生产的产品。因此，不管这里的主体是学生还是学生家长，都可以看做是经济学意义上的生产者。

该主体的行为是什么呢？从标题中，我们看出，主体的行为是"attending elite colleges"，也就是"上知名大学"。标题中还有"pay"（经济回报），这该怎么理解呢？经济回报显然是"上知名大学"的一种结果，也就是 ABC 的范式中的行为结果（B's），而非该行为决策时的约束。那么 C 是什么呢？看不出来。这样我们就没有办法用 C2B 的办法找到对应的关键科学问题。

能不能把标题直接当做关键科学问题呢？"在中国上知名大学值吗？"如果标题就是关键科学问题，那就意味着，关键科学问题可能存在用"行为解释结果"这样的不规范或欠规范问题。

是不是呢？这就需要回到第三章讨论行为解释结果的不规范问题时提出的一种特殊场景——主体的行为结果在行为发生后很长时间才能显现。教育回报问题就是这类情景的典型。在进行上学决策时，行为人（学生和家长）往往并不知道上知名大学是否一定在经济上划算，而等意识到结果时，行为已经无法改变。因此，研究这些人上知名大学的行为对其未来收入的影响，就只能作为那些还在准备高考的学生及其家长的参考，以帮助他们降低"盲目"决策的风险，优化资源配置。根据第三章的讨论，这种情况下，用行为解释结果依旧具有优化资源配置的潜在价值，但不能完全确定，因为还取决于准备参考高考的学生和家长怎么看待这个结果。如果不认可这个结果，就不会改变他们先前对于上知名大学的努力与投入，也就起不到调节他们资源配置的参考作用。

从这个意义上讲，把标题直接当作关键科学问题，并用行为解释结果，在这个情景下似乎说得过去。

（2）判断研究所属类型

这篇不像例文 1 那样，能很容易从标题中看出现实痛点，这样的话，判断研究所属类型，就需要进行适当的推理。

先看是不是改造型。如果是改造型，就要有已经意识到的痛点和寻找改造手段的研究目标。那么，从这个标题中能意识到什么现实痛点吗？一种可能的推测就是上普通大学在经济上不划算或回报有限。那该如何改造呢？上知名大学有可能吗？如果答案是上知名大学比上普通大学更划算或回报更高，这当然就可以作为准备高考的学生和家长的重要参考。因此，本文可以是改造型。

也可以是揭示型吗？如果是揭示型，按照我们之前的讨论，就要有约束主体行为的因素，但刚刚说过，从本文的标题中，我们甚至读不出 C2B 范式中的 C，所以本文不可能是揭示型。

可能有读者会质疑，这篇文章有可能告诉大家"知名大学建设投入"或许并不划算或不能达到预期目标，这样的话，不就是揭示型了吗？我的回答是，如果要评估"知名大学建设投入"是否划算，标题就应该直接回答"知名大学建设投入能提高学生的经济回报吗？"。读者可以自行比较一下这两个标题的微妙差异。

（3）关键科学问题的答案

从标题中看不出来。

（4）可能的创新

从标题中无法直接判断可能的创新，但可以推测出以下三点：①该关键科学问题在此前文献中没有被回答过，本文第一次提出并回答了该问题；②此前文献回答过该关键问题，结论一致，但没有基于中国数据回答过（标题中有 in China），作者认为其他国家的研究结论在中国不一定成立，所以本文利用中国数据回答这个问题，有创新且有价值；③此前文献结论不一致，所以需要进一步研究（为什么不一致？），本文能够解释为什么文献结果不一致，这是创新。

具体属于哪种情况，从标题中无法判断。

例文 3　The Effects of Parental and Sibling Incarceration: Evidence from Ohio (Norris, Samuel, Matthew Pecenco, and Jeffrey Weaver. *American Economic Review,* Vol.111, 2021, No. 9, pp.2926-2963)

解读

（1）识别关键科学问题

这篇文章的标题中出现"the effects"，通常意味着"of"后面的关键词就是因果关系中的原因。该关键词之后通常还有"on"，其后便是结果，但是，也有不包含"on"的情况，就像这个标题。这种情况往往意味着这篇文章没有聚焦在某个具体结果上，或者是结果可以从原因从引申出来。比如，这篇文章的标题中"The Effects of Parental and Sibling Incarceration"翻译过来就是"父母亲和兄弟姐妹被监禁对于个体（被监禁）的影响"，括号中的"被监禁"就是可以直接从出现的关键词中引申出来的内容，但这并不一定意味着"个体（被监禁）"是本文唯一的结果。

主体是谁呢？如果套用我们的 ABC 范式，主体就是关键科学问题中行为或行为结果的作用主体，那就是个体，放在现代西方经济学框架下，这该是一个效用最大化的消费者呢，还是利润最大化的生产者呢？似乎都有点别扭，甚至有点奇怪，哪有人会通过"被监禁"实现自己的效用或利润最大化呢？乍看上去，确实如此，但如果我们把"被监禁"改成"犯罪"呢？如果把犯罪行为当做一个人在各种约束条件下的决策行为，是不是就可以说这样的行为也是一种理性决策？在非经济学的学科上，这样的质疑一定是有的，但放在现代西方经济学范畴下，似乎被"被监禁"看上去更能说得通。

那我们应该把这样的个体当生产者还是消费者呢？似乎还不好说。每当这个时候，我通常会尝试下面两种做法：

一是，假定一个进行效用最大化或利润最大化的决策者，无须判断到底是消费者还是生产者，因为两种身份在现代西方经济学的框架下其实是对偶的，可以相互转化的。事实上，在绝大多数情况下，经济社会中的个体决策者同时具有消费者和生产者的身份，因此，从解析经济学问题的角度而言，主体不太清晰的情况下，只要当做是一个效用或利润最大化决策者就可以了，无须确切判断是属于哪种。

二是，怀疑这是不是一个经济学问题。这一点稍后会讨论。

先来看看 B 是什么？显然是"被监禁"这样一个行为结果。核心约束呢？就是"父母或兄弟姐妹被监禁"。注意到，尽管 C 也有"被监禁"这个行为结果，但这一行为并非关键科学问题中的主体行为，因而并不存在"行为解释行为"或"行为解释结果"这样的不规范或欠规范问题。

（2）判断所属研究类型

从标题中可以看出，父母亲或兄弟姐妹被监禁是（主体"犯罪"行为）的给定外生因素。如果把主体"犯罪"行为当做拟改造的痛点，就需要对父母亲或兄弟姐妹是否被监禁进行调节，这显然是滑稽的，因此，这篇文章大概率只能是揭示型，即试图揭示父母亲或兄弟姐妹被监禁这个已经发生的现象，会不会导致犯罪人的子女或其他兄弟姐妹更容易被监禁这个新的痛点。

从标题中，我们基本上可以排除这篇文章属于方法型研究的可能。

（3）关键科学问题的答案

从标题中看不出来。

（4）可能的创新

从标题中不能直接看出来，但副标题似乎包含有一些有价值的信息。"Evidence from Ohio"是一个区位信息。把这样的信息放在副标题中，要么意味着该区位具有某种不同于其他地方特征，使得标题中的因果关系或关键科学问题在此区域内可能不同，要么就可能是这个地方提供了一个特定的场景，为回答关键科学问题提供了特定的条件，有助于该问题的回答。从这个意义上讲，"Evidence from Ohio"尽管不在标题的因果关系中，却提醒读者在摘要或引言中关注"Ohio"这个特定的区域在本文中发挥什么作用。

（5）是否存在不规范或欠规范问题

前面在说到主体时，我们感觉按照一般的经济学意义，把本文的主体归为生产者或消费者都似乎很别扭，这就让我们怀疑是否存在不规范或欠规范的经济学问题。

我们来分析一下这个标题中的可能的痛点。不管是父母亲还是兄弟姐妹中的谁被监禁，站在人类的立场和一般价值判断上，都是痛的事情，但这个标题中，作者显然并非把父母亲或兄弟姐妹的监禁当做研究的结果来探索其原因，而是当作已经发生的既成事实，试图考察由此可能给主体造成的负面影响——也被监禁。另外一种可能就是父母亲或兄弟姐妹被监禁给主体带来的影响未知或有争议，这会导致给父母亲或兄弟姐妹判罚时不好量刑。这就有点意思了。在一般人眼里，给犯人量刑应该全然根据犯罪的事实与严重程度判断，而无须考虑量刑对犯人家属的影响。

那么，我们现在再进一步想想，如果对犯罪的父母亲或兄弟姐妹判处监禁会导致主体最终走上了犯罪，是不是意味着判处一个犯人的监禁，并没有减少社会上潜在犯人或犯人的减少？果真那样的话，是不是意味着（简单地）对犯罪的父母亲或兄弟姐妹判处监禁并不能达到让社会更安全的目标？显然是的。这当然不是说，不要对犯人进行惩罚，而是要考虑能不能有更妥善的办法，既起到了对犯人的惩处，也不至于导致其家人变成新的犯罪分子。

这样一来，我们就更加确定本文应该属于揭示型研究。问题是，这样的揭示型研究是经济学的规范研究吗？这要取决于决策主体（子女或其他兄弟姐妹）在父母亲或兄弟姐妹被判处监禁后，是否也会在个人利益最大化的理性目标下选择走上犯罪，如果是那样，这倒很像一个规范的经济学问题了。

再进一步推测，若发现父母亲或兄弟姐妹被监禁会导致子女或其他兄弟姐妹有更高的概率走上犯罪，那为了避免这个新痛点的发生，能不能拿来影响法官？如果发现有正影响，就从重判罚，把可以不判监禁的人判成监禁；如果发现有负影响，就从轻发落，不要把该判监禁的判监禁。这个应用是不是怪怪的？感觉更像是社会学或犯罪学研究的范畴。从这点上来说，这篇文章发表在经济学的顶级期刊 AER 上，是令人不解的。或许在文章的其他内容中能找到一些有用的线索。

例文 4　How do exchange rate movements affect Chinese exports? — A firm-level. investigation (Li, Hongbin, Hong Ma, and Yuan Xu, *Journal of International Economics*, 2015, Vol.97, No.1)

解读

（1）识别关键科学问题

从副标题"Firm-level"很容易看出来，这篇文章的经济主体是企业，联系主标题中的"Chinese exports"，我们可以更确切地判断主体是出口企业，其行为当然就是出口了，面临的约束就是标题中的"exchange rate movements"（汇率变化）。这显然是一个十分典型的经济学问题，几乎相当于分析价格变化对供给的影响。

显然，主标题就是本文的关键科学问题，用因果关系表述，exchange rate movement 是原因，Chinese exports 是结果。

（2）判断所属研究类型

从关键科学问题的原因与结果来看，这篇文章既可能是改造型，也可能是揭示型。

（3）关键科学问题的答案

标题中看不出来。

（4）可能的创新

标题中并不能直接看出来，但副标题"a firm-level investigation"让我们推测，可能采用了一套"firm level"的数据就是本文的核心创新所在。这需要结合文章的其他内容才能确定。

例文 5—9 采用问答的形式进行标题解析。

例文 5　空气污染与劳动生产率——基于监狱工厂数据的实证分析（陈帅，张丹丹，《经济学（季刊）》，第 19 卷第 4 期，2020 年 7 月）

　　解读

我：请同学们用 ABC 和 C2B 范式解析这个标题，并试着说出本文拟回答的关键科学问题。

同学：从标题中的"劳动生产率"和"工厂"可以知道，主体是生产者，行为就是生产，约束是空气污染。这样，关键科学问题是：空气污染会影响劳动生产率吗？这也可以从标题中的"与"字看出来。

我：非常好，不过，既然行为是生产，为什么关键科学问题中是劳动生产率呢？

同学：劳动生产率应该是（生产）行为的结果。

我：太棒了！那从标题能看出这篇文章属于哪个类型的研究吗？

同学：这个研究一定不是方法型。在空气污染和劳动生产率两者之间，前者更像是痛点，因为空气污染令人不舒服、不和谐。

我：那是不是应该把空气污染当做拟改造的痛点呢？

同学：感觉不应该。

我：为什么？

同学：因为在关键科学问题中，空气污染是约束，也就是原因，而非结果。

我：非常好！所以呢？

同学：如果空气污染不是本文拟改造的痛点，那么就可能是揭示型，文章可能是想揭示空气污染带来的痛点。

我：好，那痛点可能是什么呢？

同学：劳动生产率低或正在下降。

我：非常好！从标题中，还可能读出来其他什么信息吗？

同学：标题中的"实证研究"说明本文不是理论研究。

我：那如果让你来回答这个关键科学问题，你会用什么经济学理论呢？

同学：老师，我暂时想不到。

我：好的，那换个问题，从标题中能看出关键科学问题的答案吗？

同学：好像不能。

我：好的。副标题中的"监狱工厂数据"可能会给读者传达什么信息呢？

同学：监狱工厂可能和一般的工厂不同，但不知道具体有什么不同。

我：如果是一样的，那是不是没有必要用监狱工厂的数据啊？毕竟，常识告诉我们，这类数据可能比一般工厂的数据更难获得。

同学：很可能。因此，感觉这套监狱工厂的数据很大可能是这篇文章的一大亮点，或许正是这篇文章的创新点。

我：能具体讲讲吗？

同学：我暂时说不出，只是凭感觉。

我：好的，那就留到阅读文章的其他部分时再进行确认。

例文 6　人口老龄化与最优养老金缴费率（康传坤，《世界经济》，2014 年第 5 期）

解读

我：请同学们盯着标题看 2 分钟，并试着用 ABC 和 C2B 范式解析这个标题，指出本文拟回答的关键科学问题。请不要看摘要。如果你不知道什么是养老金和养老金缴费，就在手机上快速查一下，这属于理解这篇文献所需的基本知识。

同学 A：这个标题的关键词有人口、老龄化、养老金、缴费率。主体是人口，目标是实现养老金使用的效率最大化，面临的约束可能有两个：有限的养老金和人口老龄化。

我：如果主体是人口，那在现代西方经济学框架下，该主体能够归为消费者、生产者，还是政府？

同学 A：说不上来。

我：好的，那能说出来主体的行为是什么吗？

同学 A：好像也不太清楚。

我：如果把人口当作主体，确实不容易从标题中识别主体的行为。事实上，这是很多同学在研读经济学文献开始时十分常见的反应，这一定程度上意味着对主体的判断可能不太准确。不妨想一下，在现代西方经济学体系中，"人口"应该被归为消费者还是生产者？显然并不清晰。

对于这种情况，我觉得有必要强调下面几点：

（1）注意不要把现实中的经济主体与经济学上的三大主体或经济人（消费者、生产者和政府）混淆。同学 A 说主体是人口，就是一个典型误解。他是从标题的关键词中直接选取的，而没有从经济学理论层面上归类经济主体。这背后实际上是能否用经济学思维思考现实问题的一个关键点。

如果沿着这个思路往前走，并对养老金有基本的认识，就会很快想到，养老金是为人们养老提供的一种保障服务，是人们年轻的时候缴纳（或称购买），等老了之后可以领取的一笔保障。这就意味着，养老金是一种可以交易的服务品，也就是，有提供养老服务的供给方，也有购买养老服务的需求方，这样我们就有了经济学分析最基本的供给方和需求方。从需求方的角度而言，当然是希望少缴多领，从供给方的角度而言，当然是希望多收少支。这样的话，是不是就有了两个可能的主体？供给方与需求方，也就是生产者和消费者。

（2）注意主体、行为与约束之间错位问题。除个别特殊情况外，我们十分强调主体、行为和约束三者之间的一致性，就是说行为一定是这个主体的行为，而不是其他主体的行为，约束也一定是这个主体做出行为或行为结果时面临的约束，而不是其他主体行为的约束，也不是这个主体的其他行为或行为结果的约束。

那么，这个标题中两个主体的行为是什么呢？当然是消费者买、生产者卖。这样，在双方各自的目标利益驱使下，如果市场可以运行，理论上就可以形成一组最优的缴费率（和支付额）。这个缴费率不就类似大家从微观经济学中学到的一般商品的均衡价格吗？因此，最优的缴费率（和支付额）作为买卖双方行为共同作用的结果（$B\text{'s}$）。

按照第三章第三节，所有对交易双方买卖行为构成约束的因素都会影响总需求和总供给，并最终影响到均衡价格。这样，$B\text{'s}$ 的约束就可以是总需求或总供给，也可以是任何一个影响总供给或总需求的因素，比如消费者收入、供给者的技术水平等。当然，读者还需要强化一下认识，总需求大体可以理解为个体需求的加总，总供给大体可以理解为个体供给的加总。

那么，这个标题中的约束是总需求或总供给，还是影响总需要或总供给的因素呢？这个时候就要联系"人口老龄化"。结合我们上面分析的养老服务，不难知道，老龄化就意味着人的寿命延长，如果退休时间不变，就意味着养老金的领取人数和总额增加。这使得养老金供给方，要么降低退休后的退休年金，要么提高退休前的缴费率。这样就很好理解，人口老龄化为什么会影响缴费率了。

（3）解析标题时明显超出标题的合理范畴。在本例中，当同学 A 说约束是"有限的养老金"的时候，这个就超出了从标题可以推理的范畴。我在上面的推理中，也给出了很多信息，但所有这些信息都是从标题关键词认识中得到的必然推断，比如，当知道养老金是一种可以交易的服务品时，就可以推断——养老金有买卖双方——供给方和需求方，同样，从经济学的基本供求原理，可以推断——如果市场可以运行，就可能形成均衡的缴费率。这些要么一定是确切的，要么在一定的假设条件下是确切的。但"有限的养老金"这个条件却不能从标题中直接推断出来。

反过来，如果我们从标题中推测出"当前的养老金缴费率可能不是最优的"这样一个痛点，要比"有限的养老金"更可靠一些。前者从逻辑上可以进行推理，而后者却无法从标题中推理出来，比如，养老金也可能缴纳得太多，那样也不是"最优"，但与"有限"却恰恰相反。读者可以认真体会一下这两种推测之间的细微差异。

（4）更好地利用标题中的"与"。在例文 5 和 6 中我都看到了"……与……"这样的标题结构。这种情况下，"与"前面的内容通常是关键科学问题中的原因，后面的内容通常是结果。在本例中，"人口老龄化"就很可能是原因，"最优养老金缴费率"就可能是结果。相应地，关键科学问题就可能是：人口老龄化如何影响养老金最优缴费率？

同学 B：主体是政府，行为是制定最优缴费率，以行为结果形式出现，面临的约束是人口老龄化。

我：能这样想非常好，这种说法确保了主体、行为与约束之间是一致的。关于这一点，我想再强调一点：放在现代西方经济学的理论体系下，政府与市场比起来，通常不具备找对最优缴费率的效率优势，如果能做到这一点，那么政府计划就可以比市场在资源配置上更具有优势。因此，如果读者想在现代西方经济学体系下研究这个问题，政府在确定最优缴费率的时候，一定离不开对微观主体行为的研究，也只有在微观主体层面上，才能找到经济上最优的缴费率。

现在一个新的问题是，如果缴费率完全可以由供需双方根据寿命预期和商定的退休年金等信息进行协商，达成一致，也就是可以在市场交易中实现均衡，那为什么还要研究这个问题呢？对此，如果读者不知道这些信息，对标题的解析就可以停在这里了，把尚不清楚的信息留在后面的摘要或正文中。如果读者知道养老金是单位和个人一起缴纳，而单位缴纳是政府出于保护劳动者而通过法律强制的，就必然涉及单位应该按照什么标准缴纳的问题，如果没有这个标准，单位可能就没有缴纳的动力。这样就需要一个指导标准，也就能理解为什么要研究人口老龄化对缴费率的影响了。

我：那这位同学，你觉得本文的关键科学问题是什么呢？

同学 B：人口老龄化怎么影响最优养老金缴费率？

我：很好。你能从标题中看到本文所属的研究类型吗？

同学 B：痛点可能是当前的养老金缴费率不是最优的方案，所以想改造，所有是改造型。

我：那本文试图从什么入手寻找改造的方案呢？

同学 B：人口老龄化。

我：那该怎么改造呢？

同学 B：……老师，我说不上来。总不能改变人口年龄结构吧？！

我：很好，那有没有可能是揭示型呢？

同学 B：揭示人口老龄化会带来什么痛点吗？

我：可以吗？

同学 B：好像可以说随着人口老龄化，曾经最优的养老金缴费率可能不是最优的了，这就出现了新问题。

我：可能是什么问题呢？

同学 B：缴得太多或太少了。

我：太棒了！因此大概率是揭示型。

我：从标题中，我们能看出本文可能的创新点吗？

同学 B：好像看不出来。

例文 7　延续中国奇迹：从户籍制度改革中收获红利（都阳等，《经济研究》，2014 年第 8 期）

解读

我：这个标题的正标题部分"延续中国奇迹"显然是一个结果式的表述，所以其中一定没有原因；副标题中包含两个关键词"户籍制度改革"和"收获红利"，显然，"收获红利"也是一个类似于"延续奇迹"的结果式表述，所以大概率就是因果关系中的结果了；"户籍制度改革"相应就可能是原因了。那现在，主体是谁呢？行为是什么呢？主体在做出该行为时面临的约束是什么呢？

同学 A：主体是政府，行为是户籍改革。

我：那政府在做户籍制度改革这个行为的时候，面临的约束是什么呢？

同学 A：来自民众的压力。

我：我们能从标题中看到"民众的压力"吗？

同学 A：不能，我猜的。

我：是的，我们当然可以猜测各种各样的约束，但一定要记住，在解析标题的时候，可以推测，但必须是基于标题信息进行的逻辑严谨的推测，不能完全脱离标题。显然，从当前标题的信息中，我们无论如何也不能逻辑清晰而严谨地推测出"民众的压力"这个约束。

同学 A：这样的话，就从标题中推测不出约束了啊？

我：很好。当我们碰到这样的困难的时候，首先要思考的是我们对主体判断错误？能不能看看有没有别的主体？

同学 B：我觉得主体是生产者。

我：好，为什么是生产者呢？

同学 B：我看到"红利"，就像看到"收入"一样，是生产行为的结果，所以觉得是生产者。

我：很好，那如果主体是生产者，该主体的行为是什么呢？

同学 B：生产，行为的结果是生产出了红利。

我：很好，那生产者面临的约束又是什么呢？

同学 B：从标题中的另外一个关键词推测，应该是"户籍制度"。

我：那你试着说说，为什么户籍制度会影响生产者的生产行为？

同学 B：因为户籍制度会限制劳动力流动，这样的话，劳动力多的地方的企业就能雇到廉价劳动力，而劳动力少的地方的企业就很难雇到足够的劳动力，或者付出很高的成本。户籍制度会影响企业的劳动力雇佣与劳动力成本，进而影响到企业的生产和红利。

我：很好，这显然可以说得通。那么，按照刚才的分析，你觉得本文要回答的关键科学问题是什么呢？

同学 B：户籍制度改革会不会影响企业红利？

我：这符合 ABC 的范式吗？

同学 B：符合，是约束对行为的结果的影响，也就是 C 对 $B's$。

我：非常好。那你能看出来答案是什么吗？

同学 B：如果主体是劳动力流入地的企业，那么，应该是正影响；如果主体是劳动力流出地，那么，就可能是负的影响，但我觉得放松户籍制度总体上对经济有正影响，因为标题中有"收获红利"和"延续中国奇迹"。

我：很棒！这样说来，这个标题不仅清楚地给出了关键科学问题，还给出了答案。果真如此的话，这个标题是不是比我们此前看到的大部分标题包含更丰富的信息？显然是的。那现在大家再试着看看，消费者能不能是主体呢？

同学 C：如果是消费者的话，其行为就是购买并消费，约束好像是户籍制度。

我：那户籍制度怎么影响消费者购买呢？

同学 C：好像也不会影响，买东西基本不看户口的。

我：确定吗？如果这东西是服务而非通常意义上的实物商品呢？大家知道，市场上交易的不只有实物商品，还有服务。

同学 D：对，户籍会影响消费。比如，农村户口不能在城市买房，也不能在城市上学，反过来，城市户口的消费者也不能在农村买房，不能在农村上学。

我：非常好，那对消费者来说，"红利"是什么意思呢？

同学 D：如果放开户籍限制，就可以在城市买房、上学，这就是红利。

我：非常好，那关键科学问题是什么呢？

同学 D：放开户籍限制，会怎么样影响消费者的红利？

我：答案呢？

同学 D：能够提高消费者的红利。

我：那这么说，从这个标题中，我们可以比较合理地推测出两个关键科学问题。至于是哪一个，我们还能判断吗？或许两种同时存在。

同学 D：好像不能判断是哪种，可能两种都有。

我：好的，那我们就从后面的摘要中确认。

我：同学 D，请问我能借鉴同学 B 提出的按劳动力流出和流入的方式来思考消费者问题吗？

同学 D：好像也可以，可以分成本地消费者和外地消费者。放开户籍限制，外地消费者可能来本地消费住房和教育，他们就可能收获红利，但也会与本地消费者竞争，拉高房价，从而让本地消费者受损。

我：还有吗？

同学 D：本地消费者也可以到外地买房和上学，这也会带来正福利。关键看在本地损失的红利和在外地获得的红利哪个多哪个少。

我：非常好。那你觉得这篇文章属于哪种研究类型呢？

同学 D：由于户籍制度本身并没有什么痛不痛之分，因此我觉得这篇是改造型。

我：怎么理解改造型？

同学 D：不管是宏观经济增长还是微观收入增长，都面临着不增长或增长动力不足的痛点。这篇文章或许是从改革户籍制度入手，为经济增长寻找方法。

我：非常好！我们能从标题中解读出本文的创新点吗？

同学 D：好像不能。

例文 8　Optimising seed portfolios to cope ex ante with risks from bad weather: evidence from a recent maize farmer survey in China. (Bai et al.. *Austrilian Journal of Agricultural and Resource Economics*, 2015, 59(2), 242-257)

解读

我：请同学们继续按照 ABC 和 C2B 范式解析标题，并试着给出关键科学问题。

同学 A：主体是生产者，面临极端天气的约束，玉米农户如何选择种子的组合策略，目标是实现玉米生产利润最大化。

我：主体行为是什么呢？

同学 A：组合品种。

我：很好。那关键科学问题是什么？

同学 A：关键科学问题是，极端天气如何影响农户的选择行为？

我：这篇文章属于什么研究类型呢？

同学 A：我们很难改变糟糕的天气，也就是很难改变约束，所以这篇文章可能是揭示型的。

我：揭示什么呢？

同学 A：可能是揭示极端天气会给农户的玉米生产带来什么不好的影响。

我：那你能看出来会有什么不好的影响吗？

同学 A：标题是说极端天气下，农户可能会优化品种组合策略，这个"优化"的意思是不是说不调整组合就会有损失？如果不调整，极端天气可能会给玉米生产会带来不良影响。

我：分析得很好。现在，可以继续想想，农户调整了品种组合策略后，是不是就没有不良影响了？

同学 A：这个看不出来。

我：如果想象不出极端天气对农户玉米品种组合的影响，不妨用炒股来类比一下。比如，能不能把极端天气当作股市上一个突发的灾难事件。如果你是股民，当股市上随时会发生某种突发性的灾难，你会怎么配置自己的股票呢？

同学 B：不把鸡蛋放在一个篮子里。

我：很好，那样就可以分散一些风险，对吧？但你听过这样一句话吗？风险与收益是成正比的。

同学 B：听过。

我：那为什么还要分散股票，降低风险呢？

同学 B：分散股票可以降低一些极端风险，但也会降低收益。我懂了，所以农民通过调整玉米品种组合来应对极端天气风险，但可能也会降低一些收益。

我：这是什么意思呢？极端天气不会影响农民种植玉米的收益了吗？

同学 B：不对，应该会降低。

我：这个答案能从标题中读出来吗？

同学 B：好像看不出来，但按照刚才的思路又能推理出来。

我：很好。这就是说，如果我们掌握一定的经济学基础，再运用我们的一些方法，确实可以从短短的标题中读出来不少信息。

例文9　发展中国家居民机会不平等研究（此标题系本书作者模仿经济学期刊上发表文章标题虚构）

解读

我：大家盯着标题读 1~2 分钟，试着推测一下研究中的"ABC"，看看能不能找出关键科学问题。

同学 A：我觉得主体是政府，如果是企业的话，没什么研究价值。

我：你说是政府，那就展开说说。

同学 A：政府觉得居民机会不平等是一个需要解决的问题，因此，本研究就是要探究不平等对居民福利的影响。

我：好的，那按照我们的分析思路，如果主体是政府，其目标是什么。

同学 A：目标是社会福利最大化。

我：通过什么行为实现社会福利最大化？

同学 A：探究居民不平等的程度，哪种不平等程度会对社会福利产生的负面影响最大。

我：那你说，探究居民不平等是政府行为还是这篇文章作者的行为？

同学 A：应该是政府行为。

我：那好。政府在探索时，面临的约束是什么？

同学 A：从标题中看不出来。

我：那这篇文章要回答的关键科学问题是什么呢？

同学 A：居民机会不平等对社会福利的影响是什么？

我：好，那我们现在假设研究完成了，我们用 1—5 来衡量不平等程度，1 表示最不平等，5 表示最平等，用幸福感表述社会福利。现在政府探究的结果是居民机会不平等程度是 3.5，平均的幸福感是 60%，而且机会不平等对居民的幸福感有倒 U 形影响，也就是说，机会不平等程度不太高的时候，机会不平等会增加居民幸福感，但不平等程度达到一定程度后，不平等程度再增加就会降低幸福感。那现在政府拿到这个研究结果，会怎么办呢？

同学 A：改变机会不平等，实现福利最大化。

我：从这篇文献的标题中，我们能看出该怎么改变机会不平等吗？

同学 A：好像不能。

我：那你认为的这篇文章是改造型、揭示型，还是方法型？

同学 A：可能是改造型。

我：改造什么？

同学 A：机会不平等。

我：不是社会福利吗？

同学 A：对，是社会福利。

我：那痛点是什么呢？

同学 A：社会福利没有实现最大化。

我：那怎么实现呢？

同学 A：可以让机会更平等一些。

我：怎么做到？

同学 A：有很多办法啊，比如取消户籍制度。

我：你能从标题中读出来或逻辑可靠地推测出户籍制度吗？

同学 A：不能。

我：那可能就脱离了标题。事实上，我们从标题中也无法逻辑可靠地推测出"社会福利"这个关键词来。其他同学怎么看？

同学 B：如果我是审稿人的话，看到这样一个题目，我会直接拒稿，因为题目中看不出科学问题来。

我：很好。那我再问一个问题。如果不拒稿，你觉得这篇文章涉及的主体是谁？

同学 B：主体是居民，这篇文章可能是研究有哪些造成居民机会不平等的影响因素。

我：如果主体是居民，或者说是个体消费者或家庭，你觉得这样一个主体的目标是什么呢？

同学 B：效用的最大化。

我：通过什么行为实现效用最大化？

同学 B：通过改变机会不平等。

我：怎么改变？或者说，该主体面临改造机会不平等时面临什么约束？

同学 B：从标题中看不出来，所以我觉得应该拒稿。

我：还有谁能想到不同的"ABC"吗？

同学 C：我觉得这篇文章仅仅讲了一个现象，我国城市居民中存在机会不平等问题，这可以是一个痛点，但从标题中完全看不出这篇文章想从什么入手改造这个痛点。

我：很好！那这篇文章有可能是一个方法型研究吗？

同学 C：有可能，或许就是提出了一个新的居民机会不平等的测度方法。

我：从标题中能看出来吗？

同学 C：好像看不出来。

我：关于这类标题，我想多说几句，当按照 ABC 和 C2B 范式不容易解析一篇文章的标题时，建议先问问自己，该文章会不会属于下列情况中的某一种。

　　一是，这篇文章大概率只是一个现象的描述。这种情况下，文章中一般没有深刻的学理分析或应用科学研究，特别是缺乏深刻的因果关系识别，因此，创新性观点就极难提出和验证。关于这类标题的文章，我常常说，如果把做一项研究、写一篇文章当做打仗，这类标题就相当于作者圈出来一个山头，说这就是打仗的阵地，但既没有告诉我们为什么要攻打这个阵地，也没有告诉我们敌人是谁，准备采取什么战法。因此，除非读者想要从中获取一些关于该现象的基本认知，否则，其具有观点性的参考价值就十分有限。

　　二是，这篇文章可能是一篇综述类文章。这种可能性并不太大，因为综述类文章的标题中常常有"综述""文献分析""文献综述""文献评述""review""survey"等字样，但也不排除有一些例外。这在摘要中很容易确认。

　　三是，这篇文章可能是方法类研究。后面的例文 11 会涉及这类研究。

例文 10　Quantifying the Yield Sensitivity of Modern Rice Varieties to WarmingTemperatures: Evidence from the Philippines (Wang, Ruixue, *et al.. American Journal of Agricultural Economics*, 2022, 104(1).）

解读

　　从标题中很容易读出其中的关键科学问题——气温上升对现代水稻品种的单产敏感性的影响是什么？从水稻单产不难看出这篇文章的主体大概率是水稻生产者，单产当然是生产者行为的结果，约束很显然是其面临的不断上升的气温。这样，关键科学问题就十分简单了。

　　气温上升在一般意义上很难被操控，因此，这篇文章显然属于揭示型，力图通过本文的研究揭示外部因素气温上升可能给人类活

动带来什么影响，尤其是关注其中的负面影响或痛点，也就是水稻
单产的敏感性。

　　这类研究在农业经济学中十分常见，也很容易出现"行为空心
化"的不规范问题。从这个标题中，我们推测经济主体是农户。研
究人员可能只用了观察到的气温变化数据对观察到的单产变化数据
进行了分析，也可能采用了一些很可靠的识别方法。对于这类文章
来说，特别紧要的就是其机制分析，除非研究人员证明不断升高的
气温会显著改变水稻生长者的某些生产行为，比如品种的更换、劳
动力或化肥等投入要素有显著变化，并且证明这些行为上的变化导
致了单产的变化，否则，观察到的气温变化对单产敏感度的影响就
可能不是通过稻农行为变化而发挥作用的，而是通过其他途径，比
如水稻自身生理生化反应在高温下发生变化，或者土壤养分或土壤
中的微生物改变了其中的植物营养成分。那样的话，就不涉及经济
主体的资源优化，也就不是经济学问题了。

例文 11　Quadratic Engel Curves and Consumer Demand

(Banks, James, Richard Blundell, and Arthur Lewbel. *The Review of Economics and Statistics*, Vol. LXXIX, 1997, No. 4: 527-539.)

解读

（1）识别关键科学问题

　　这篇文章标题翻译过来就是"二次恩格尔曲线和消费需求"。
标题中的"engel curve"和"consumer demand"清晰地表明，这是
一篇关于消费支出与需求系统模型的文章，经济主体是消费者。

　　行为是什么呢？在这个标题中，我们就可以从"demand"判断
出消费者的行为就是对某种或某些商品与服务的购买选择与消费。

　　消费者的行为约束是什么呢？从经典的需求理论出发，我们知
道，恩格尔曲线刻画的是各类商品的支出占比如何随着预算支出的
变化而变化。从定义不难看出，这篇文章中，消费者面临的约束可

能就是总预算支出，同时，这个定义也让我们推测主体的行为可能就是各类商品的支出占比，可以理解为是消费行为的结果。

这样，本文的关键科学问题就是：预算支出如何影响支出占比？更具体地说：预算支出如何影响用支出占比刻画的消费需求？

（2）可能的创新

上面识别的关键科学问题，是不是很像现代西方经济学的基本需求理论？显然是的。这个时候，我们就要关注标题中的"quadratic"了。这篇文章虽然研究的是预算支出如何影响消费需求这个老话题，但其不同点可能恰恰就在这个"二次项"上，表明：预算支出可能对消费需求存在二次项影响，而不仅仅是一次项（或线性）影响。这或许是本文的一个创新点。

如果创新点果真体现在这一点上，那么本文更准确的关键科学问题就可能变成：预算支出的二次项是否对消费的支出占比有显著影响？或者说，恩格尔曲线中的消费支出占比是否与总的预算支出之间存在非线性关系？

（3）判断所属研究类型

基于创新点的判断，这篇文章大概率是一个方法型研究。这里有必要适当介绍一下方法型文献。

当我们使用 ABC 和 C2B 范式分析一篇文章的标题时的时候，就要想想这会不会是一篇方法型文章。从标题中把这类研究与例文 9 中提到的描述性文章和综述性文章区别开来，通常可以采用两种办法：一是，发表期刊排名。真正有价值的方法类文章通常会发表在一些排名很高的期刊上，在细分领域内，基本上是排名最靠前的有限几本期刊。因此，如果说一篇文章发表在一个很普通的期刊上，即便是一个方法类研究，大概率其改进的贡献十分有限。二是，真正方法导向型的研究通常会在标题中采用各种方式告诉读者这一点。比如这篇例文中的"quadratic"就把该文与读者熟悉的"engel curve"与"consumer demand"区别开来。再比如，"New

Growth Accounting"（Gong, 2021）这个标题中的"new"就把该文
与传统的"growth accounting"区别开来，"Justified Communication
Equilibrium"（Daniel and Fudenberg, 2021）也是如此，用"justified
communication"让该文区别于经济学上常说的"equilibrium"。

Box 5-3 用一般化的主体行为替代具体行为

　　在前面的几个例文中，我们时不时会遇到标题中看不出主
体具体行为的情况，这个时候，我们就可以根据识别出来的主体
赋予其一般性的行为，也就是给消费者赋予选择、购买、消费或
需求等行为，给生产者赋予投入、生产、要素组合等行为。为什
么可以这么做呢？答案是，在现代西方经济学的基础框架下，消
费者作为微观决策主体，在不同的商品或服务之间进行选择就是
其基本资源分配行为，所不同的仅仅是面对的选择集、决策环
境（各种约束的组合）不同而已；企业作为微观决策主体，其行
为也十分简单，基本上就是决策要素投入组合，并形成相应的产
出，尽管在各种复杂的市场条件与环境中，这种决策看上去很复
杂，但其背后基本的行为却在经济学中被抽象，变得简单而一
致。即便是宏观决策主体政府，其在经济学意义上的行为也是有
限的，无外乎是对市场环境的规制者和作为一个公共产品提供者
同时具备的消费者行为（政府购买）角色。

　　因此，如果标题中不包括具体的主体行为，读者就可以尝试
依据经济学原理推测主体的一般行为，这将有助于对标题或摘要
的解析，而不至于因为缺乏主体行为而陷入困境。

　　需要注意的是，当标题中缺乏约束的时候，就不能这么做，
因为除了理论上的经典约束外（如价格、预算等），主体行为在
现实中面临的约束会复杂多变。尽管这些约束本质上都是通过改
变选择的机会成本对行为选择产生影响，但用一般意义上的机会
成本替代具体约束将失去不同研究的针对性和现实意义。

接下来的例文 12—15 的标题解析将采取比较简洁的方式进行。

例文 12　Bargaining under the Illusion of Transparency (Madarász, Kristóf. 2021. *American Economic Review* 111(11), 3500-3539)

解读

标题中的"bargaining"包含的信息非常丰富，既说明有买卖双方两个主体同时参与，又给出了一个讨价还价的主体行为。在现代西方经济学的框架下，双主体和多主体行为同时出现的情景在现实经济活动中特别常见，这个时候，任意一方的行为都会受到对方行为的影响，双方的行为还会反复的交易中趋于均衡或导致交易失败，因此，影响任意一方行为的约束也就成了所有参与主体行为的约束，同时也是均衡结果的约束。标题中的"under"清晰地给出了本文主体在"bargaining"时面临的约束条件"the illusion of transparency"。因此，关键科学问题就是——"the illusion of transparency"怎么影响交易双方的"bargaining"？

这属于什么类型的研究呢？显然是方法型，为开展改造类或揭示类研究提供有关经济主体讨价还价的基本行为规律，不带有明显的改造痛点或揭示痛点的目标。

例文 13　中国贸易服务价值链的变化（此标题系本书作者模仿经济学期刊上发表文章标题虚构）

解读

这个标题几乎与例文 9 如出一辙，如果不是一篇综述，那么，从标题中解析其关键科学问题就极为困难。

读者或许可以从"贸易服务"推测主体大概率是从事贸易服务的企业，甚至也可以推测其行为是提供"贸易服务"，但是其采取该行为时面临的约束是什么呢？从标题中很难看出来。同时，关键词"价值链"在解析关键科学问题中扮演什么角色，我们也无从得知。即便探索出"价值链"的含义，我们对其行为还是一头雾水。

这会是一篇以贸易服务价值链核算方法为创新点的文章吗？大概率不会，如果真是那样，研究人员不大可能把这么重要的创新完全不体现在标题中。如果把这个标题改成"中国贸易服务价值链的变化：基于一个新的价值核算体系"，就很容易看出本文属于方法型。

例文 14　临时收储政策加剧了农业收入的不稳定性吗？（此标题系本书作者模仿经济学期刊上发表文章标题虚构）

解读

这篇文章的标题与前面分享的例文 1 和例文 4 十分相似，标题就是本文的关键科学问题。从"农业收入"来看，主体是农户，经济学分析中可以将其归为生产者；主体行为是产生农业收入的生产活动，农业收入的稳定性是该行为在时间维度上的表现结果；面临的约束是临时收储政策。要解析这个标题，读者需要对临时收储政策有所了解。

从标题中看，这篇文章研究的动机有三种：①试图通过这项研究探索稳定农业收入的方法；②试图评估临时收储政策是否达到预期的政策目标，这有利于评估该政策的资源利用效率；③试图评估临时收储政策是否产生了非预期的后果。从标题中"加剧了"和"不稳定性"可以判断，其动机大概率是②或③。因此，这篇文章很可能是揭示型。

关键科学问题的答案和创新点无法通过标题看出来。

例文 15　鸡生蛋，蛋生鸡：农户摆脱贫困的家庭自融资模式研究（此标题系本书作者模仿经济学期刊上发表文章标题虚构）

解读

这篇文章的标题由正副标题组成，正标题采用的是一个谚语式的表达方式，似乎体现的是一种循环往复的现象。副标题中的"农户""贫困""融资"这几个词汇告诉我们，如果这是一篇经济学文章，其主体应该是农户家庭，经济学分析上可以归为生产者。

那行为是什么呢？副标题中有两个动宾结构"摆脱贫困"和"自融资"，都是农户自己的行为或行为结果，哪个是行为，哪个是约束，似乎并不清晰。一方面，从一般的生产经济学理论来说，农户作为一个利润最大化的理性追求者，其生产行为常常受到预算约束的限制，那么对应的关键科学问题就是农户自融资对其摆脱贫困的影响；另一方面，农户的生产又可能促进经济增长，从而放宽家庭生产面临的预算约束，那样的话，关键科学问题也可以是农户生产或经济增长如何影响家庭预算约束。结合正标题，这好像恰恰正是作者想要在本文中揭示的家庭融资与脱贫相互内生的一种模式。

这让我们不自觉地怀疑，这篇文章有很大可能是行为解释行为，或行为解释结果的不规范或欠规范研究。

通过这 15 篇例文，读者应该能一定程度上感受到，只要掌握一定的方法，从短短的标题中，其实可以抽取出很多信息。这些信息不仅有利于读者判断要不要继续花时间阅读文章剩余的内容，更能在需要的时候，帮助读者带着很多已知的信息或疑问去阅读剩余的内容，这样文献研读的效率一定会显著提高。

但不免有一些读者在想，是不是我们选取的这些例文标题都太容易按照我们的范式解析了？为了回应这样的疑虑，我把 2021 年《经济研究》第 9 期（总第 648 期第 56 卷）目录第一页上的全部文章标题拿过来，继续和大家做一些标题解析训练。为了提高只依靠标题获取信息的能力，我们需要把阅读严格限制在标题内。为了让大家逐渐摆脱研读标题时对条块化引导的依赖，我将采用更自由的模式进行解析。

例文 16　政府对居民转移支付的再分配效率研究（岳希明，周慧，徐静，《经济研究》，2021 年第 9 期）

解读

标题中有三个关键词——政府对居民的转移支付、再分配和效率。这个时候如果掌握一些基本的经济学知识，就不难知道，政府转移支付大体上就相当于家长从家里有钱的孩子那里拿一些钱补贴给家里没钱的孩子，本质上是一种非市场行为。这不管在发达国家还是发展中国家，都是十分常见的政府行为。

政府进行转移支付的具体形式和原因多种多样，但归根结底都是为了缩小转入群体与转出群体之间的某种差异，特别是经济发展与福利方面的差异。这就意味着，尽管转移支付是非市场行为，但政府也要努力让其更好地实现缩小群体间差异的基本目标。这就自然而然地引出来一些问题：转移支付能达到缩小群体差距的目标吗？有没有什么不同的表现（异质性）？如果有，受哪些因素的影响？或者是，为什么会有异质性差异？等等。

大致了解了政府转移支付的上述信息，那标题中的第二个关键词"再分配"和第三个关键词"效率"就很容易理解了。这样看来，这篇文章可能就是想要回答一下：政府对居民这个经济社会群体的转移支付是否达到了缩小差距的目标？如果能有个指标来刻画，是不是可以把多大程度上达到目标称为效率呢？当然可以，这可能就是标题中"效率"一词的意思——一个或一组度量缩小差距的指标。

现在出现一个新问题——缩小哪两个群体之间的差距呢？标题中的"对居民"这个时候就派上了用场，这样居民就是转移支付的接受方（或转入方）那么所有居民都是转入方吗？显然不是，如果那样，谁是转出方或财富的减少方呢？是政府或企业吗。仔细想想，即便是通过政府或企业，最终也是一部分人（也是居民）会成为转出方。这就不难理解，缩小差距一定指的就是居民内部的差距。

　　如果只是把有钱居民的一部分财富转移给缺钱居民，短期内双方拥有的财富差距肯定缩小。即便财富都通过消费来转移，短期内两个群体之间的消费差距也会缩小。但这种几乎静态的比较是显而易见的，并不值得研究。如果只在乎短期效果，这种转移支付就变成了社会应急，而不是通常意义上转移支付。因此，政府更感兴趣的是这些转移支付能不能帮助转入方产生更大的财富增长能力，并形成持续地、自主地缩小收入差距的动力。这样一想，考察转移支付的效率，关键就看转入方怎么使用转入的财富。

　　如果政府能观察到这些转入方一段时期之后的财富，就可以通过比较其与转出方财富之间的差距变化，考察转移支付是否能缩小两个群体之间的差异，从而可以评估转移支付的效率。

　　这样，评估转移支付的效率，就变成评估转入方利用转移支付实现财富增长的效率了。至此，从标题中就可以分解出主体 A——具有双重身份的居民（既是消费者，又是生产者，包括劳动力的生产者）。在现代西方经济学框架下，其目标可以是效用最大化，也可以是利润最大化，但都面临着自有财富的约束（C），并在理性人假设下，对既有财富进行最优化分配（消费或投入生产，也就是 B）。现在，收到一笔政府的转移支付，原来的财富约束放松了，原来的财富分配或利用方案可能就不再最优，需要重新分配，新的分配方案就可以改变居民家庭原来的财富生产效率和积累，形成新的财富水平（这当然可以全部转换成货币化的收入）。

　　ABC 范式清楚了，就可以按照 C2B 范式提出本文的关键科学问题。

　　本文的关键科学问题就是：转移支付（C）会不会改变转入方的原有的财富分配行为（B）？并因此改变其财富增长或积累能力（行为的结果，记作 $B's_1$）？会不会因此进一步缩小和转出方财富的差距（行为结果在另外一个维度上的表现，记作 $B's_2$）？这里的任意一组 C2B 都可以构成关键科学问题。

从标题中，我们判断大概率本文作者更感兴趣 $B's_2$，但只要我们假定转出方除减少部分财富外，其他都不变（这个假设很极端），无论是用 B，还是 $B's_1$ 或 $B's_2$ 来度量结果，对于评估转移支付的效果都是一样的。

为了更好地理解这一点，我们用数学语言来解释一下。首先把关键科学问题写成 $B = f(Z,C)$，其中 Z 表示除财富约束 C 之外其他一下居民（生产者或消费者）行为 B 的影响因素。这样转移支付对行为变化的影响就可以通过对 C 求偏导表示出来，也就是 $\frac{\partial B}{\partial C} = \frac{\partial f}{\partial C}$，如果 B 是 C 和 Z 的线性函数，并且 C 和 Z 相互独立，就有 $\frac{\partial B}{\partial C} = \frac{\partial f}{\partial C} = \beta$，其中，$\beta$ 为一常数，表示的正是转移支付（财富变化）对财富分配行为的影响。参考我们在第三章第三节的讨论，$B's_1$ 和 $B's_2$ 作为 B 的结果，可以分别表示为 $B's_1 = \gamma B$ 和 $B's_2 = \eta B's_1$，γ 和 η 分别代表从 B 到 $B's_1$、从 $B's_1$ 到 $B'\varepsilon_2$ 的转换系数。这样，如果假定转换系数与转移支付 C 没有关系，转移支付 C 对行为结果 $B's_1$ 和 $B's_2$ 的影响就可以分别写成：$\frac{\partial B's_1}{\partial C} = \gamma\frac{\partial f}{\partial C} = \gamma\beta$ 和 $\frac{\partial B's_2}{\partial C} = \gamma\eta\frac{\partial f}{\partial C} = \gamma\eta\beta$。显然，在不同维度上测度行为或行为结果，转移支付的效果之间的差异只取决于转换系数。这就是说，不管在哪个维度上测度结果，都可以通过相应的转换系数计算出在其他维度测度的转移支付的效果。

当然，改变上面每个阶段的假设，都可能让在不同维度上的评估结果产生变化，甚至不能通过简单的计算实现相互之间的转换，这些正是很多研究感兴趣的作用机制、异质性等内容，而它们又对应不同科学问题。无论怎么变化，都不影响我们围绕标题展开上面的讨论和解析。

基于上面的讨论，我们很容易判断，这篇文章主要是想揭示政府转移支付可能没有达到某些预期效果或产生了非期望的其他结果。因此，基本上可以判断出这篇文章是揭示型研究。同时，一定有某些结果是不舒服、不和谐的，不过从标题中看不出来具体是什么。

　　上面这些信息，你分析出了多少？

　　另外，如果把主体换成转出方，或者同时有转出方和转入方，这篇文章对应的 ABC 和关键科学问题会怎么变化呢？有兴趣的读者不妨自行练习一下。

例文 17　全球经济危机后中国的信贷配置和稳就业成效（钟宁桦 等，《经济研究》，2021 年第 9 期）

解读

　　标题包括五个关键词：全球经济危机后、中国、信贷配置、稳就业、成效。其中，"成效"与上篇论文中的"效率"相似，是一个度量指标；"全球经济危机后"中的"后"呈现的是一个研究的背景和研究的时间段。既然是背景，"全球经济危机"就既不是关键科学问题中的原因，也不是结果，其作用正如其字面意思那样，就是背景和环境底色，这就像是舞台表演中的背景，会对舞台上的表演起到烘托作用，但本身不是表演的组成部分；也如同绘画中的底色，会影响画面焦点的呈现效果，却不是画面焦点的组成部分。

　　这个背景提供的信息可以这样理解：经济危机对全球大多数国家都会带来负面影响。结合后面的"成效"，就意味着，很多国家，包括"中国"可能采取了一些措施应对这场危机，所以才有了"成效"之说。这样，结合标题的"信贷配置"和"稳就业"，我们可以判断，这里的成效主要指稳就业方面的成效，也就是结果，如果稳定了就业，某些措施的成效就好，如果没有稳定就业，说明这些措施成效不好。

　　"信贷配置成效"也能是结果吗？"信贷配置和稳就业成效"之间的"和"，从语法上使得"信贷配置成效"的关键词组合成为可能。但稍想想，只有当"信贷配置"作为一个目标时，才有"成效"之说。实现某个配置目标了，就说配置有成效；没有实现，就说配置无成效或低成效。但信贷配置有什么令人舒服、和谐的目标吗？好像没有。那"信贷配置"没有令人不舒服、不和谐的痛点状态了，"信贷配置成效"也就说不通，所以不大可能是关键科学问题中因果关系中的果。

那么，"信贷配置"能是我们刚说的采取的措施吗？我其实不了解"信贷配置"是不是个专业名词，但从字面上看，"配置"是个动词，"信贷"就有借有贷，也就是有信贷供给方和信贷需求方。站在供给方，比如银行，可以怎么理解信贷配置呢？对公、对私就是一种配置，长期、短期也是一种配置。放在"经济危机"背景下，还可以是信贷方调整信贷配置额度、比例等，所以信贷配置完全可能看作是信贷出借方（从事信贷服务的企业）的行为。那么，本文的关键科学问题能不能是"经济危机对（信贷服务企业）信贷配置行为的影响"呢？不能。因为我们前面说了，"经济危机"是背景，不参与到因果关系中，所以信贷服务企业的"信贷配置"尽管是企业行为，但从标题来看，不能作为关键科学问题中的结果变量。

信贷服务企业的信贷配置行为能够成为标题中刚才提取的"稳就业"这个结果的原因吗？这会出现两个基本情况：稳定信贷服务企业自己的就业，稳定其他企业的就业。会是哪个呢？这个时候，我们就需要结合第三章讨论的经济学规范与不规范问题了。如果是信贷服务企业的信贷配置行为对稳定自己企业的就业的影响，就出现了"行为对行为"的不规范问题了。我们在第三章讨论过，如果两种行为之间没有超越个体理性范畴的时空距离，就没有研究的必要，因为即便其中一种行为在外人看来不舒服、不和谐，但对企业自己来说，却是最优的行为组合。这就意味着，如果把信贷服务企业的"信贷配置"行为看做关键科学问题中的原因，那么"稳就业"就必须是其他企业的行为结果，最容易想到的就是信贷服务的需求方可以是任何信贷需求企业或个人。联系"稳就业"一词，可以判断需求方大概率是企业而非个人。

这样的话，可能的关键科学问题就是：信贷企业（在经济危机背景下，根据自身企业利润最大化目标）调整的信贷配置行为，能够帮助（其他企业）稳定就业机会吗？

但这个问题并不合理。试想，如果信贷企业出于自己利润最大化进行了信贷配置的调整，这会带来两种结果：一是，因为这个，其他企业的就业岗位都稳定了。如果这样，经济危机就不是经济危机了，市场可以轻松搞定，就不用像我们从背景中推测的那样，需要采取应对措施并关心措施是否有效了。二是，因为这个，其他企业就业岗位没能稳定下来，导致了失业，那这个后果该谁负责？信贷服务企业吗？你可能会说，就该这类企业负责，但不要忘记了，它们的信贷配置调整是在自身利润最大化下做出的最优决策，在现代西方经济学的框架下，信贷服务机构没有照顾其他企业就业岗位稳定的义务。因此，如果想要让他们考虑其行为的外部负效应，就必须给予其违背自身利润最大化行为的相应补偿，或者采取非市场手段，比如政府行政干预其信贷行为。

这样一想，刚才讨论的信贷服务企业在市场化条件下理性自主的信贷配置改变就不是真正我们在意的原因了，一定是某种外在的影响信贷配置的力量（比如货币政策），这种力量会改变信贷服务机构不受干扰下的最优信贷配给决策，并最终影响到其他企业的就业岗位稳定情况。这样，市场化运行的信贷供给方的信贷配置行为改变就成了这个外在力量（真实原因）影响其他企业就业稳定的中间节点，是作用机制的重要组成部分。

如果是这样，那么，关键科学问题就变成了：外在的某种影响信贷配置的力量是否会影响到就业稳定？或者，反过来讲——这种外在的力量是否起到了稳定就业的作用？

从标题看，我们还不知道这种力量是什么，但基于一般认知，大概率是政府干预，比如降息、降准等释放流动性措施。

这样的话，关键科学问题中的主体（A）就是上面说的其他企业——信贷需求方，其行为（B）是增加或减少岗位，面对的约束是刚才讨论的外部力量（C），而信贷配置是被外部力量改变并传导给信贷需求方行为上的。但从标题中，我们显然看不出具体的约束是什么，因此，本文的关键科学问题还需要根据文章的其他内容进一步探索。

例文 18　城市社区基础设施投资的创业带动作用（万海远，《经济研究》，2021 年第 9 期）

解读

标题中有四个关键词：城市社区、基础设施投资、创业带动、作用。其中，"城市社区"则提供了研究的区位信息，与上一篇论文中"经济危机后"给出研究的时间段一样，不会进入关键科学问题的因果关系中；"作用"与我们经常在标题中看到的"影响""效应"相似，通常出现的形式有"……的……作用""……对……的作用"，前面的"……"中的内容基本上就是关键科学问题中的原因，结果要么是后面的"……"，要么是隐藏"……"背后的内容。按照这个指引，基础设施投资就是因果关系中的原因，创业带动就是结果。这就意味着，本文的关键科学问题是"基础设施投资对创业带动的作用是什么？"或"基础设施投资会带动创业吗？"。

那关键科学问题背后的 A、B、C 各是什么？

首先要判断谁创业。个人、企业或某些组织都可以创业。创业就是把可利用的资源拿出一部分投入一个新的生产领域或扩展原有的生产规模，这就涉及资源的重新分配，目标是通过生产实现投入的价值增殖，因此，不管是个人还是企业，创业的主体（A）都是生产者，其行为（B）当然就是创业或为创业开展的一系列活动，面对的约束（C）就是因为投资而改变的基础设施条件。在原先的基础设施条件下，生产者的创业行为已经是最优的行为，当基础设施条件改变的时候，其原本最优的创业行为就要做相应的优化，重新达到最优点。

基础设施投资当然会改变基础设施条件。投资是谁做的呢？创业的生产者当然可以为自己投资，但如果那样，关键科学问题中的原因和结果就都成了同一个主体的行为，出现了"行为解释行为"的不规范问题，这就意味着，这里的基础设施投资一定不是生产者自己的行为，必定来自其他主体，比如政府或其他企业、组织。

最后再来看看"城市社区"有什么值得挖掘的信息。对宏观经济学知识有所了解的人都知道，基础设施投资对创业的影响不是一个全新的话题，这可能就意味着相关文献十分丰富。如果在大尺度上研究这个话题，想要取得突破性进展的难度可想而知，这么一想，标题中加上"城市"和"社区"，就把这个话题的范围迅速限定在一个特定的空间上。如果在这个空间内，基础设施投资对创业的影响与不加这个空间限制时的影响一样，那么，研究的价值就会打折扣。因此，在"城市社区"的空间范围内研究这个话题，可能就是本文的一个创新点，研究人员也一定期待这个空间内，会有不同于其他空间下的结果。

例文 19　强化知识产权保护与南北双赢（寇宗来，李三希，邵昱琛，《经济研究》，2021 年第 9 期）

解读

如前所述，当看到"……与……"这类标题的时候，大概率其关键科学问题就是：前面的"……"对后面的"……"有什么影响？这就意味着，前面的"强化知识产权保护"是关键科学问题中的 C；主体行为（B）或行为的结果（$B's$）一定出现在"与"后面的"……"中，本文是"南北双赢"中的"双赢"。但是，"南北"是个方位概念，所以看不出主体，只能猜想"南北"可能意味着把主体行为或行为结果分南北进行加总，在宏观层面上测度。

第三章讨论过，即便在加总层面上进行宏观因果关系的识别，如果想要构建该因果关系的理论框架或进行因果关系的作用机制识别，一定也离不开对微观主体行为的研究。

那现在审视一下标题中的另外一个关键词"知识产权保护"。知识产权保护是一个国家或地区通过法律对知识产权所有人权益的一种保护，以防止其他人盗用或滥用其知识创新，从而伤害到产权所有人进行知识创新的动力或积极性。知识产权所有人可以出于保护自身利益依据相关法律对自己的知识产权进行保护（如法律维权），政府也会出于保护整个国家的知识创新体系而主动提供对所有权人权益的保护。在这个标题中，如果问题是所有权人自己发起的保护实现自己的"赢"，那就变成了第三章中讨论的"行为解释结果"的不规范问题，就没有研究的必要了。因此，只有两种情况：一是，政府强化知识产权保护，产权所有人受益；二是，产权所有人强化自己的知识产权保护，别的人受益。这样看来，主体大概率是具有知识产权创新的投资人，可以归为生产者。会不会是其他主体呢？比如非知识产权所有人、消费者、地方政府？从标题中好像很难判断。主体（A）找不到，那就更难找行为（B）了，能找到的只是行为的结果（$B's$）"双赢"。那就暂时搁置，在摘要中继续寻找。

例文 20　看不见的家庭教育投资：子女升学压力与母亲收入损失（王伟同，周洪成，张妍彦，《经济研究》，2021 年第 9 期）

解读

与上一篇论文标题相似，本文标题中出现了"……与……"的形式，那么，我们就可以大胆地推测，"与"前面的是关键科学问题的原因，后面的是结果，据此，本文的关键科学问题就是"子女升学压力会导致母亲收入受损吗？"。

"ABC"呢？从结果上，不难看出，主体是母亲，在现代西方经济学框架下，既可以归入消费者，也可以归入生产者。如果是消费者，其行为就是需求行为；如果是生产者，其行为就是某种生产行为。由于收入是生产的结果，因此在这个标题中，把母亲看成是生产者更恰当。那么，子女升学压力对母亲来说，就一定是一种外来的压力，不是母亲自己选择的。原因是将她自己选择的压力（也就是外界条件不变的情况下，自己给自己压力）作为原因，解释其收入的损失，就涉嫌"行为解释结果"的不规范问题。

因此，如果不是上面的不（欠）规范问题，那么可能是三种情况：

第一种可能是，这里的子女升学压力来自外部，如当地招生指标下降、允许外来人口的子女在本地参加升学考试、本地公共教育投资减少等。这样，本文的关键科学问题就变成了：外部的升学压力变化会不会导致母亲收入受损？

第二种可能是，子女升学压力是母亲自己给自己的，但在给自己这个压力的时候，是否会对母亲的收入构成损失，超出了母亲理性判断的范畴，导致其意识不到这种损失？这种情况下，通过研究揭示出这样"未知未觉"的损失当然很重要。如果是这样，本文的关键科学问题就变成：（母亲）在子女升学上给自己的压力会给（母亲）带来（自己意识不到的）收入损失吗？

第三种可能是，外来的升学压力变化会给（母亲）带来（自己意识不到的）收入损失。也就是第一、二两种可能的组合。

主标题中"看不见的家庭教育投资"怎么理解？"看不见"可能是指上面解析的第二或三种可能的关键科学问题中的"意识不到"。果真那样，主标题给出了关键科学问题的答案——升学压力会给母亲带来（意识不到的）收入损失。很难把"看不见的家庭教育投资"与上面推测的第一种可能的关键科学问题联系起来，因为在那种情况下，不管是外来的升学压力，还是母亲的收入损失，都是可以"看得见"或"感受到"的。

显然，如果不存在"行为解释结果"的不规范问题，那么这篇文章大概率是揭示型研究，即试图通过本研究揭示（外部）升学压力给学生母亲带来的收入损失。

例文 21　预期寿命、人力资本与提前退休行为（汪伟，王文鹏，《经济研究》，2021 年第 9 期）

解读

这类"……、……与……"的标题在经济学期刊文献中也特别常见。与前面几篇例文一样，"与"之后的"……"通常是结果，最前面的"……"通常是原因，不确定的是中间"……"，可能是结果，也可能是原因，也可能都不是，而是从原因到结果的中间环节。如果不能从"人力资本"字面意思直接看出更多信息，可以留在读摘要时再确认。

现在，我们先解析其他信息。按照上面的分析，这篇文章最少有一个关键科学问题——预期寿命会导致（劳动者）提前退休吗？

大多数国家都有法定的退休年龄，既然是提前退休，那么就应该是劳动者自己的个人行为（而非按照法律强迫退休）。在现代西方经济学框架下，这个行为基本上可以假定是劳动者个人或其家庭的最优决策。对寿命进行预期大概率也是劳动者个人或家庭行为。这就出现了用"行为解释行为"的不规范或欠规范问题。直接的质疑就是：为什么要回答"预期寿命会不会导致提前退休"这个问题？如果答案是"会"，那又怎么样？如果是"不会"，又怎么样？那现在，沿着两个答案分别往下想想，看看会发生什么。

如果答案是"会"，那么，劳动力就因预期寿命而发生短缺，这可能会给经济社会带来一定的痛，比如劳动力短缺带来的成本上升。从这个意义上讲，这篇文章可能是揭示型，试图揭示预期寿命变化对劳动力市场可能造成的不良影响。

如果答案是"不会",这项研究的动机似乎只有一种可能,那就是在做这项研究之前,有很多人担心预期寿命的提高会导致提前退休,从而使得劳动力短缺,而这项研究的价值就在于告诉大家这种担忧没有必要。从这个意义上讲,这篇文章的贡献主要在文献上。

例文22　社会保险缴费与转嫁效应(鄢伟波,安磊,《经济研究》,2021 年第 9 期)

解读

这个标题的形式与例文 19"强化知识产权保护与南北双赢"十分相似。"与"前面的"社会保险缴费"是原因,导致某个主体(*A*)发生转嫁行为(*B*)或转嫁行为的变化,从而导致"转嫁效应"的结果。从之前的讨论,我们已经知道,这里的社保缴费主体一定不是执行"转嫁"行为的主体,因为那样就出现了"行为解释行为"的不规范问题。但"转嫁"行为的主体是谁呢?从标题中只能看出主体可能与社会保险缴费有关。

那么,社会保险缴费会涉及哪些主体呢?社会保险是一种再分配制度,是一种劳动者福利保障,一般情况下特指社会统筹的养老保险、医疗保险、失业保险、工伤保险、生育保险的缴费,社保缴费由单位和个人按照一定比例缴纳。显然,这里面涉及两个主体:企业和个人。这样,"转嫁"的意思就是可能是:该企业缴纳的社会保险费用被转嫁给了个人,或该个人缴纳的被转嫁给了企业。

社保缴费的主体和转嫁行为主体不能是一个主体,关键科学问题就可能是三种:企业社保缴费会造成个人缴费转嫁吗?个人社保缴费会造成企业缴费转嫁吗?外部力量会改变企业向个人或个人向企业的社保缴费转嫁吗?

具体是哪个,从标题中无从判断。

例文 23　**中国区域间的制度性贸易成本与贸易福利**（韩佳容，《经济研究》，2021 年第 9 期）

解读

再次出现"与"，就意味着"与"之前的"制度性贸易成本"是原因（C），结果就是"与"之后的行为（B）——"贸易"或行为的结果（B's）——"贸易福利"，从对"福利"的基本经济学认知，我们知道这是一个总体概念，因此，该标题中的"福利"大概率是"贸易"这个行为背后供需双方主体的各自福利和福利加总，所以本文有两个主体——供给方和需求方，显然可以分别归类为生产者和消费者。

这样关键科学问题为：区域间的贸易成本怎样影响买卖双方的福利和 / 或总福利？从基本的国际贸易理论，我们知道，国与国之间的制度性贸易成本通常会带来贸易双方总福利的下降，一国内部区域间的制度性贸易成本与国际贸易的制度性贸易成本好像没有本质上的区别，因此，我们可以判断，对总福利的影响一定是负的，也就是制度性贸易成本越高，贸易双方的总福利就越低，但对于各自会产生什么影响，则要取决于很多条件，比如比较优势，这些已经在很多文献中被讨论。本研究大概率也不会只是评估影响是显著不显著，是正还是负，这些都是比较清楚的，理论与实证上少有争议的。本文很可能研究影响有多大及可能有哪些异质性影响这类问题。这就是说，本文如果有创新，大概率就会体现在这些点上。

本文显然属于揭示型，但由于原因本身具有可调节性，本文也可能讨论对（受损的）贸易福利进行改造，因此也兼具改造型研究的特征。

2. 小结

一口气和大家分享了 23 篇文献的标题解析。读者一定有很多感触和疑问。接下来，我把课堂上同学们的一些感受和疑问和大家分享一下。

（1）震惊。在课堂上，我通常花 3~4 个小时和同学们就这样一个个地解析标题。我不让大家看标题之外的任何信息，就这样盯着标题看、想，自问自答，然后，在问答中，感受上面分享的所有解析过程。很多同学在一开始几乎完全不知从何入手，即便努力大胆地推测，也常常提取不出有价值的信息来。

导致这种情况的原因可能有三个：一是，同学们还没有习惯于这样一种文章解析的习惯，更不能灵活地掌握本书重点介绍的 ABC 经济学问题分析范式和 C2B 科学问题提出范式；二是，同学们对经济学教程上学到的基本经济学理论掌握得还不够深刻，以至于无法把课堂上学到的理论与科研实践相结合；三是，同学们不敢大胆地对发表的文章"评头论足"，更不敢轻易地把读不出有效信息的原因归咎于文章标题存在问题。

但随着这样的训练不断增加，同学们就会慢慢熟悉，等到分析完十多个标题之后，半数以上的同学就能比较熟练地掌握这个方法，从标题中提取的信息准确、丰富，而且这个过程也越来越快。同学们自己都不敢相信会有这样的变化。要知道，很多同学过去在看文献的时候，别说盯着标题看了，甚至常常在不经意间忽略标题，直接开始读正文。其结果可想而知，花费大量时间不说，还经常在读完全文之后依旧不知所云。

（2）怀疑。当然，这个过程中，有同学对这种方法提出怀疑。其中最主要有两类：一是，这种方法在不少经济学文献标题中很难施展，包括一些被广泛引用的经济学文献；二是，有同学认为这个方法对个人的经济理论知识要求很高，并不适合每个同学。

对此，我想和大家分享两点自己的看法：

一是，我完全理解这样的怀疑。我从一开始尝试用这个办法读文献以来，就从未停止过这样的怀疑，特别是在看到一个文献标题，自己全然不知道该怎么解析，而这篇文章又出自很有影响力的经济学家时，这种怀疑就更加明显。我不得不找来更多类似文章仔细比较、反复推敲。所幸的是，这个过程恰恰促使我对这个方法认知不断深入，也得以有机会把对这个方法的认识从开始的懵懵懂懂，逐渐发展完善到自认为对不少读者有一定参加价值的水平。

二是，经济学文献的标题千变万化，没有谁敢说哪一套方法可以放之四海而皆准。我在这本书中和大家分享的方法也是如此。但是，我相信，随着大家实践次数的增加，对这个方法掌握就会越来越灵活，这将会帮助读者更准确地把握该方法在各类文献标题上的适用性和局限性。对于那些完全无法应用该方法的标题，要么可以直接放弃，要么需要在摘要中寻找更多信息加以判断。实践中，到底该怎么做，这就需要慢慢体会。

（3）没必要。持这类质疑的同学会说，既然摘要中包含的比标题更确切的信息，那为什么还要花时间解析标题呢？从课堂的反馈来说，持这类观点的同学并不是特别多，但考虑的这个观点直接关系到我们评判解析标题的价值，因此，有必要单独进行一些讨论。

我觉得单独解析标题有很多意想不到的好处：

一是，读标题的过程中，可以遴选掉大量不需要继续研读的文献。标题无论如何相对于摘要来说要短得多，所以如果能够在标题上就能获取足够的信息，读者就可能快速做出决定，要不要继续看摘要。现在想象一下，拿关键词在文献库中进行网络搜索，我们通常会搜出成千上万条的记录，即便在搜索中加上一些限制条件，也常常反馈出上百条记录。如果每条记录都要读摘要，那是十分庞大的工作量，更何况，这样的搜索可能需要反复更换关键词，反复搜索。对于绝大多数的科技文献搜索引擎来说，在搜索结果的汇报页面上看不到摘要，或者，即便有也只是摘要的前 1~2 行，因此，想要看，就必须点开摘要链接。这个看似简单的操作，如果放在成千上万的搜索记录中，其所需要的时间就会几何级增长。熟练而灵活地掌握了上述读标题的方法后，就可以仅依赖标题，剔除大量不需要读的文献。

二是，标题中获取的信息可以被用来对文献进行分类。比如，可以按照经济学或非经济学进行分类；在经济学范围内，还可以按照单主体和多主体进行分类；在单主体下，还可以按照消费者、生产者、政府进行分类；在经济学范围内，也可以按标题中的关键词和经济学学科划分进行分类，比如劳动经济学、资源环境经济学、健康经济学、国际贸易经济学等；还可以按照关键词在关键科学问题的因果位置进行分类；也可以按照理论、方法和实证研究进行分类；等等。读者将会在本书后面的章节中更深刻地体会到这些分类在文献评述和文献写作中不可估量的价值。

三是，从标题中获取信息或安全地"猜出"文章核心故事，不仅能极大地提高读者研读文章后续内容的效率，更能帮助读者评判这篇文章或修正自己过往的认知。诚如我们在上面的分享中看到的那样，不少时候从标题中解析出来的信息丰富到足以让我们猜出本文的主要故事，有的时候甚至可以让我们猜出这篇文章的关键科学问题会存在哪种不规范或欠规范问题。

等到带着故事和相应可能的问题再去摘要或引言中搜索和审视相关信息的时候，就会出现两种基本情形：如果"猜想"的故事准确，整篇文章剩余部分，特别是摘要、引言、结论部分的研读就会十分简单、高效；如果"猜想"的故事对不上，就意味着，要么文章自身可能存在什么不当之处，要么我们在解析标题时出了差错，无论哪种情况，这样的"冲突"，都会促使我们产生更多的疑问。这不仅有利于我们更深刻地评判该文献，也容易发现新的缺口或创新机会，还有助于提升自己的思维水平与能力。如果没有这些"冲突"，读者就很容易被带进作者的思维通道，从而很难看到文献中的缺陷。

至此，你或许能理解为什么单单标题解析这么一小部分内容就占用了这么长的篇幅了。

二、摘要解析

递推法的第二步就是解析摘要。如果第一步标题解析做得比较到位，文献搜索结果中最少 70% 不再需要进入研读摘要这一步。

本节就继续和大家一起分享怎么从摘要中提取更丰富的信息。这包括两方面信息：一是确认标题中看出来或"推测"出来的信息，二是补充标题中没有的信息。我将继续选用标题解析时用过的部分例子来完成这一步。在每个例子中，我首先把文章的标题和摘要抄录下来。为方便读者对照标题解析中的内容，这里选用的例文编号保持与上一节相同，同时，我还准备了一小段标题解析回顾。我只用了上一节中的小部分例文，有兴趣的读者，还可以找来其他例文摘要进行训练。

进入举例分享前，先简单回顾一下上一章讨论经济学期刊文章时有关摘要中必备的三要件和常见但非必要的四组件：必备的三要件为关键科学问题、相应的答案、核心方法（与材料），常见但非必备的四组件为痛点、创新性、非关键科学问题的重要科学问题和答案、主要发现的应用。下面的解析大体上基于这些组件进行。

例文 1　信息化能促进农户增收、缩小收入差距吗?（朱秋博等，《经济学（季刊）》，第 22 卷第 1 期，2022 年 1 月）

摘要抄录

本文基于全国农村固定观察点及信息化追踪调研数据，采用工具变量、匹配倍差等方法，在微观层面实证分析了信息化对我国农户增收及收入差距的影响。结果表明，信息化总体上促进了农户总收入和工资性收入增长，对农业收入有一定的抑制作用，但这一抑制作用在信息化发展过程中逐渐消失；信息化的总增收效应具有较大持续性。异质性分析进一步表明，信息化的增收效应对较高收入和较高受教育水平农户更加明显，加剧了农村内部收入差距。

（1）标题解析回顾

这篇文章的标题就是关键科学问题，其中农户增收是个人生产者的行为结果，收入差距是个体行为在群体层面上的表现结果。标题解析时，我们曾担心关键科学问题中的信息化怎么测度，如果是用个体农户的信息化行为，就可能出现行为解释结果的不规范或欠规范问题。

（2）逐句解析摘要

第一句话给出了本文的数据和核心识别方法，同时，确认了标题中的关键科学问题。[①]

第二句话直接给出了关键科学问题的答案，即信息化总体上促进了农户的总收入和工资性收入增长，但对农业收入有短暂的抑制作用。显然，这相当于告诉读者，除关键科学问题之外，这篇文章还回答了其他几个重要的科学问题，也就是把收入增长分解成了工资性收入和农业收入分别进行的考察。"信息化的总增收效应具有较大持续性"和"（对农业收入的）抑制作用在信息化发展过程中逐渐消失"说明，这篇文章作者还进行了一些动态分析，这一点也可以从第一句话中的"追踪调研数据"看出来。

第三句话也是本文的一部分结论，但主要是异质性分析，作者在研究中，重点考察了关键科学问题在不同收入群体和不同受教育水平群体之间的差异，并据此得出，信息化在促进农户个体增收的

---

① 这里所说的一句话，就是指以句末号结尾的完整的句子，句末号在中文中通常就三种：句号、问号和叹号；在英文中，句号被点号替代，问号和叹号与中文一致。但在学术期刊文章中，叹号几乎很少被用到。

同时，会在群体层面上导致收入差距拉大的结论。

（3）摘要与标题中获取的信息一致吗？

显然是一致的，关键科学问题与标题信息完全一致。

（4）摘要三要件齐全吗？

是的，同时包括了关键科学问题、答案、数据或方法。

（5）有哪些标题不能体现的新信息吗？

摘要额外提供了关键科学问题之外的几个重要科学问题及其答案，包括：信息化对工资性收入和农业收入的影响各自是什么？关键科学问题的答案是否会在不同的收入群体和受教育群体间表现出异质性？同时，摘要的最后一句话揭示出了信息化会导致农户间收入差距拉大这个新痛点。

但我们都知道，并不能因此武断地停止甚至收缩中国农村的信息化发展进程。那么，怎么来解决由信息化带来的收入差距拉大问题？这就需要从其他方面着手，去探索为什么收入低群体在利用信息化实现收入增长的时候，不能比高收入群体做得更好，而是更差。只有找到这背后的原因，才有可能提高信息化对低收入群体的收入增长效应，才可能缩小收入差距。

这篇文章回答这些问题了吗？从摘要中，我们看不出来，这给了我们一个理由，去文章的引言中搜寻。如果作者没有做，就意味着这篇文章只是揭示了存在收入差距因信息化拉大的问题，并没有给出解决方案。这或许可以是一个值得进一步研究的现实问题。这样，我们可以暂时把这个想法记录在文献笔记上。

（6）从摘要中能看出创新点吗？

在标题解析时，我们曾"推测"这篇文章可能针对的文献缺口是：信息化对收入增长和收入差距的影响在文献中没有研究过或者还不够清楚或许研究结果不一致。那么，本文的创新就应该是针对这个缺口的，但从摘要中，我们仍然看不出本文具体的创新点，还需要留到引言研读时继续探索。

（7）摘要能够体现主要发现的应用价值吗？

除了揭示信息化带来的收入差距拉大这个新痛点外，这篇文章显然对于评估农村信息化具有一定作用。农村信息化总是要花费不少钱，消耗不少社会资源的，因此，评估这些资源利用效率就极为重要。对于推进信息化建设的决策者而言，最重要的是评估成本收益。如果这篇文章能够提供信息化给农村居民收入带来的净促进效应，将更有价值，但摘要目前只给了影响是否显著和影响的方向，并没有给出影响的大小。对这一点感兴趣的读者，可以继续在文章中搜寻相关信息。

（8）能不能用口语化的方式重述这篇文章的核心故事？

这些年来，中国农村的信息化发展非常快，但是信息化水平的提升，是否有助于农村居民提高他们的收入呢？在不同的群体之间，影响是否有差异呢？这篇文章的作者就用了一些数据，对这些问题进行了回答，他们发现：随着农村信息化程度的提高，农村居民的收入确定得到了明显提高，尤其是工资性收入，这表明，随着信息化程度的提高，更多的农户到外面打工，这就导致从事农业生产的劳动力下降，所以来自农业生产的收入出现了下降，但这种下降趋势不会持续很久，说明信息化对农业收入的短暂负面影响并不大。最关键的是，这篇文章发现，本来收入水平就比较高的农户可以更好地利用信息化提高他们的收入，而收入水平较低的农户，虽然也因为信息化增收，但增收幅度较低，这样，农村内部的收入差距就会因为信息化而拉大。这个问题需要引起关注。

（9）标题中的疑问得到解答了吗？

在标题解析时，我们曾提出疑问——是否存在"行为解释结果"的不规范问题。关于这一点，摘要并没有给出相关信息。当前需要做的，就是记录下来这一疑问。

例文 2　Does Attending Elite Colleges Pay in China? (Li et

al., *Journal of Comparative Economics*, Vol.40, No.1, 2012, pp.78-88)

摘要抄录

We estimate the return to attending elite colleges in China using 2010 data on fresh college graduates. We find that the gross return to attending elite colleges is as high as 26.4%, but this figure declines to 10.7% once we control for student ability, major, college location, individual characteristics, and family background. The wage premium is larger for female students and students with better-educated fathers. We also find that the human capital and experiences accumulated in elite colleges can explain almost all the wage premium.

（1）标题解析回顾

这篇文章的标题就是关键科学问题，是人力资本范畴内典型的主体行为无法根据自己的行为结果进行调节和优化的情景，因此，其研究的价值在于为其他需要做该行为的主体提供参考，以提高他们资源分配与利用效率，增加福利。

（2）逐句解析摘要

第一句回应了标题中的关键科学问题和本文用的数据。

第二句给出了关键科学问题的答案——上著名高校的人的收入比其他人高 26.4%，这其中由著名高校产生的贡献是 10.7%，其他 15.7% 则是由于这两个学生群体自身差异带来的。具体与哪个群体的学生比较呢？从"2010 data on fresh college graduates"来看，应该是与上非著名高校的学生群体之间的比较。读者可能会自然而然地想到，上著名高校的学生与上不了著名高校的学生本来就有很多差异，怎么能说明这就是上著名高校的贡献呢？这正是这句话后半段中作者控制了很多变量的主要原因。那这些变量能控制干净吗？从计量上来说，其实是很难的。那这篇文章怎么更好地识别上著名高校的效果呢？摘要在这一点上并没有给出更多信息。

第三句是关键科学问题的异质性。文章指出，上著名高校对收入的提升作用对于女学生和父亲受教育水平更高学生来说，表现更为明显。

第四句是机制，解释了为什么上著名高校能提高收入水平。

显然，第三、四句都是关键科学问题之外的其他重要科学问题，这些问题附属于关键科学问题。

（3）摘要与标题中获取的信息一致吗？

完全一致。

（4）摘要三要件齐全吗？

关键科学问题、答案、数据或方法齐全。

（5）有哪些标题不能体现的新信息吗？

摘要额外指出了关键科学问题的异质性和作用机制。

（6）从摘要中能看出创新点吗？

看不出来。

（7）能不能用口语化的方式重述这篇文章的核心故事？

上著名大学能不能提高未来的收入水平呢？这个问题对于很多人来说很重要，比如正在准备高考的高中生和他们的家庭、政府教育部门等。这篇文章中，作者就研究了中国的大学生，他们发现，上著名高校的学生确实比没有上著名高校的学生收入高，平均高26.4%，但这并不全是因为他们上了著名高校——这些能上著名高校的学生自身具备很多其他学生没有的优势，比如更聪明、家庭条件更好等。如果这些条件都一样的话，上著名高校的作用只有10.7%，体现为在著名高校里能学到更多技能，能拥有更丰富的在校经历。

例文 3　The Effects of Parental and Sibling Incarceration: Evidence from Ohio (Norris, Samuel, Matthew Pecenco, and Jeffrey Weaver. *American Economic Review*, Vol.111, 2021, No. 9, pp.2926-63)

摘要抄录

Every year, millions of Americans experience the incarceration of afamily member. Using 30 years of administrative data from Ohio and exploiting differing incarceration propensities of randomly assigned judges, this paper provides the first quasi-experimental estimates of the effects of parental and sibling incarceration in the United States. Parental incarceration has beneficial effects on some important outcomes for children, reducing their likelihood of incarceration by 4.9 percentage points and improving their adult neighborhood quality. While estimates on academic performance and teen parenthood are imprecise, we reject large positive or negative effects. Sibling incarceration leads to similar reductions in criminal activity.

（1）标题解析回顾

这篇文章的关键科学问题是父母和兄弟姐妹被监禁对个人的影响。从标题中，约束很清楚，但标题并没有给出具体的主体行为，受此影响，并不好判断主体在经济学分析中是归为消费者还是生产者更恰当。此前的标题研究中，我们疑惑这篇文章是不是规范的经济学研究，担心存在核心解释变量不可变的欠规范问题。

（2）摘要逐句解析

第一句说：每年数百万美国人会面临家庭成员被监禁的问题。这显然只是提供了一个值得关注的背景。

第二句交待了这篇文章的数据和关键科学问题，并在交待数据的时候，突出强调了这个数据使得他们可以第一次采用准自然试验的方法回答该关键科学问题，从而体现了本文的创新性与贡献。请注意"first"这个我们当下在很多国内的学术场合下都被提醒，甚至警告不要轻易使用的词汇。

第三句直接给出了关键科学问题的答案——父母被监禁会在一些方面给主体带来正影响，包括显著降低子女被监禁的概率和显著改善子女成年后的邻里关系。

第四句也是关键科学问题的答案——父母被监禁对主体学业表

现和早育的影响并不一致，但不管正负影响，他们的结果都表明此类影响的量级不大。显然，这是对主体（子女）不同行为或行为结果的影响，验证了我们从标题中读出来的"无具体指向行为或行为结果"。

第五句也是关键科学问题的答案，指出主体的兄弟姐妹被监禁带来的影响与父母被监禁带来的影响相似，也会降低主体的被监禁概率。

（3）摘要与标题中获取的信息一致吗？

完全一致。

（4）摘要三要件齐全吗？

关键科学问题、答案、数据或方法齐全。

（5）有哪些标题不能体现的新信息吗？

摘要额外提供了关键科学问题中主体的若干具体行为或行为结果——被监禁、成年后的邻里关系、学习成绩和是否早育。

（6）从摘要中能看出创新点吗？

数据缺陷可能就是文献中的一个缺陷，而这篇文章所用的数据能够让研究人员通过一个准自然实验，对该关键科学问题进行回答，克服文献中的数据缺陷。这基本上就是本文的核心贡献。

（7）能不能用口语化的方式重述这篇文章的核心故事？

剔除数据和方法上的几个关键词后的摘要就已经十分通俗易懂了。基本故事就是，美国每年有上百万人面临家庭成员被监禁的问题。父母和兄弟姐妹被监禁，对主体有什么影响？这篇文中，作者用了一套很好的数据，发现父母被监禁后主体被监禁的可能性会下降，主体成人后的邻里关系也会更好一些，父母被监禁这件事对子女学习成绩和早育没有特别大的影响。兄弟姐妹们入狱也会降低主体入狱的可能性。

例文4　延续中国奇迹：从户籍制度改革中收获红利（都阳等，

《经济研究》，2014 年第 8 期）

　　摘要抄录

　　由农村向城市的劳动力流动在促进了城镇化的同时，对经济发展也产生了深远的影响。本文综合利用多个具有全国代表性的数据库，实证分析了进一步促进劳动力流动对经济发展的影响。结果表明，劳动力流动有利于扩大劳动力市场规模和提高城市经济的全要素生产率，尽管对资本产出比和工作时间有负面影响，但劳动力流动带来的净收益非常可观。根据本研究的回归结果，全面深化户籍制度改革将在未来几年内为中国的经济发展带来明显的收益。这也就意味着，在推进全面户籍制度改革中仅仅考量户籍制度改革所要付出的成本，而忽略其带来的巨大收益，可能会在实践中制约改革的进程。

（1）标题解析回顾

　　在前面标题的解析中，我们推测这篇文章既可以以生产者为主体，研究户籍制度如何影响企业的红利，也可以以消费者为主体，研究户籍制度可能会怎样影响到消费，进而影响到经济红利。不管是哪一条 ABC 思路，我们都可以从标题中"推测"出答案——放松户籍制度可以促进红利。这个结论大概率是站在劳动力流入地企业或流动的消费者立场上考察的，但并不清楚放松户籍制度对劳动力流出地经济发展的影响是什么，这一点是否在研究中被考虑到，目前还不清楚。

（2）摘要逐句解析

　　第一句话"由农村向城市的劳动力流动在促进了城镇化的同时，对经济发展也产生了深远的影响。"这句话包含了两个信息：

　　一是，"由农村向城市的劳动力流动"显然是对标题中"户籍制度改革"的回应，这并没有超出我们从标题中提取的信息，读标题的时候，我们就问，为什么户籍制度可能会影响红利呢？答案是，户籍制度影响劳动力的流动，或户籍制度限制消费者的一些消费行为。

同时，这个信息中的"劳动力"也大概率告诉我们，这篇文章的主体是生产者（劳动力需求方），而不是消费者。这给了我们一个好玩的思路：户籍制度有没有可能由于制约消费者的选择而造成"红利"损失？这个时候，我们就可以把这个想法写在准备的纸上。注意了，一定不要马上就开始围绕这个新想法开始搜索文献，因为那样会破坏了当前文献的思路。

对这句话稍加推敲，我们还可以看出，这个信息背后隐含着的意思是"由农村向城市的劳动力流动与户籍制度有关"。对中国户籍制度有所了解的人，可以更准确地理解为"中国的户籍制度阻碍了劳动力从农村向城市流动"。但是，我们显然不能假设每个人都了解中国的户籍制度，对于这些人来说，这句话可能意味着作者引入了的一个假设，即"中国的户籍制度阻碍了劳动力从农村向城市流动"，而不是"中国的户籍制度阻碍了劳动力从城市向农村流动"，或者，作者可能假设"户籍制度改革"等同于"促进劳动力流动"。

这个假设有什么问题吗？大部分中国读者可能不会觉得是个问题，但严格说来，如果在全文中，作者都有意或无意地引入这个假设，那么，理论上，标题中"户籍制度改革"就不准确了，而应该改成"延续中国奇迹：从促进农村劳动力向城市流动中收获红利"。如果"改革户籍制度"并不能带来劳动力从农村向城市，或反向流动，那么就不可能产生任何红利，起码不会通过劳动力流动这条路径产生红利。

你可能会觉得这样的质疑并无意义，因为现实是，放开户籍制度就会促进劳动力从农村向城市转移。为此，我不得不反复强调，很大可能正是因为你了解中国户籍制度的基本现状，而且把这样的认知当作理所当然。然而，"理所当然"恰恰是科学研究的大忌。对一切我们看到的、听到的、直觉的东西进行质疑是做良好科学研究的必备素质和态度，更是进行创新的前提条件。

二是，"对经济发展也产生了深远的影响"。这个信息对应着标题中的"红利"，同时，"深远的影响"只告诉读者劳动力流动会对经济发展产生影响，但具体是什么影响，并没有说，也不能说。如果这句话改写成"由农村向城市的劳动力流动在促进了城镇化的同时，也促进了经济发展"，那么，这句话就成了一个结论性的表述，而不再是一个需要回答的问题（question）或需要检验的假说（hypothesis to test）。如果那样，全文都是在证明读者已知的结论。

三是，整句话可能告诉读者的正是本文要回答的关键科学问题——从农村向城市的劳动力流动会对经济发展产生什么样的影响？

第二句话是："本文综合利用多个具有全国代表性的数据库，实证分析了进一步促进劳动力流动对经济发展的影响。"这句话包含两个重要的信息：

一是，本文数据是由多个数据库合并而成。一方面表明本文是实证研究，而非理论研究；另一方面表明其中的单个数据库在回答本文的关键科学问题上，可能都存在一定的缺陷，必须合并在一起才能更好地满足本文科学问题的需要。这很可能是本文创新点之一。

二是，后半句"实证分析了进一步促进劳动力流动对经济发展的影响"证实了从标题和摘要首句中推测的关键科学问题。同时，也确认了我们刚刚从第一句中产生的质疑——作者假定户籍制度改革等同于劳动力流动，户籍制度放松等同于劳动力从农村向城市的流动。作者当然可以在正文中通过引用既有文献来支持这个假设，但如果没有这么做，这就可能成为本文的一个不严谨的点。

第三句话是："结果表明，劳动力流动有利于扩大劳动力市场规模和提高城市经济的全要素生产率，尽管对资本产出比和工作时间有负面影响，但劳动力流动带来的净收益非常可观。"这句话给出了本文关键科学问题的核心结论——"劳动力流动带来的净收益非常可观"。

　　同时，这句话中的几个关键词"劳动力市场规模""全要素生产率""资本产出比"和"工作时间"清楚地告诉我们作者在本文中用哪些指标或从哪些机制考察标题中的"红利"和摘要第一、二句中的"经济发展"。显然，除了关键科学问题之外，作者还在本文回答了几个相关的重要科学问题。

　　①（从农村向城市的）劳动力流动会怎么影响劳动力市场规模？所谓劳动力市场规模，当然就是劳动力有效需求或有效供给规模。"扩大劳动力市场规模"就意味着，当前的户籍制度仍然使得一部分想到城市工作的农村劳动力无法落实想法，想要增加劳动力雇用的生产者无法（在不提高工资的情况下）雇到足够的劳动力。这正是户籍制度对劳动力自由流动的扭曲。

　　②（从农村向城市的）劳动力流动会怎么影响城市经济的全要素生产率？答案是"有利于"。如果户籍制度确实制约了劳动力（从农村向城市的）自由流动，这个答案当然与理论上是一致的——理论上，要素自由流动是完全竞争市场的必备前提，而完全竞争市场在资源利用和福利产出上是最有效的。

　　同时，这句话中的"城市经济"告诉我们，这篇文章中，研究人员并没有关注劳动力流动对于流出地（农村）经济的影响。

　　③（从农村向城市的）劳动力流动会怎么影响资本产出比？答案是"有负面影响"。这里有两点需要分享：

　　一是，读者可能并不知道什么是"资本产出比"，这个时候，可以试着从字面上理解，如果还理解不了，也可以直接跳过或快速进行延伸搜索。从字面上不难理解，"资本产出比"首先是一个"比"，当然就有分子和分母。分子是什么，分母是什么呢？名词中的"资本"可能是分子，"产出"可能是分母，如果是那样，"资本产出比"就和"资本在产出中的贡献率"差不多。在现代西方经济学的框架下，资本和劳动力是生产中必不可少的要素，现在劳动力多了，资本相对就少了，所以资本对产出的贡献率就下降了。

一定会是这样吗？有没有其他可能？比如，投入的劳动力增加了，但资本在产出中的占比也增加了。什么条件下会出现这种情况？一种可能就是，随着劳动力投入的增加，生产规模和产出都以更快的速度增长，这可能带动资本投入更快增长，或者可能使得资本的投入产出效率大幅度提高，或者兼而有之。显然，只有在规模报酬递增的条件下，才能出现这种情况。这就意味着，在那些存在规模报酬递增的行业或部门，劳动力流动将带来更大的红利。

二是，当看到"负面影响"的时候，就要想想这样的负面影响可能会伤及谁。这相当于在问，这个"负面影响"会不会是一个值得关注的痛点？就"资本产出比下降"而言，如果是痛点，也是对资本所有者而言，但是不是真的痛，还要取决于在这个过程中，资本能够分配到的总收益是上升还是下降。如果把雇主（企业、生产者）当做资本所有者，或资本所有者的代理人，那么，经济学理论表明，进一步放松户籍约束如果可以提高劳动力的需求（"有利于劳动力市场规模扩大"），经济理性的雇主的总利润一定是增加，也就是资本可以分配到的收益会提高，否则雇主就不会增加劳动力投入。这样看来，即便资本产出比下降，资本收益一定是上升的，所不知道的可能只是上升多少。

④（从农村向城市的）劳动力流动会怎么影响工作时间？答案是，"有负面影响"。这个结果并不令人惊讶。如上所述，这并不会降低企业的利润，却可能降低每个劳动者的工作时间，如果收入没有因此下降，或者增加了，那当然不必担忧。唯一需要担心的是，原有的劳动力可能就会面临福利损失，所以可以想象，改革户籍制度，让更多的农村劳动力流入城市，将可能一定程度上受到来自城市劳动力群体的反对。这一点或许具有一定的现实意义。

第四、五句话为："根据本研究的回归结果，全面深化户籍制度改革将在未来几年内为中国的经济发展带来明显的收益。这也就意味着，在推进全面户籍制度改革中仅仅考量户籍制度改革所要付出的成本，而忽略其带来的巨大收益，可能会在实践中制约改革的进程。"

第四句话相当于直接解释了本文关键科学问题答案的意义，也就是，本文的核心结论支持全面深化户籍制度改革。到这里，我们再次确认作者把"户籍制度改革"与"劳动力从农村向城市流动"画上等号了。

第五句话相当于告诉读者，在推进全面户籍制度改革中，有不少声音或力量是反对的，或者持保守态度的，因为他们认为改革所要付出的成本巨大。作者正是通过回应反对者的担忧，进一步明确了本研究的重要性和价值。

（3）摘要与标题中获取的信息一致吗？

显然是一致的，关键科学问题及其答案与我们从标题中抽取的信息完全一致。

（4）摘要三要件齐全吗？

是的，同时包括了关键科学问题、答案、数据或方法。

（5）有哪些标题不能体现的新信息？

摘要额外提供了最少三点在标题中不易看出来的重要信息：确认了研究主体是生产者（不管是企业还是劳动者都可以归类为生产者），而非消费者；回答了关键科学问题之外的几个重要科学问题；阐述了核心结论的应用价值。

（6）从摘要中能看出创新点吗？

可能是此前文献中主要关注户籍制度改革所需要付出的成本，但对户籍制度改革给经济发展带来的红利关注不够。但只是猜想，摘要并没有给出明确的答案。

（7）摘要能够体现主要发现的应用价值吗？

是的，本文的主要发现为更积极地推进户籍制度改革提供了重要的依据。

（8）能不能用口语化的方式重述这篇文章的核心故事？

中国的户籍制度改革已经在路上了，但要不要继续全面推进这项改革呢？关于这个问题，现在社会上有一些反对的声音，例：如果让更多的农村人口进入城市安家落户，将会给城市的经济发展带来巨大的成本和压力。这篇文章的作者并不同意这些观点。在这篇文章中，他们针对农村劳动力进入城市到底会对城市经济带来什么的影响，进行了研究。他们发现，尽管在个别指标上，农村劳动力进入城市确实会有些负面影响，但整体而言，却有利于中国城市经济发展。因此，这篇文章的作者呼吁要全面推进户籍制度改革，而不应该只看到其背后的成本和压力。

至此，这篇文章的摘要解析就结束了。

例文 5　Quadratic Engel Curves and Consumer Demand

(Banks, James, Richard Blundell, and Arthur Lewbel. *The Review of Economics and Statistics*, Vol. LXXIX, 1997, No. 4: 527-539)

摘要抄录

This paper presents a model of consumer demand that is consistent with the observed expenditure patterns of individual consumers in a long time series of expenditure surveys and is also able to provide a detailed welfare analysis of shifts in relative prices. A nonparametric analysis of consumer expenditure patterns suggests that Engel curves require quadratic terms in the logarithm of expenditure. While popular models of demand such as the Translog or the Almost Ideal Demand Systems do allow flexible price responses within a theoretically coherent structure, they have expenditure share Engel curves that are linear in the logarithm of total expenditure. We derive the complete class of integrable quadratic logarithmic expenditure share systems. A specification from this class is estimated on a large pooled data set of U.K. households.

Models that fail to account for Engel curvature are found to generate important distortions in the patterns of welfare losses associated with a tax increase.

（1）标题解析回顾

从标题中，我们推测这篇文章要回答的关键科学问题是预算支出如何影响消费需求，其中预算支出对消费需求的二次影响可能是这篇文章的核心创新点。

（2）摘要逐句解析

摘要中的第一句说，作者在这篇文章中提出了一个消费需求模型，该模型和长期观察的微观个体消费支出调研数据一致，而且能够进行相对价格变化的福利分析。这句话清晰地表明本文的核心是构建了一个新的需求模型。这确认了本文属于方法型的判断。

第二句表明，研究人员采用非参数方法对消费者支出数据进行拟合的结果表明，恩格尔曲线中应该包括一个支出对数的二次项。这句话与标题中的"Quadratic Engel Curves"一致。和第一句放在一起，不难看出，研究人员在这篇文章中提出的需求模型的一个显著特征就是加入了预算支出对数的二次项。这就确认了我们在标题中推测的可能创新点——quadratic，同时，确认了从标题中读出来的关键科学问题——支出占比是否会受到预算支出的二次项或非线性影响？也基本上确认了本文属于方法型研究。

第三句话进一步表明，在很多流行的需求模型（如 Translog 模型和 AIDS 模型）中，恩格尔曲线中的支出占比是总预算支出对数的线性函数。与上一句放在一起，就说明，这些主流的模型与非参数方法对现实的消费支出数据拟合并不吻合。这明显地指出了既有需求模型对现实数据拟合中的不足，也就是文献的缺口。

进一步，第四句话指出，本文提出的需求模型能够捕捉到支出对数的二次项影响。这清晰地表明了本文提出的新的需求模型与过去的需要模型之间的不同，以及本文对文献的贡献。

摘要的最后一句话是说，研究人员还用本文提出的需求模型分析了一套来自英国的家庭调研数据，结果表明，与本文提出的模型相比较，那些不考虑预算支出的二次项影响的模型，会扭曲税收增长的福利效应。这为其模型相较于其他模型的优势提供了实证依据。

（3）摘要与标题中获取的信息一致吗？

显然是一致的，关键科学问题与我们从标题中抽取的信息完全一致。

（4）摘要三要件齐全吗？

是的，摘要包括了关键科学问题和答案，同时，摘要信息表明这篇文章的核心是提出了一个新的需求模型，并用实证数据进行了检验。

（5）有哪些标题不能体现的新信息？

摘要额外提供了最少三点在标题中不易看出来或确认的重要信息：明确指出作者在文章中提出了一个新的需求模型，明确指出了文献中既有需求模型与现实数据之间的差距，清晰给出了本研究对文献的贡献和研究结果的应用价值。

（6）从摘要中能看出创新点吗？

十分清晰。

（7）摘要能够体现主要发现的应用价值吗？

作为方法型研究，本文主要发现的应用价值在于为此后的消费需求研究提供了新的模型设定方案，因此，本文发现体现的主要是文献价值。

（8）能不能用口语化的方式重述这篇文章的核心故事？

这篇文章的核心是提出了一个新的需求模型，这是我们前面讲过的文献需求，这并不容易用口语化的方式表述，但我依旧鼓励你尝试一下。因为，能不能做到这一点，很大程度上反映的正是你对这篇文章核心故事的理解程度。下面是我的尝试：

　　当一种商品的价格发生变化或居民的收入水平发生变化后，消费者或居民家庭的消费结构也会相应发生变化。如果能够搞清楚消费者或居民家庭的消费结构到底会怎样随着价格变化或收入变化而变化，就可以很好地预测消费结构的变化了。这对于国家和产业来说当然十分重要。可是，怎么能做到这一点呢？经济学家们就想了很多办法，其中一个办法就是弄出一些模型来，这样，如果改变模型中的价格，模型就会自动显示相关商品的需求会怎么变化，居民在这种商品是花的钱会怎么变化。比如，如果猪肉价格上涨10%，模型就可以告诉你，居民家庭的猪肉消费就可能下降百分之几。

　　这篇文章的作者发现，过去经济学家们用的一些模型的预测准确度并不高，一个最大的问题是，他们用的模型显示的是当居民收入提高的时候，花在某种商品的钱的比例，比如花在食品或住房上的钱在家庭全部支出中的占比，要么增长，要么不变，要么下降，但就是不能先增长后下降，或先下降后增长。这与实际情况显然不符。比如，在人们收入不高的时候，挣来的钱可能大部分都用来改善食物，而不会用来盖新房子，所以收入增长的时候，花在食物上的钱也会明显增长，花在房子上的钱并不会增加，其在家庭全部支出中的占比还可能下降，因为食物花费占比增加了。但是，当人们收入达到一定水平的时候，多挣的钱就可能花在改善住房上了，而很少用来改善食物，所以食物上的开支占比就可能开始下降，而住房的开支占比反而可能上升。因此，这篇文章的作者就提出了一个新的模型，这样就很好地解决了这个问题。

　　上面就是我尽可能口语化重述的故事。

　　大家已经注意到，与前几篇文章的口语化故事相比较，我在这篇文章的故事讲述中，进行了更多铺垫，同时，还在几个地方举了例子。这样做的目的就是尽可能让非专业人士也能听明白或基本听明白很专业的、复杂的经济学问题。对于类似这篇文章的理论或方法导向性的研究来说，我们日常并没有什么机会讲给公众，但我自己坚信，这样的训练仍然十分重要，既能反映读者对文章的理解程度，也能反过来帮助读者更好地理解这篇文章。

例文 6　临时收储政策加剧了农业收入的不稳定性吗？（此标题系本书作者模仿经济学期刊上发表文章标题虚构）

摘要抄录

本文利用三轮农户调查面板数据，实证检验中国临时收储政策对农村居民家庭农业收入稳定性的影响。本文首先基于期望收益理论测度了农业收入的稳定性，进而使用倾向匹配得分和双重差分法，检验了临时收储政策的效应。结果显示，我国农村居民的收入和农业收入不稳定现象十分突出，而且呈现加剧态势；随着收入水平的提高，农业收入的不稳定性更加突出；农村家庭农业收入的不稳定性显著地、负向地受到户主受教育水平、是否外出就业、家庭所在地区的影响。无论处在什么地区，临时收储政策对农业收入的季节性变动和农产品收购价格的变动都没有任何影响。

（1）标题解析回顾

这篇文章的标题就是本文的关键科学问题，临时储备政策是 ABC 中的约束，农业收入稳定性是主体行为的结果。从标题中的"加剧了"和"不稳定性"，我们推测，这篇文章大概率属于揭示型，也就是揭示"临时收储政策"可能带来的非预期痛点。

（2）摘要逐句解析

第一句交待了本文利用的数据，其中的"三轮"和"面板数据"印证了标题中体现的多时点观察，同时，这一句还确认标题中的关键科学问题及其背后的主体、行为和约束。

第二句的前半句"本文首先基于期望收益理论测度了农业收入的稳定性"，这是告诉读者用什么方法测度（不）稳定性；后半句"进而使用倾向匹配得分和双重差分法，检验了临时收储政策的效应"给出了检验关键科学问题的方法，但其中的"检验了临时收储政策的效应"指向并不明确，推测是"检验了临时收储政策在稳定农户收入上的效应"，如果是这样，相当于重复了标题和摘要第一句话的后半段信息，在摘要这样简短的文字中连着两句话出现重复内容，是一种对摘要空间的浪费。

第三句话是本文的主要结果，由两个分号"；"隔开。第一个分句"我国农村居民的收入和农业收入不稳定现象十分突出，而且呈现加剧态势"向读者传达的是农村居民收入和农业收入不稳定的基本现状和动态变化特征。关于这句话，我们最少有三点疑问：一是，这个结果显然是我们已经在标题中读出的已知背景，似乎并不需要通过研究来确认；二是，这句话中的"农村居民的收入"也似乎超出了标题覆盖的信息范畴，因为"收入"显然是比"农业收入"更高一层的范畴，所以存在标题与文章内容不一致的嫌疑；三是，摘要的研究结果部分没有率先给出关键科学问题的答案。

第二个分句"随着收入水平的提高，收入的不稳定性更加突出"讲的是农业收入的不稳定性在不同收入水平上的异质性表现，或者说收入水平本身是一个影响农业收入不稳定性的因素。但这句话给出的显然不是我们期待的关键科学问题的答案。

第三个分句"农村家庭农业收入的不稳定性显著地、正向地受到户主受教育水平、是否外出就业、家庭所在地区的影响"。这句话很有意思：一是，其传达的信息仍然是农业收入不稳定的异质性表现，意思是说，农户家庭农业收入的不稳定性在户主受教育程度不同的家庭之间存在差异，在户主是否外出就业的家庭之间存在差异，在地区之间存在差异，因而也不是对关键科学问题的回答；二是，"负向地受到……影响"，指向十分模糊，读者需要花很多时间猜想其具体的含义，甚至还猜不出来，比如，"负向影响"是指农业收入不稳定性随着户主受教育水平的提高而下降，或户主受教育水平较高的农户家庭的农业收入比户主受教育水平较低的家庭更稳定。那么，"不稳定性"与"是否外出打工"之间的"负向影响"

可以理解为：户主外出打工的家庭的农业收入比户主没有外出打工的家庭更稳定。如果这两句还可以勉强理解，那如何理解"与所在地区之间"的"负向影响"呢？好像完全无法理解。

摘要的最后一句话为："无论处在什么地区，临时收储政策对农业收入的季节性变动和农产品收购价格的变动都没有任何影响。"这是摘要的结果中第一次涉及关键科学问题中的"临时收储政策"，但"对农业收入的季节性变动和农产品收购价格的变动"似乎都不是关键科学问题中的"农业收入的不稳定性"，即便是用"农业收入的季节性变动"和"农产品收购价格的变动"来测度农业收入的不稳定性，这两个短语也出现得太突然，以至于读者如果不进行一些"遐想"（"瞎想"），就很难从摘要中得到关键科学问题的确切答案。

至此，从这篇文献的摘要中，读者就可以放弃这篇文章了，最基本的原因就是，摘要不具备必备的要素——关键科学问题的答案。

例文7 鸡生蛋，蛋生鸡：农户摆脱贫困的家庭自融资模式研究（此文系本书作者模仿经济学期刊上发表文章标题虚构）

摘要抄录

本文通过构建一个家庭跨期决策模型，分析了中国农户购销蛋鸡、鸡蛋和建设鸡舍三者之间的互动机制，刻画了一种具有中国特色的三因素互动式农村家庭自融资和经济发展模式，并用来自 2000—2008 年的微观农户调研面板数据，实证验证了该模式的存在性。实证结果表明，农户通过出售一部分蛋鸡，不仅能够扩大鸡舍规模，改善蛋鸡与鸡蛋的品质，还能通过购买一定的鸡蛋进行孵化或直接购买鸡苗实现蛋鸡规模的迅速恢复和扩张，进而有更多的蛋鸡可以出售，为扩大再生产进一步提供资金，从而使得家庭摆脱经营流动性的约束，获得了一个稳定生产规模扩展和家庭经济增长。本文的理论与实证模型还一致表明，农户通过主动调节每期的蛋鸡和鸡蛋购销比例，可以不断优化生产规模扩张和家庭经济增长的路径与效率。

（1）标题解析回顾

从标题中，我们知道这篇文章的经济主体是农户，但主体的行为与约束并不确定，推测是在生产与融资之间相互转换。没有清晰的外生约束，可能存在行为解释行为或行为解释结果的不（欠）规范问题。

（2）摘要逐句解析

摘要第一句为："本文通过……存在性。"包含的信息量很大。首先，这句话告诉读者本文的理论方法与数据；其次，标题中不清楚的生产行为在这句话中得到了明确，主要指购销蛋鸡与鸡蛋、建设鸡舍；最后，标题中不清晰的"自融资"似乎也得到了确认，就是销售鸡蛋或蛋鸡获得"融资"。但是，在标题中不清晰的关键科学问题在这一句话中仍然不清晰。

第二句"实证结果表明，……获得了一个稳定生产规模扩展和家庭经济增长"给出了全文的主要结果，更加明确地表明农户家庭如果变卖蛋鸡，就可能进入生产扩张和经济增长的（良性）循环路径。

第三句为："本文的理论与实证模型还一致表明，农户通过主动调节每期的蛋鸡和鸡蛋购销比例，可以不断优化生产规模扩张和家庭经济增长的路径与效率。"这句话表明，农户不仅可能通过变卖一部分蛋鸡进入生产扩张和经济增长的良性循环，还可以通过自觉主动地调节即期和往后各期的蛋鸡和鸡蛋购销行为，优化这一良性循环。

（3）摘要与标题中获取的信息一致吗？

是一致的，但都不清晰。

（4）摘要三要件齐全吗？

关键科学问题不明确，也就无从谈起相应的答案。

（5）有哪些标题不能体现的新信息？

摘要额外提供了一些标题中没有的信息，比如农户的具体行为和行为路径，但不足以让读者看清本文的关键科学问题。

（6）从摘要中能看出创新点吗？

看不出来。

（7）能不能用口语化的方式重述这篇文章的核心故事？

摘要删去第一句话，就是一个比较口语化的故事了，用主标题的"鸡生蛋，蛋生鸡"来刻画还挺形象的。只要鸡能生蛋，蛋能孵鸡，农户就可以通过买卖蛋鸡或鸡蛋摆脱扩大生产，摆脱贫困。

（8）核心发现的应用价值是什么？

从摘要看，这篇文章中经济主体的行为并没有一个真正的外生约束。根据第三章的讨论，我们已经知道，这种情况下，研究结论的应用价值将很难体现，不管是用来解决现实的痛点，还是回应文献的需求，都很难。

想更清晰地理解这一点，只需要问：如果农户能够通过自融资放松家庭的生产预算约束，并进而摆脱贫困，农户为什么不那么做呢？同样地，如果农户可以通过生产摆脱贫困，还能实现家庭的融资，农户为什么不那么做呢？显然，如果不能找到这些问题背后真实的答案，就很难找到解决农户融资和脱贫难这一坎头痛点的办法。因此，这样一项研究基本上就是刻画了一个似乎看不到清晰价值的模式。如果这样的模式可以不依赖于任何外在力量就可以自我实现，那还需要费这么大力气搞脱贫攻坚吗？

第六章

经济学文章研读实践（二）

本章将举例讨论经济学文献研究的第三步引言解析和第四步结论解析。之后，还将对一篇例文进行完整的解析。这个过程中，我还会用到分块解析时在每一步问的问题，但与分块解析相比，读者更容易从中感受到递推法的好处——每一步都只需要确认或搜寻之前内容中未确认或未出现的信息。这就相当于读者是带着清晰的目标在相应的内容中"搜索"信息，而不是完全跟着作者的思路走。这种做法的好处是，当读者的思路与作者相同时，这样的方法可以帮助读者十分高效地"搜索"到预期的信息；而当与作者思路不同时，就会产生"冲突"，而恰恰是这些"冲突"才更容易激发读者对文章作者或自己思维与认知的质疑，而质疑是认知提升与创新的第一步。

一、引言解析

我们在第四章第一节介绍经济学期刊科技论文的构架时已经知道，引言的核心作用是向读者展示关键科学问题的重要性和该研究的创新性，这两点与该研究拟回答的关键科学问题，事实上构成了一篇经济学期刊文章的"引言三要素"。为了更好地引起读者的兴趣与共情，作者就必须把这些要素按照一定的论证逻辑串起来。

为了完整地呈现这样的论证逻辑，一些已经在标题或摘要中获知的信息可能再次出现，比如关键科学问题、数据、方法等。因此，如果能够快速地确定已知和未知信息所在位置，就能既不影响理解作者的论证逻辑，又能快速跳过已知信息。如果经济学领域科研人员能像自然科学家写实验报告一样格式化写文献，当然最有利于实现这一目标，但遗憾的是，相对于自然科学家，经济学家似乎更在意个性的彰显，这使得经济学文献的引言形式千变万化，给读者高效研读引言提出了不少挑战。

正因为如此，接下来和大家分享的引言研读方法只是一个参考，读者不要认为它放之四海而皆准。

这一方法的基本思路就是先判断引言风格，再相应采取研读措施。这个快速研判包括三步，具体如下：

第一步，看引言长度。

如果引言段落特别少（通常不超过四个自然段），引言常常只能体现关键科学问题的重要性和作者论证的基本逻辑，判断研究创新性需要的文献缺口和贡献则会在引言后专门开辟文献综述或文献回顾小节进行讨论。这个时候，引言研读就需要延伸到文献综述或文献回顾小节，而且引言部分通常需要仔细阅读。

如果引言中段落在四个自然段以上，引言三要素大概率都可以被找到。这个时候，如果文章还有专门的文献综述小节，其目的就不限于呈现文献缺口和支撑本研究的创新性，更多的是帮助读者了解相关研究的文献。因此，如果从理解和评价该研究的角度而言，就不需要读文献综述这一节了；如果想要对相关问题有一个系统的认知，那么可以将这个文献回顾作为一篇短的综述类文章看待和学习。

第二步，检查首段是否呈现了文章的基本思路。

很多经济学研究人员喜欢在引言的首个自然段简述全文的基本思路，然后在后面的段落中详细解释。这种做法在很多顶级的中英文期刊和引言段落特别少的文章中十分常见。

第三步，从段落首尾句判断作者段落写作风格。

段首句是每个自然段第一个句末号（句号、问号或叹号）之前的句子，段尾句是每个自然段最后一个完整的句子。把段落首尾句连起来读，通常就能够呈现出作者的基本论证逻辑。写得好的段落首尾句连读时十分连贯、顺畅。

除了串联起来呈现作者的论证逻辑外，段首句还常常扮演段落标签功能。前面我刚说过，为了呈现作者论证逻辑的完整性，一些在摘要甚至标题中已经出现过的信息可能再次出现在引言中，因此，如果能够快速识别这些已知的信息，就可以确定哪些段落的具体内容研读可以跳过去，哪些要全段审读。段首句就扮演这样一个角色，因为写得好的段首句通常能够准确地概括本段落中的内容。

但是在实际应用中，很多读者没有特别在意过这种写作风格的好处，导致在引言中定位未知信息和把握作者的论证逻辑十分困难。当引言比较短的时候，这或许并不是大问题，但当引言很长的时候，就出现了不小的挑战。

因此，判断段落写作风格的重点就在于判断作者是否采取段首句指引全段内容的写作方法。如果这样做了，读者就可以借助其段首句的标签功能，并根据自己此前已知的信息，选择性地阅读相应段落的内容；如果没有这么做，就需要通读引言，并逐段找出段落的核心句，这时引言研读效率会下降，还不容易抓住作者的论证逻辑。

1. 举例解析

接下来，我就用一些例子和大家分享经济学文献引言解析。我会适度抄录例文中的部分内容，但也建议你在阅读下面的内容时，准备一份例文全文。对于每篇例文，我会分五步进行解析，但你在经过一些练习后，就不必严格按照这五步进行解析，可以根据自己的取舍和偏好进行灵活调整。

例文 1 Does attending elite colleges pay in China? (Li et al., Journal of Comparative Economics, Vol.40, No.1, 2012, pp.78-88)

第一步，看引言长度。引言共八个自然段，之后没有独立的文献回顾小节，因此，期待的信息应该都在引言中可以看到。

第二步，读首段。该文的首段并未呈现作者对全文的整体思路。

第三步，判断段落写作风格。快速浏览第一、二段，判断段落中是否有清晰的段首句，判断标准是段落中的内容是否与段首句信息一致。

本文引言第一段段首句为："The influence of college quality over the future income of college graduates in advanced countries such as the United States has been well documented, though the findings remain inconclusive." 在段首句之后，作者给出了四个关于发达国家的研究（Daniel et al., 1997; Behrman et al., 1996; Brewer et al., 1999; Dale and Krueger, 2011），也指出，有的研究发现教育质量对未来收入有正的影响，也有研究发现没有影响，从而回应了段首句中的重要信息——发达国家中有不少此类研究，但结论不一。这样看来，作者在写作中比较重视段首句的功能。

第四步，读段首句，确定标签。读的过程中如果感觉到上下句不够连贯，就回头看看上一段中是否有段尾句。大家很快就会意识到，该文的段首句连读十分顺畅，所以不需要查看段尾句。

方便起见，我把本文的段首句抄录如下。其中每句前的 Dx 表示第 x 段段首句。请读者先忽略段首句后【】中的内容，把段首句从头到尾读两遍。

D1. The influence of college quality over the future income of college graduates in advanced countries such as the United States has been well documented, though the findings remain inconclusive.【重要性与文献缺口】

D2. However, little is known about the return to attending elite colleges in developing countries such as China.【文献缺口】

D3. In this paper, we estimate the return to attending elite colleges in China using data from the 2010 Chinese College Students Survey (CCSS).【本文关键科学问题与数据】

D4. We find that going to elite colleges indeed pays in China.【关键科学问题的答案或主要发现】

D5. The detailed information on college activities in our survey also enables us to examine whether the human capital and experiences accumulated by students in elite colleges can account for the remaining wage premium.【作用机制】

D6. Although our paper builds upon the literature on the return to elite education, it also differs from earlier studies in certain respects that may be unique to the specific circumstances of China.【创新性——强调创新的价值】

D7. The current work also extends the previous literature on estimating returns to education in China.【创新性——强调对文献的贡献】

D8. The remainder of the paper is structured as follows.【文章结构】

段首句的"标签"信息解析:

D1 包括两个信息:一是有关高校教育质量对学生未来收入影响的研究在发达国家不少。给读者传达的信息是该问题很重要。其背后的逻辑是"不然在发达国家就不会有这么多研究"。但是,判断科学问题的重要性用"有很多研究"来支撑并不严谨,而是要看回答该问题会让多少人从中受益。这段话并没有给出这样的信息,事实上全文都没有给出这样的信息。但一旦我们知道所有参加高考的学生和家长都可能是这项研究的收益人，这篇文章的重要性也就有了。

二是研究结论不一致，这给读者传达的信息是：学术界对该问题在发达国家的研究结论仍有争议，同时，发达国家的研究结果无法简单地应用到发展中国家，所以在发展中国家回答这个关键科学问题很重要。这段话的标签是什么呢？显然是关键科学问题的重要性与文献缺口。这便是 D1 后面【 】中的内容。

D2 提出了一个有意义的信息——类似的研究在发展中国家几乎没有。标签为"文献缺口"。

D3 交待了该文要回答的关键科学问题和所用数据。标签是"本文关键科学问题与数据"。

D4 直接给出了该文关键科学问题的答案。标签是"关键科学问题的答案或主要发现"。

D5 指出关键科学问题的作用机制，也就是为什么上知名高校后收入会高。标签是"作用机制"。

D6 指出该文回答的关键科学问题和此前文献中的是一样的，不同点在于本文研究的是中国数据，但中国的一些特殊国情使得这个不同点十分有价值。在发达国家中得到的一些答案并不能直接应用到中国，更何况该问题的答案即便在发达国家也不一致。这显然是"创新性"。

D7 指出该文拓展了中国的相关文献，标签显然还是"创新性"。

D8 告诉读者，这段话是"文章结构"。

显然，基于这些解析出的"标签"信息，并结合从标题和摘要中已知的信息，读者就可以选择性地跳过第三、第四、第五和第八段，把阅读的重心放在其他段落上，以更准确、高效地总结本研究的重要性和创新性。

第五步，体会作者的论证逻辑。为了做好这一点，在课堂上，我通常会让同学们首先把这些段首句连起来读好几遍，并尝试着用自己的话把每个段首句用更简洁的方式说出来。通过数次反复，作者的论证逻辑（有时候我也把这称之为引言的"势"）就显现出来了。读者不妨按照这种做法练习一下，然后再看后面的内容。

下面是我用自己的语言简化后的前七个段首句：

D1. 高校教育质量对于学生未来收入的影响有多大呢？这个问题在发达国家已经有不少研究，但结论不一。

D2. 但发展中国家几乎没有这样的研究。

D3. 这篇文章用了一套中国的数据，试图回答该问题。

D4. 结果发现，上"牛校"确实能提高学生未来的收入。

D5. 此外，这篇文章所用数据还能让我们通过上学期间的人力资本和经验积累来解释上知名高校对学生收入增长的影响机制。

D6. 虽然这篇文章只是众多研究教育回报的文献之一，但是中国特有的一些情景使得这篇文章与众不同。

D7. 这篇文章还拓展了研究中国教育回报的相关文献。

读者可能已经意识到，把这些段首句连起来读，就像是在读一个完整的小故事，十分流畅。这就是我所说的引言的"势"。引言三要素（关键科学问题、重要性和创新性）清晰可见，具体如下：

高校教育质量对于学生未来收入的影响有多大这个问题在发达国家研究不少，意味着问题很重要；但是结论不一，意味着发达国家的结论不能直接用于发展中国家；发展中国家又没有此类研究，这正是本文要做的。本文选择了中国这个发展中国家重新考察上知名高校对学生未来收入的影响，发现确实正相关。这篇文章的创新性怎么体现呢？首先，该文填补了发展中国家这类研究的缺口，当然填补了中国此类研究的缺口；其次，中国的很多特点使得本文具有了独特的价值。

作为对照，如果我们看到下面的段首句，再试着读一下：

中国的高等教育规模已经接近于美国。

很多研究考察了高校教育质量对学生未来收入的影响。

教育质量直接关系着一个国家人类资本的竞争力和经济发展的可持续性。

丹尼尔（Daniel，2018）发现高校教育质量好的国家，其经济增长潜力更大。

贝克（Baker，2016）的研究表明，不管是在发达国家还是发展中国家，都出现了不愿意上大学的倾向。

本文基于一套对中国高校毕业生的跟踪调查数据，实证研究上大学能不能提高学生未来的收入。

中国的教育部门和家长都很想知道上著名大学是否值得。

本文的研究结论对中国的教育部门和学生家长都具有重要的参考价值。

显然，如果段首句写成这样，就很难读出来引言的"势"，更难以抓住作者的论证逻辑。

例文 2 The Effects of Parental and Sibling Incarceration: Evidence from Ohio (Norris, Samuel, Matthew Pecenco, and Jeffrey Weaver. American Economic Review, Vol.111, 2021, No. 9, pp.2926-63).

第一步，看引言长短。这篇文章的引言很长，除去最后的文章结构段，仍然有十五段之多，据此，基本断定关键信息都能在引言中找到。

第二步，看首段。这篇文章的首段并没有完整地给出本文的基本论证逻辑，因而需要到引言的段落构架中探索。

第三步，判断段落写作风格。从第一、二段来看，作者总体上遵循在段落首尾句中体现"标签"和论证逻辑功能的写作风格。只是，在这篇文章中，作者更多地运用段尾句，并赋予其更为重要的承上启下的作用。段尾句并不影响段首句的标签功能，但对理解作者在引言中的论证逻辑会有影响。

第四步，段落首尾句标签解析。

D1. The United States has the highest rate of incarceration in the developed world, directly affecting millions of prisoners annually. ... Due to the larger pool of people affected, these spillover effects of incarceration could be even more important than the direct effects on the incarcerated. 被监禁的人很多，其溢出效应非常值得关注。【重要性】

D2. On the other hand, there are several reasons why incarceration might have beneficial family spillovers....... As a result, the net spillover effect of incarceration is theoretically ambiguous, depending on the proportion of individual sexperiencing either positive or negative consequences. 但被监禁也可能会有正面效应，因而净效应在理论预期上不确定，所以需要实证研究。【实证研究的重要性】

D3. Empirical evidence on the long-term spillover effects of incarceration in the United States has been largely correlational, such as comparisons between children with and without incarcerated parents....... However, if children with incarcerated parents come from relatively disadvantaged households, these estimates do not have causalinterpretations and will be biased toward finding a negative impact. 既有的实证研究大部分揭示的是相关关系，而非因果关系，所以会导致结果有偏。【文献缺口】

D4. This lack of causal evidence is largely due to stringent data requirements. ...... 导致文献缺口的原因主要是数据。【数据是文献缺口的原因】

D5. Using the universe of Ohio birth records since the early 1980s, we construct family links, including parent-child, sibling-sibling, and parent-parent, for individuals charged in our study courts. ...... 段首句没有明确说本文数据在弥补之前文献中数据缺口上的优势，但结合上

一段，很容易知道，这段讲的是这一点。【本文数据优势】

D6. The spillover effects of incarceration on children and siblings will depend on how the experience of incarceration directly impacts inmates after their release. ......【溢出效应的产生机制】

D7. Next, we study the effect of incarceration on the children of criminal defendants. ......【父母亲入狱对孩子入狱的影响】

D8. While these medium-run effects[①] are important, the short-run impacts may differ. ......【父母亲入狱对孩子的短期影响】

D9. Finally, we measure the impact of parental incarceration on long-run economic outcomes. ......【父母亲入狱对孩子长期经济影响】

D10. There are several potential mechanisms through which parental incarceration may affect a child's later life outcomes. ......【长期影响的可能机制】

D11. We next examine three potential mechanisms that might explain the beneficialaspects of parental incarceration: ......【正面影响的可能机制】

D12. The effects of sibling incarceration are consistent with the parental results, with incarceration of a sibling reducing own criminal activity. ......【兄弟姐妹的影响】

D13. This paper contributes to several areas of research. First, our study is most closely related to several contemporaneous papers that employ the same judge-assignmentstrategy to study family spillovers of incarceration. ......【本文贡献】

D14. We make three main contributions relative to these papers. ......【本文贡献】

D15. We also contribute to the broader literature on the effect of the

---

① 也就是上一段中的对孩子入狱的影响。

family on child economic outcomes. ......【本文贡献】

利用这些段首句的标签功能，读者就可以很快捷地定位到已知和未知信息，比如第四、九、十二段的内容，都是可以快速跳过的。阅读的重心可以放在讲述重要性的第一、二、三段、讲述作用机制的第十、十一段和讲述创新性的第十三、十四、十五段。

在此基础上，读者可以继续根据标签的定位功能，深入研究本文的创新性。想要强调的一点是，这篇文章的第一段清晰地展现了本研究涉及的到人群在美国是一个不小的群体，如果把被监禁的人及其家人都算上，涉及的群体规模就更大了。显然，用涉及的群体规模支撑研究的重要性是应用研究十分经典的做法。

第五步，体会作者的论证逻辑。把这些段首句连起来读几遍，并尝试着用自己的话把每个段首句用更简洁的方式说出来，以感受作者的论证逻辑。只要能把段落首尾句较好地理解并灵活地串起来就可以做到这一点。

我把自己翻译和简化的段首尾句连读如下，供读者参考：

美国被监禁的人很多，这对其子女和兄弟姐妹的影响非常值得关注。但这种影响的净效应理论上并不确定（所以必须进行实证研究）。（遗憾的是，）<u>受数据限制，很多相关实证研究揭示的只是相关关系，而不是因果关系，这会导致识别有误</u>。这篇文章采用的数据（具有很多优势，使得我们可以弥补文献中的数据缺口）。基于此数据，这篇文章实证研究了父母亲或兄弟姐妹入狱对子女或其他兄弟姐妹的各种短期、中期和长期的影响，以及作用机制。这篇文章的贡献可以体现在多个方面。

仔细比较这一段话和原文段落的首尾句，读者会发现，尽管我整体上遵照了原文的语句顺序和内容，但个别地方，也会根据上下文的理解，对顺序进行适当调整（如上段中下划线部分就是把 D3 和 D4 句的顺序进行了调换），还会删除一些对理解作者论证逻辑无用的信息（如 D3 的段落首尾句中都有不少信息被忽略），添加

原段落首尾句中没有直接包含但可以根据上下文引申出来的信息
（如上段中所有括号中的内容）。

例文3　人口老龄化与最优养老金缴费率（康传坤，楚天舒，
《世界经济》，2014年，第5期）

第一步，看引言长度。引言共五段，所以期待的信息应该在引
言中可以看到，但引言后有文献综述一节，这意味着，本文的创新
性在引言中可能体现不足。

第二步，读首段。本文的首段显然并未呈现全文的整体思路。

第三步，判断段落写作风格。快速浏览第一段后，确定段落
内容与段首句完全一致。因此，可以优先考虑只读段首句。方便起
见，抄录如下：

D1. 随着人口预期寿命的不断提高，特别是由计划生育政策引
起的人口出生率的迅速下降，中国已经提前进入老龄化社会。……
【背景．约束 C 变化了】

D2. 人口老龄化迅速发展导致的经济社会问题日益显现。……
那么在面临如此严重的养老金收支压力下，我们是否应提高养老金
社会统筹缴费率或降低养老金待遇以缓解这一状况？【约束变化带
来痛点——重要性】

D3. 显然，提高社会统筹缴费率或降低养老金待遇都可以一定
程度上缓解养老金收支压力。【可能的解决办法】

D4. 虽然多数学者不赞成提高社会统筹缴费率，但是对此问题
进行全面、系统研究的文献却很少。【文献缺口与本文贡献】

D5. 本文在'统账结合'的养老保险制度下，在 OLG 模型框
架内，从经济学福利最大化的角度考察了是否应提高养老金社会统
筹缴费率的问题。【本文做了什么或发现了什么】

在连起来读段首句的时候，D2 和 D3 之间似乎有些不流畅，
这个时候，回到第二段看段尾句（上文 D2 中"……"后面的那句

话）。再次连起来读，就顺畅多了。

第四步，解析段首句标签。

D1 表达的是中国已提前进入老龄化社会。结合标题和摘要解读中的 ABC，已经知道老龄化是本文关键科学问题中的约束 C，所以 D1 的标签是"背景：强调约束变化了"。

D2 表达的是老龄化或约束变化带来的养老金收支压力增大，这是"约束变化带来痛点"，所以研究如何缓解该痛点十分重要。

D3 告诉读者的是缓解该痛点的"可能办法"。

D4 表达的是文献缺口。对于"最优社会统筹缴费率该如何根据人口老龄化进行调整"这个关键科学问题的既有研究不全面、不系统。这显然是作者声称的"文献缺口"，同时，这预示着"本文的核心贡献"就是全面、系统地回答了这个关键科学问题。

D5 告诉读者"本文做了什么或发现了什么"。

显然，D1 和 D2 共同表达了关键科学问题的重要性，老龄化现象的凸显及由此产生的社会统筹缴费率几乎涉及每个人，所以研究的潜在收益群体规模足以支撑本研究的重要性。这一点从标题和摘要中都可以推测出来，因此，如果读者对老龄化和养老金收支压力的细节并不感兴趣，就可以跳过这两个段落。D3 提及降低养老金待遇，但标题和摘要说明这显然不在本文的范畴，读者可以读一下段落中的内容，看看为什么。D4 是文献缺口，并在标签信息中明显告诉读者，本文的创新核心在于"全面、系统"。想要准确评判这篇文章的创新，就需要详细读第四段内容，如果还是不清晰，就可以在文献综述小节继续搜索阅读。D5 的标签信息很宽泛，不好判断段落的具体内容是什么，就需要完整阅读第五段。

第五步，体会作者的论证逻辑。

继续把这些段首句连起来读几遍，并尝试着用自己的话把每个段首句用更简洁的方式说出来，以感受作者的论证逻辑。

方便起见，我把自己简化的结果呈现如下：

中国已提前进入老龄化社会，这会导致养老金收支平衡压力加大。缓解养老金收支压力的一个办法就是提高社会统筹缴费率，但文献很少对此进行系统的研究。本文的主要贡献就是要系统地研究社会统筹缴费率的优化问题。

读者可能发现，这段话与原文的段首句有稍许出入，但并没有脱离原文段首句的核心信息。这样的简化只是为了更清晰地看到作者的论证逻辑和每段话的"标签"特征。

例文 4 Optimising seed portfolios to cope ex ante with risks from bad weather: evidence from a recent maize farmer survey in China. (Bai et al.. Austrilian Journal of Agricultural and Resource Economics, 2014.).

第一步，看引言长短。这篇文章的引言由五个自然段构成，同时没有专门的文献回顾小节，这基本上意味着能在引言中找到引言三要素。

第二步，读首段。"Agriculture is predicted to be one of the industries most vulnerable to climate change (Rosenzweig and Parry, 1994; Parry et al., 1999). The extent to which agricultural production can be influenced, however, depends not only on the exposure and sensitivity to climate change, but also relies on individual and societal adaptive efforts (Fankhauser et al., 1999; Mendelsohn, 2000; Adger et al., 2003; Kabubo-Mariara, 2009). Therefore, an understanding of farmers' responses to climate change is considered to be a crucial process for designing policy environments for appropriate adaptation and creating societal responses." 显然，作者在本段中基本上给出了全文的基本思路：农业在气候变化面前很脆弱，但遭受影响的大小还要取决于个体和社会是否采取一些适用性行为，因此研究农户的适用性行为

对于制定相应的应对政策和动员社会力量参与很重要。

第三步，判断段落写作风格。当第一段是整体思路时，段落写作风格要从第二、三段进行判断，标准依旧是段落内容与段首句覆盖内容是否一致。从第二段基本可以判断作者遵循了在段落首尾句中体现"标签"和论证逻辑功能的写作风格。因此，可以首先尝试只读段首句和必要的段尾句。

【关键科学问题的重要性】

D2. Recent studies have found a variety of adaption choices being used by farmers to cope with climate change.【文献回顾】

D3. This study is concerned with understanding how Chinese maize farmers cope with anticipated risks resulting from unexpected bad weather by managing their variety portfolio.【关键科学问题】

D4. Relatively little research exists assessing farmers' adaption to climate change in China—a country that uses eight per cent of the world's arable land to feed 22 per cent of the world's population.【文献缺口，在中国研究这个问题的重要价值】

D5. Several studies have examined the factors affecting farmers' choice of seed varieties.......These studies, however, did not take the impacts of climatic factors into consideration.【文献缺口和本文的创新性】

第四步，解析段首句标签。此处省略解析过程。

第五步，体会作者的论证逻辑。把第一段和后面段落中的首尾句连起来读几遍，并尝试着用自己的话来简化，就很容易整体上把握作者的论证逻辑了。下面是我简化后的内容：

农业在气候变化面前是比较脆弱的，研究农户怎么应对，对于缓解气候变化对农业的影响很重要。已有研究发现农户确实会采取一些应对措施。本文试图考察中国的玉米种植户在面对气候变化时，是否会有策略地调整其品种选择，这对于中国这样一个农业资源紧张的国家来说，当然十分重要。此前那些研究气候变化对农业影响的文献并未关注过农户品种选择策略的变化，而那些研究农户品种选择策略的文献也没有关注过气候因素在其中的作用。

不难发现，尽管这篇文章的段落首尾句仍有不少改进空间，但总体上能够提供重要性、创新性的标题功能，也能展现作者的论证逻辑。

例文 5 Quadratic Engel Curves and Consumer Demand. (Banks, James, Richard Blundell, and Arthur Lewbel. The Review of Economics and Statistics, Vol. LXXIX, 1997, No. 4: 527-539)

第一步，看引言长短。除去最后的文章结构段，本文由九个自然段构成。引言后没有专门的文献回顾小节，基本断定关键科学问题的重要性和本文的创新性都能在引言中找到。

第二步，读首段。"Demand models play an important role in the evaluation of indirect tax policy reform. We argue that for many commodities, standard empirical demand models do not provide an accurate picture of observed behavior acrossin come groups. Our aim is to develop a demand model that can match patterns of observed consumer behavior while being consistent with consumer theory and thereby allowing welfare analysis."显然，作者在本段中给出了全文的基本思路，包括第一句话体现的一般意义上需求模型在税收改革评估中的重要性、文献缺口和本文的核心创新。这共同构成了十分简洁的论证逻辑。由此可以预见，引言中其他段落将围绕首段展开。

第三步，判断段落写作风格。从 D2 和 D3 来看，作者总体上遵循在段落首尾句中体现"标签"和论证逻辑功能的写作风格。仔细阅读全文的读者会发现这个判断不像之前几篇文章那么可靠。作者确实在部分段落内容中包含了不少对于理解全文逻辑十分重要的语句，但稍加仔细分析就会发现，段首句的"标签"作用依旧清晰。因此，对段首句的标签解析仍然有用。

第四步，段落首句标签解析。

D1. Demand models play an important role in the evaluation of indirect tax policy reform.【简述整体思路】

D2. The distributional analysis of commodity tax policy requires the accurate specification of both price and income effects. 分析税收政策的分配效应需要准确的价格和收入效应。这句话强调了正确设定价格和收入效应在需求模型中的重要性。【重要性】

D3. Since incomes vary considerably across individuals and income elasti cities vary across goods, the income effect for individuals at different points in the income distribution must be fully captured in order for a demand model to predict responses to tax reform usefully. 收入和收入弹性在不同的群体和时点上变化大，所以需要在需求模型中准确刻画。这句话聚焦在收入上，继续强调准确刻画收入效应的重要性。【重要性】

D4. For many commodities, however, there is increasing evidence that the Working-Leser form underlying theses pecifications does not provide an accurate picture of individual behavior. 很多证据表明之前的（常用的）W-L 模型并不能准确地反映收入效应的文献不足。【文献缺口】

D5. We derive a new class of demand systems that have login come as the leading term in an expenditure share model and additional higher order income terms. 本文提出了一个支出占比的需求系统模型，其中不仅包括了（传统需求模型中）的收入对数形式，还包含了一个收入的更高阶项（也就是什么从标题和摘要中已经知道的 quadratic item）。【本文的贡献】

D6. Using data from the U.K. Family Expenditure Survey(FES), under a variety of alternative parametric and nonparametric estimation techniques, we are able to strongly reject the Working-Leser form for some commodities, while for others, in particular food, Engel curves do look very close to being linear in log income. 用实证数据和一些参数、非参数方法研究的结果表明，前面提到的 W-L 模型并不是在所有商品上都有问题，只是在部分商品上如此，暗示本文的模型只是比 WL 模型更具有灵活性。【文献缺口细化和本文贡献】

D7. It is interesting to note that Rothbarth and Engel equivalence scales of the sort discussed in Deaton and Muellbauer(1986) implicitly assume that Engel curves are monotonic inutility, and hence in total expenditures. 文献中类似模型存在的问题。【文献缺口】

D8. Having established the Engel curve behavior, a complete demand model is estimated on a pooled FES data set using data from 1970 to 1986. 【本文实证检验内容】

D9. More specifically, let x equal denated income, that is, income divided by a price index. One convenient feature ofthe AI model is that the coefficients of ln$x$ in the budget share equations are constants.（把本文的模型）与 AI 模型相比较，强化本文提出的模型的不同。【具体创新点体现】

第五步，体会作者的论证逻辑。把段首句简化后反复读数遍，加上段首句中作者对文章思路的简述，我们期待从引言中得到的引言三要素还是十分清晰的。

2. 小结

读者可能已经注意到，上面举的几个例子尽管各有不同，但整体上都具有比较明确的写作风格。读之前，从整体上把握住这种风格，就可以以更恰当的方式进行阅读。

举例中，我把整个过程详细地拆分成了五步，这样做的目的只是为了把引言研读过程交待得更加清晰。经过一些训练，读者就会熟练掌握这个方法。等到那个时候，就可以更加灵活地运用这五步，比如，前三步可以快速进行，第四步和第五步完全可以同时进行。

有兴趣的读者可以找来更多期刊文献进行练习，并认真体会本节介绍的方法，尤其是要认真体会段落首尾句的标签作用和论证逻辑。在完成了段落首尾句的标签识别后，反反复复地读这些段落首尾句，并用口语化的方式对段落首尾句进行反复简化，直到不看文章就能重述作者的论证逻辑。必要的时候，读者可以把原文的段落顺序进行适当调整，以使得这个过程更加清晰、易懂。在这个过程中，读者甚至还可以在原段落首尾句的基础上，补充一些并未明确出现，但可以安全地引申出来的信息。

这个过程中，读者还可以闭上眼睛，试着用自己的话把段落首尾句复述出来。反复练习数遍，直到可以轻松复述，引言的"势"就自现了；否则，读者完全可以大胆质疑这篇文章引言写作有所欠缺。

这样的训练不仅对于提高引言研读的效率特别重要，更重要的是，还可以培养和提升我们写文章引言时的思维与论证逻辑。如果你之前在写引言时，不知道该怎么在段落间进行有机的衔接，就更能从这样的练习中获益。

当然，我们也看到很多相当不错的研究，其文章的引言并不符合我们上面讨论的这些写作习惯。即使在顶级的中外文期刊上，这样的文章也时而有之。从一方面来讲，这或许是件好事，说明经济学学术界更看重研究本身的贡献，而不那么在意写作的常规。但从另一方面来说，那些段落结构和段落内容构成不符合上述写作风格的文章，确实在很多时候给读者一种难以抓住段落重点的感觉。这就迫使读者不得不认认真真读完每句话，并试图从中"替作者"找出其主线或论证逻辑。这不仅使得段落首句失去引领性的"标签"作用，也违背了科技论文写作要服务于科技成果高效传播的基本原则。

二、结论解析

结论是对本文的主要发现的总结式陈述及其应用的讨论，同时，很多作者还会在结论中讨论本文仍旧面临的不足和未来研究方向。

按照递推法，由于主要发现在前面的标题、摘要或引言中已经知晓，因此，结论部分的研读重心就要放在那些之前研读内容中没有出现过的信息上，也就是主要结果的应用价值。如果文章的结论包含研究不足和未来方向的讨论，读者一定要给予足够的重视，这对于更加准确地理解本文的研究发现与应用价值十分有益，也可以帮助读者更好地看到尚存的文献缺口，从而有可能找到很好的选题，这本身也是文献研读的核心目标之一。

结论部分研读完之后，除了对研究过程和结果解释部分尚不清楚之外，读者已经完全了解本文的核心信息了。这时，读者就可以像作者一样讲出本文的故事。除非对论证过程中的理论、材料、方法和逻辑有质疑或者想参考学习，对这篇文章的研读就结束了。

这个时候，回过头来对研读过的内容进行总结是十分有益的。下一章解析整篇文章时，将对这一点进行讨论。

下面，我继续结合例文与大家分享结论部分的研读。为了方便读者学习，我依旧先把每个例子的结论部分抄录出来。

例文 1　Does attending elite colleges pay in China? (Li et al., Journal of Comparative Economics, 2012, 40, pp.78-88)

结论抄录

In this paper, we investigate whether students attending elite colleges are afforded more compensation in the labor market using a newly collected sample of college graduates in China. The baseline results show that students graduating from elite colleges enjoy a wage premium of 26.4%, but that this premium declines to 10.7% after we hold student abilities, major, college locations, individual characteristics, and family background constant. We also find that female students and students with better-educated fathers gain more advantage by attending elite colleges.

We also examine what elite colleges can offer to students, and find that elite college students have more favorable human capital attributes, particularly higher English scores. Finally, after we control for the human capital attribute and other variables representing students' experiences accumulated in colleges, the estimated wage premium becomes very small and insignificant, indicating that the human capital and experiences accumulated in elite colleges can explain most of the remaining wage premium.

Since the late 1990s, China began to expand its higher education system, with college enrollment increasing by 293% from 1999 to 2009. Anecdotal evidence suggests that the overall return to college education has declined in the past decade, although there is little systematic empirical evidence to confirm this observation. The overall return to college education may have dropped; nevertheless, we find that the return to attending an elite college is reasonably high even after we control for ability and family background. That the return is a result of the human capital attributes obtained in elite colleges further confirms that attending an elite college is a worthwhile investment. The high return to attending elite colleges serves as one justification for the huge investment that the Chinese government infuses into these colleges, as well as the time and money spent by parents in preparing their children for the CEE. Note that the elite-college premium is likely to rise with job market experience, an issue that we will address in our follow-up surveys.

结论解析

这篇文章的结论由三段构成，其中第一段中的主要结果与摘要中完全一致，第二段的主要结果也在摘要中，同时几乎完全是引言第五段的复述，因此，并不需要花费更多时间研读。

结论的第三段中，作者试图把本文的发现与中国政府在高等教育上的投入以及广大家庭对子女教育的投入联系起来，以告诉政府和公众，这种有关子女教育投资的行为决策，起码对于那些能上知名高校的学生来说，回报还是很不错的。这显然是研究发现的应用。但请注意了，如果这个结果只是讲给那些已经上过或正在上知名高校的学生及其家长，这个研究的价值就只能停留在给这些人一些安慰，使其不后悔自己上知名高校的选择。显然，正如我们之前讨论过的那样，对诸如受教育这样的个人行为来说，因为决策者往往在看到结果时已经不能重新优化自己的行为了，所以这类研究更重要的价值在于为哪些尚未做此决策的学生和家长使用，才能通过经济学研究实现优化资源配置的根本目标。

第三段的最后，作者还指出了一个未来的研究方向——Note that the elite-college premium is likely to rise with job market experience, an issue that we will address in our follow-up surveys。但仔细推敲，读者可能会怀疑，那是不是意味着，在本文中，如果作者控制了著名高校的毕业生在求职就业过程中获得的经历，在本文中观察到的"wage premium"会不会不存在了？对于这一点，作者没有展开，但想要对本文的结果进行更深入推敲的读者，可以通读全文来一探究竟。

例文 2　人口老龄化与最优养老金缴费率（康传坤，楚天舒，《世界经济》，2014 年，第 5 期）

结论抄录

"本文在一般均衡 OLG 模型框架内测算了人口老龄化背景下

的最优社会统筹缴费率，并考察了人口预期寿命提高和人口增长率降低对最优缴费率的影响。测算结果显示，在合理的人口统计特征及参数设定下，最优社会统筹缴费率随着预期寿命延长而提高，但是随着人口增长率的下降而下降。这两种相反作用使得在不同人口预期寿命和增长率环境下的最优社会统筹缴费率的变动区间为 10.22% ~ 19.04%。在不考虑老龄化的当前人口统计特征下，最优的社会统筹缴费率为 13.54%，明显低于目前 20% 的社会统筹缴费率。但是考虑到老龄化因素后，两种因素的同时变化最终使最优社会统筹缴费率提高到 15.92%，仍低于目前 20% 的社会统筹缴费率。不过，应注意到随着退休年龄的推迟，社会统筹缴费率呈现出下降的趋势。除了受到人口老龄化和退休年龄的影响外，最优社会统筹缴费率还会受物质资本产出弹性 α、个人效用贴现率 β、社会折现因子 ρ 及资本折旧率 δ 的影响。因此，最优社会统筹缴费率这一指标还不足以作为决策者做出是否提高社会统筹缴费率决策的依据。

那么，假如政府为了解决养老金收支压力问题而做出提高社会统筹缴费率的决策，将会对经济系统中各变量产生什么影响？本文进一步考察了给定目前人口预期寿命、增长率及退休年龄的情况下，提高社会统筹缴费率对经济系统中各变量的影响。模拟结果表明，在合理的参数设定下提高社会统筹缴费率降低了稳态劳均资本存量、单位工资、私人储蓄、年轻期消费及一生效用。但是，提高社会统筹缴费率增加了资本的回报率及社会统筹账户养老金收入水平。另外，提高社会统筹缴费率使得老年人消费呈现先提高后下降的趋势。从动态影响来看，老龄化降低了转移路径上的老年期消费和养老金水平。

上面所得结果具有明确的政策含义。如果政府仅从社会福利最大化角度决定是否应提高社会统筹缴费率，我们的结果显示不应提高社会统筹缴费率；如果政府想要增加社会统筹账户养老金待遇水平，那么可以通过提高社会统筹缴费率解决；如果政府较为关心年轻人的消费及一生效用，那么提高社会统筹缴费率就不可取；如果政府关心老年人的消费水平，那么提高统筹缴费率存在一个上限；如果政府关心的是产出水平，那么提高社会统筹缴费率也不可取，因为提高社会统筹缴费率降低了产出水平。从动态路径看，要提高统筹养老金和老年期消费水平则需提高缴费率。总之，我们认为目前政府不宜轻易提高社会统筹缴费率，即使要提高社会统筹缴费率也要针对不同情况充分权衡各方面利弊。

当然，以上所有结论成立与否和政策的有效性如何还取决于人口统计特征和其他参数的合理设定。就人口统计参数来说，因为本文采用的是两期 OLG 模型，所以就难以很好地刻画现实人口变动特征。而参数 α 和 β 的取值也因文中提到的原因而受到一定限制。不过，这些都是非常值得深入思考的问题，也是我们在后续研究中要着力解决的问题。

结论解析

显然，这篇文章的结论部分包含了预期的所有内容。

前两段是对本文主要结果的总结。如果读者把这两段内容和本文的摘要进行比较，就很容易发现，这两段提供的结果信息更为详细，但核心结果与摘要完全一致；第三段显然是基于这些发现的应用。不难看出，本文的目标听众是政府。这与我们一开始的预期完全一致。最后一段中，作者没有用"不足"一词，但显然讨论的内容有助于读者更准确地理解本文的结果。

这些参数会怎么影响核心结果呢？会不会动摇到上面的基本结论呢？关于这些，作者并没有进一步展开讨论，只是指出，受条件限制未能在本文进行讨论。这样，有兴趣的读者就可以继续在这条路上进行探索，从而有可能推动研究不断向前。

例文 3　鸡生蛋，蛋生鸡：农户摆脱贫困的家庭自融资模式研究（此文系本书作者模仿经济学期刊上发表文章虚构）

结论抄录

本文扩展了传统的农户生产模型，构建一个家庭跨期决策模型，同时纳入了农户购销蛋鸡、鸡蛋和建设鸡舍三者之间的互动机制，刻画了一种具有中国特色的三因素互动式农村家庭自融资和经济发展模式。在此基础上，本文利用 2000—2008 年的微观农户调研面板数据，验证了该模式的存在性。结果表明，农户通过出售一部分蛋鸡，不仅能够扩大鸡舍规模，改善蛋鸡与鸡蛋的品质，还能通过购买一定的鸡蛋进行孵化或直接购买鸡苗实现蛋鸡规模的迅速恢复和扩张，进而有更多的蛋鸡可以被出售，为扩大再生产进一步提供资金，从而使得家庭摆脱经营流动性的约束，获得了一个稳定生产规模扩展和家庭经济增长。本文的理论与实证模型还一致表明，农户通过主动调节每期的蛋鸡和鸡蛋购销比例，可以不断优化生产规模扩张和家庭经济增长的路径与效率。

根据上述结论，本文得出以下政策启示：第一，农户在生产经营中普遍存在融资难问题，在贫困农户中，该现象更为普遍，因此，帮助农户脱贫致富，就必须十分关注他们的融资难问题。第二，在农户通过自融资实现生产规模扩张的同时，将不可避免地出现鸡蛋与蛋鸡销售难的问题，对此，政府应建立和完善有助于农产品销售的长效金融扶持政策，帮助农户更好的摆脱贫困，走向富裕。第三，贫困农户要更加积极地学习并科学掌握蛋鸡与鸡蛋的产销比，从而可以实现更快速的规模扩张与家庭经济增长。

结论解析

这篇文章的结论由两段组织：第一段是对文章主要研究结果的总结，基本与我们从摘要中已知信息一致，没有明显包含在摘要中未体现的信息，所以不需要花太多时间研读。

第二段的段首句清晰地表明这一段讲述主要研究结果的三点应

用。但稍加仔细判断，不难看出，这三点应用存在较为明显的与研究结果脱节的问题。在第一条应用中，作者写道："农户在生产经营中普遍存在融资难问题，在贫困农户中，该现象更为普遍"。这显然是本文最开始的选题依据，而非研究结果的应用。换言之，这句话所传达的信息本来就是在关键科学问题回答前就已知的，并非本文的新发现，否则支撑本研究的基本动机就不存在了。"因此，帮助农户脱贫致富，就必须十分关注他们的融资难问题。"这个启示至少存在两个问题：一是不知道目标听众是谁，二是这篇文章的研究结果并没有包括这样一条——融资难是农户无法脱贫致富的根本制约。

第二条启示也存在与结果脱节的问题。首先，"不可避免地出现鸡蛋和蛋鸡销售难的问题"，并不是从本文的研究结果中得来的，而是作者基于"农户扩大规模"的推断。这个推测并不一定成立，其前提最少是一部分人扩大规模的时候，其他人没有缩减规模，总需求也没有相应增大。因此，从"农户扩大规模"并不能可靠地推断出"不可避免地出现销售难"的结论；其次，"对此，政府应建立和完善有助于农产品销售的长效金融扶持政策，帮助农户更好的摆脱贫困，走向富裕"。虽然这句话有明确的目标听众，但这句话同样不是来自本文的研究结果，全文并没有证明政府建立农产品销售的长效金融扶持政策能够帮助农户解决销售难的问题，更没有证明这就能帮助农户摆脱贫困、走向富裕。

第三条，这个启示的目标听众是明确的——农户，并且与本文的一条研究结果直接相关——农户通过主动调节每期的蛋鸡和鸡蛋购销比例，可以不断优化生产规模扩张和家庭经济增长的路径与效率。但是，和这条结果一样，作者假定了农户决定自家购销比的行为是不理性的。之所以得出这样的结论，大概率是因为研究人员不知道农户面临的其他约束。

这篇文章的结论并没有讨论本研究仍旧存在的不足和未来研究方向。

三、单篇文章完整解析

例文：刘子兰、刘辉、杨汝岱．最低工资制度对企业社会保险参保积极性的影响——基于中国工业企业数据库的分析 [J]．经济学（季刊），19（4），2020．

第一步：读标题

当拿到这篇文章后，我们首先采用之前的办法，盯着标题看 1~2 分钟，并试着问自己下面这些问题：

（1）如何解析 ABC？

这相当于问，本文回答的科学问题是一个经济学问题吗？我们已经知道，一个经济学问题必定要有行为主体（A）、主体行为（B）或行为结果（$B's$）及主体做出该行为时所面临的约束（C）。

依据这个范式，我们来审视一下这个标题。不难看出，主体是企业，也就是经济学上的生产者，这样 A 就有了。事实上，在这个例子中，主体是企业这一点从正副标题中都能"推测"出来。在现代西方经济学的体系下，这会让我不自觉地想到：如果本文建立理论模型，将大概率基于利润最大化的目标函数建立。

企业的行为 B 是什么呢？标题中，除了企业外，还有三个关键词，"最低工资制度""社会保险参保"和"积极性"，显然，参加社会保险是企业可以决定的行为。尽管不给员工缴纳社会保险可能违背现行法律，但企业毕竟是这个行为的决策者，如果一定违法，企业也是决定在交保险这个问题上要不要违法的决策者。这样 B 就有了。标题中"积极性"只是对企业参保行为状态的刻画，参保多就积极，少就不积极，因此，"积极性"本身不是一个行为或行为结果。最低工资制度的决策主体不是企业，而是政府，因此，制定最低工资制度显然不是主体企业的行为。

该行为决策面临什么约束呢？在现实中，这些约束当然有很多，但我能从标题中读出来的可能约束是"最低工资制度"。如上所述，一般而言，最低工资制度的出台不是企业可以决定的，但一旦出台，就会作用于企业，从法律上要求企业遵循其中的最低工资规定。因此，最低工资制度基本上就是企业行为的约束。

尽管具有一定的"推测"成分，但可以暂时这样认定 ABC，之后再进行确认。至此，也就基本可以判断本文属于经典的经济学研究。

（2）这篇文章的关键科学问题是什么？

按照第三章的 C2B 科学问题提出方法，就可以"推测"出，这篇文章要回答的关键科学问题是：最低工资制度（C）是否会影响企业（A）参加社会保险（的积极性）？

（3）本文所属研究类型是什么？

从副标题来看，这篇文章基本上不会是方法类的。在改造型和揭示型之中，它更可能是哪一类呢？如果是改造型，那就意味着企业（给员工）参保率低是个能被意识到的现实痛点，研究的目标是找到改造该痛点的办法，也就是增加、取消或改造最低工资制度。可以吗？大概率不可以。最低工资制度的首要目标并不是提高企业给员工参保的积极性，而是保障员工的最低收入，是一种基本的就业权益保障。因此，即便研究发现最低工资制度导致企业（给员工）参保积极性下降，也不能简单地取消最低工资制度。那就只能修订最低工资制度，这就意味着，当前最低工资制度中的某个条款或规定（比如，最低标准或最低标准的区域差异）可能会导致企业消极参保。

会是这样吗？我们不妨反过来问，若果真如此，研究人员就必须在本文中证明最低工资的某个条款或规定会导致企业消费参保。那样的话，本文的关键科学问题就不再是"最低工资制度（C）是否会影响企业（A）参加社会保险（的积极性）？"，而是"最低工资制度中的最低标准（或区域差异）是否会影响企业（A）参加社会保险（的积极性）？"。但我们并不能从标题中读出这样的信息。因此，通过取消或改造最低工资制度提高企业参保社会保险积极性似乎不容易说得通。这样，本文大概率不是改造型。

此外，最低工资制度作为员工的一种基本就业福利保障，本身并非痛点，但这不能排除这一制度可能带来非政策目标方面的负面影响，从而出现令人担忧的痛点。从标题中，我能读出的是，这一制度可能会导致企业参保社会保险的积极性下降。这就是说，这篇文章大概率是揭示"最低工资制度"可能带来的痛点——企业参保积极性下降。因此，这篇文章属于揭示型显然更为恰当。至于本文能不能同时给出一些改造痛点的建议与相应的证据，从标题中还不得而知。

（4）研究可能涉及的现实痛点是什么？

从第三章的讨论中，我们已经知道，经济学研究中的痛点主要表现在主体的行为或行为之结果上，因此，这篇文章涉及的痛点大概率就是企业（给员工）参保社会保险的积极性不高。这在字面上起码意味着员工的福利保障可能会受损这样令人不舒服、不和谐的结果。至于这一点是不是一定如此，也未可知，或许企业给员工缴纳社会保险还可能会减少短期员工的可支配收入而降低其保障水平。但此刻这一点并不重要，如果怀疑，留在后面的内容中确认即可。

（5）关键科学问题的答案是什么？

表面上，这个好像看不出来。那我们稍仔细想一想，我们刚"推测"本文属于揭示型，这就是说，作者在本文中大概率想要证明："最低工资制度"可能导致企业参保积极性下降，而不是相反。

如果最低工资制度提高了企业参保积极性，那么单从提高员工社保的角度来说，这个结果是我们乐见其成的，痛点就不复存在了。因此，除非在本文之前，有很多人认为最低工资制度导致企业参保积极性下降，而本文作者有充分的理由不认可这个结论，所以启动了这项研究。否则，就没有开展本研究的必要了。

这么一想，这篇文章大概率给出的答案就是：最低工资制度会导致企业参保积极性下降。用计量语言说，就是影响显著为负，但从标题中读不出影响有多大。

（6）主要发现的应用价值是什么？

最低工资是为了保障员工福利，但如果企业通过不缴纳或少缴纳员工社保来规避，就会削弱最低工资制度的保障效果。因此，就要设法在执行最低工资制度的同时，采取其他措施避免企业采取制度性规避行为。

（7）关键科学问题的重要性如何？

在第二章第四节讨论中，我们已经知道，关键科学问题的重要性取决于涉及的潜在收益群体规模、收益幅度和紧迫度。收益的人越多、收益幅度越大、改造痛点的紧迫性越强，则痛点越痛，反之亦然。对于这个标题来说，判断痛不痛，就需要知道多少员工的社会保险可能受到影响，在得到答案前，判断的依据有以下三个问题：中国工业企业员工总数有多少？有多少员工没有参加社会保险？有多少员工参加社保了，但缴纳额度不足？这三个问题答案中的数据越大，则痛点就越痛。但从标题中，我们并不能直接读不出这样的信息，可以保留着，但可以预见的是，在中国基本上不用担心收益群体太小的问题，哪怕只有很小比例的工业企业因为最低工资制度的执行，降低了给员工的参保率，其影响到的群体规模也相当巨大。

（8）这篇文章可能的创新性是什么？

标题并没有直接说"本文的创新点是什么"，但假定作者在标题中或多或少体现了创新性，我们就可以大胆地进行一些"推测"。有四种可能：

一是，首次考察最低工资制度可能影响企业参保积极性。这意味着，之前的文献有可能研究过最低工资制度给企业带来的其他不利影响，但没有发现过它对参保社会保险积极性的影响；之前也可能有研究讨论过企业（给员工）参保行为的影响因素，但也没有考察过最低工资制度的影响。

二是，首次采用中国数据回答上述关键科学问题。这意味着，上述关键科学问题曾被人用其他国家的数据回答过，但作者有充分理由相信，用其他国家的数据得到的结果不能代表中国的情况，文献中的结果与采用中国的数据得到的结果可能不一样，所以有继续用中国数据回答该科学问题的必要性。这样，首次利用中国数据回答此科学问题，就可能是本文的另外一个创新性点。

三是，首次采用工业企业数据回答上述关键科学问题。这个思考逻辑和前面的"中国数据"是一样的，即文献中可能用其他产业的数据回答过这个关键科学问题，比如用农业企业、服务业企业数据等，但没有人用过中国工业企业的数据，且作者有理由相信用其他产业数据研究得到的结果不能代表工业企业的结果。

对于第二、三种可能的创新点，如果作者不能给出任何一点中国与其他国家，或工业与其他产业的区别，就意味着我们可以把文献中既有结果直接（不受怀疑）地应用到中国、应用到工业企业上，那样，本文研究的贡献就会打折。

此外，上面三个可能的创新的并集或交集也都可能是本文的创新，其中的思维逻辑与上面类似，不再赘述。

四是，没有体现在标题中的其他创新。上面三种"推测"的创新性都是假定作者在标题体现了创新性，如果根本没有体现在标题中呢？有没有这种可能？当然有，但可能性不大。

我继续"替"作者想想，如果这篇文章的核心创新在于作者建立一个全新的理论模型或实证模型估计方法来回答这个关键科学问题，作者会不会很有动力把这个全新的模型或模型估计方法体现在题目中呢？比如，把现在的副标题改成"来自 alpha 模型的证据"。这并不会让我们明显损失之前从标题中"推测"出来的信息量，如果有损失，也仅仅损失的是"中国工业"，作者完全可以把这四个字加到正标题中，从而形成一个新标题——"最低工资制度对中国工业企业社会保险参保积极性的影响——来自 alpha 模型的证据"。如果文章真实的创新是首次利用 alpha 模型回答此关键科学问题，这个新标题是不是比原来的标题更加信息丰富？显然是的。现在，作者没有这样做，那么就是说，采用 alpha 模型大概率并非本文的创新点。

同理，我可以认为其他主要的创新可能性都不大，比如估计方法创新、回答了关键科学问题的影响机制、异质性等从属问题等。

（9）还能从标题中"推测"出其他信息吗？

没有可以比较轻易地"推测"出的信息了。

现在，总结一下我们从标题中"推测"出了哪些信息：

● 主体：企业（生产者）。

● 行为：（为员工）缴纳社会保险。

● 约束：最低工资制度。

● 是否为经济学问题？是。

● 关键科学问题：最低工资制度会影响中国工业企业缴纳社会保险（积极性）吗？

● 答案：会降低企业缴纳社会保险积极性。

● 研究所属类型？揭示型。

● 涉及的痛点是什么？企业（为员工）参保积极性低。

● 关键科学问题的重要性如何？标题看不出来，但基本上可以根据中国的人口基数肯定其重要性。

● 也能改造痛点吗？尚不清楚。

● 创新点：有四种可能。

信息量是不是十分丰富？显然是的。当然，几乎所有信息都来自对标题的解读或"推测"，尽管这些解读和"推测"都没有偏离标题自有信息，且具有一定的逻辑合理性。这就需要我们在文章的摘要和其他内容中进行确认和修正。

　　读者可能已经注意到，在这一步读标题的时候，我问到了一些在之前章节分块解析标题时并没有问的问题，主要包括：主要发现的应用价值是什么？关键科学问题的重要性如何？按照之前的讨论，要在摘要、引言或结论中才会关注这两个问题。我之所以这样做，正是想强调，上一章讨论中针对不同板块间的问题，只是一种常用的"套路"，但一旦清楚地知道了抓住文章梗概和核心故事所需要的关键信息后，这些"套路"就可以更加灵活地应用，而不必被"套路"套住。如果我们能从标题中就得到所有我们想知道的关于本文的信息，为什么不呢？

第二步：读摘要。

　　原文摘要抄录如下：

　　基于 2003—2007 年的制造业企业和地级市最低工资、社保政策缴费率的匹配数据，本文考察了最低工资制度对企业社会保险参保积极性的影响。研究表明，最低工资制度会通过成本效应和替代效应来影响企业参保行为，最低工资标准的提高显著降低了企业社会保险缴费率，损害了其参保积极性。进一步分析发现，最低工资标准对企业参保积极性的影响与所在城市的社保政策缴费率和流动人口比例有关，同时也与当地最低工资和社保政策的监督强度有关。

　　拿到摘要，先认真读两遍，然后问自己下列问题：

　　（1）摘要包含的信息能帮助我们确认哪些从标题中"推测"出来的信息？

　　不妨用上面总结的信息逐个检查，确认的在后面的【】中打"√"，存疑的打"？"，需要修改的，打"×"，并在"×"后面修改，没有包括的信息写"NA"，结果如下：

- 主体：企业（生产者）。【√】
- 行为：（为员工）缴纳社会保险。【√】
- 约束：最低工资制度。【√】

- 是否是经济学问题？是。【√】
- 关键科学问题：最低工资制度会影响中国工业企业缴纳社会保险（积极性）吗？【√】
- 答案：会降低企业缴纳社会保险积极性。【√】
- 涉及的痛点是什么？企业（为员工）参保积极性低。【√】
- 关键科学问题的重要性？看不出，但基本可以确定。【？】
- 研究所属类型：揭示型。【√】
- 能改造痛点吗？尚不清楚。【×】（能，加强最低工资与社保政策的监督强度。）
- 创新点：有四种可能。【NA】

显然，从摘要中我们已经能确认很多"推测"或"尚不清楚"的信息，包括 ABC 的经济学范式、关键科学问题及其答案。我们也确认了这篇文章揭示出一个痛点，同时还能提出一些改造痛点的办法，比如加强最低工资与社保政策的监督强度。但我们也有一些信息不能确认，这包括：关键科学问题的重要性和本文的创新点。

（2）摘要中预期该包括的必要组件都有吗？

除了上述已经确认的信息外，摘要还提供了本文的核心数据——2003—2007 年的制造业企业和地级市最低工资、社保政策缴费率的匹配数据。这一点与关键科学问题、相应答案，共同构成了摘要三要件。摘要中并没有直接讲研究方法，因而方法一定不是本文的创新点。

（3）摘要还提供了哪些非必要但常见组件吗？

上一节我们说，摘要通常包括四个非必备但常见的组件——痛点、创新性、主要发现的应用、其他重要科学问题及其答案。其中痛点已确认与标题提取信息一致，创新性仍停留在"推测"状态。

摘要中还提供的其他重要科学问题和部分答案，都包含在"进一步分析发现，最低工资标准对企业参保积极性的影响与所在城市的社保政策缴费率和流动人口比例有关，同时也与当地最低工资和社保政策的监督强度有关"这句话中，其中包括了四个科学问题。如果用待检验假说的方式表示，可以写出：

$$H_0 \frac{\partial^2 \text{参保积极性}}{\partial \text{最低工资标准} \, \partial \text{所在城市社保缴费率}} = 0$$

$$H_0 \frac{\partial^2 \text{参保积极性}}{\partial \text{最低工资标准} \, \partial \text{流动人口比例}} = 0$$

$$H_0 \frac{\partial^2 \text{参保积极性}}{\partial \text{最低工资标准} \, \partial \text{最低工资监督强度}} = 0$$

$$H_0 \frac{\partial^2 \text{参保积极性}}{\partial \text{最低工资标准} \, \partial \text{社保监督强度}} = 0$$

其中第一个对应的科学问题就是：最低工资标准对企业参保积极性的影响是否会受到企业所在城市社保缴费率的影响？其他类似。

读者可能已经意识到，这其实就是关键科学问题的异质性分析。

主要发现的应用：作者在摘要中也没有直接说明，但是我们根据本研究所属类型可以"推测"，这项研究的主要发现最少可能有两方面应用：

一是，对于政策制定者来说，这项研究的结果意味着最低工资制度产生了一些非预期的不良后果，需要引起足够的重视；同时，异质性分析结果给出了一些缓解该不良后果的方法，比如，通过调节对最低工资和/或社保缴纳的监督力度等。

二是，对于科研人员来说，这项研究揭示了最低工资制度带来的一项非（政策制定者）预期的新痛点，值得研究。虽然本文作者已经提供了一些可能的办法，但是不是最优的应对策略，起码从摘要中看不出来。这就可能值得学术界围绕着这个新的痛点开展深入的研究。

（4）摘要还包含了哪些在标题中未体现或"推测"到的信息？

包括如下信息：

● 把标题中的工业企业进一步聚焦到制造业企业上，虽然范畴缩小，但是没有改变其本质上的微观生产者主体，所以不影响我们目前抽取到的一切信息；

- 最低工资制度在研究中用地级市的最低工资标准进行测度，这讲的显然是关键变量的测度。关于这一点，如果读者想要了解更多，可以到正文中的方法部分精准搜索。
- 摘要中提到"最低工资制度会通过成本效应和替代效应来影响企业参保行为"。尽管在摘要中没有解释什么是成本效应和替代效应，但这显然是关于作用机制的。如果有一定常识或经济学知识，可以进行一些"推测"，反之则可以在后续内容中继续了解。

简要总结一下，读完摘要后，我们确认了很多标题中"推测"的信息，但仍有几个对于理解一篇文章来说十分重要的信息尚不清楚或不够清楚，这包括：

- 关键科学问题的重要性？推测是肯定的，但没有直接证据。
- 创新点：尚不清晰。
- 作用机制：部分了解——成本效应和替代效应，但尚不清晰。
- 其他重要科学问题的答案：尚不清晰。

这样，我们就可以带着尚存的疑问到引言和结论中搜索答案。

Box 6-1 一分钟故事

在读引言前，我们可以先试着判断从标题和摘要中抽取的信息是否已经足以让我们概括这篇文章讲述的故事。邀请读者用一分钟做一下尝试。可以现在合上书，闭上眼睛，试着口述一下这篇文章讲述的故事。

下面是我"推测"的一分钟故事：

为了提高企业员工的福利，国家出台了最低工资制度，明确要求企业付给员工的工资不得低于某个标准。但这样做，雇人的企业就不开心，因为这会增加其雇人成本，企业挣的钱就可能少了。企业会怎么做呢？可能会想办法从其他地方省下来一些钱，比如不再给员工缴社保或降低社保缴纳标准。这篇文章研究了中国工业企业的数据，发现企业确实会这么做，尽管在不同的场景下可能略有不同。这就意味着，本来国家想要通过最低工资制度保障员工的福利，但因为企业可以轻易规避，所以就很难达到预期的目标了。这一点需要引起政府的高度重视，加强对最低工资制度和社保缴费的监管就可能是个好办法。

你重述的故事和我的差不多吗？

第三步：读引言

比较仍存的疑问和之前讨论的引言要件，不难看出，我们最期待在引言中搜寻的是关键科学问题的重要性和本文的创新性。其他的关键信息基本上已经知道了。

如果不包括引导段，本文的引言只有三段，而且之后有单独的文献综述，这种情况下，最好通读引言；可能需要结合文献综述才能抓住研究的创新性。此外，引言的第一段基本呈现了作者的基本论证逻辑，这和我们前面从标题和摘要中提取的故事完全一致。下面我们聚焦在确认重要性和创新性上。

（1）本研究的重要性

引言第二段的段首句"另一方面，我国城镇职工社会保险目前仍面临职工参保率较低和逃费严重的问题"告诉我们，作者会在这段给出判断本文关键科学问题重要性的三点证据：一是，2016 年（全国）城镇就业人员中有 30% 为参加养老保险，50% 未参加医疗保险；二是，《中国企业社保白皮书 2017》显示，2017 年（中国）社保缴费基数完全合规的企业仅占（全部企业的）24.1%，且该指标从 2015 年开始就不断下滑；三是，2011 年郑州市社保稽查发现高达 92% 的用人单位存在应保未保、少报缴费工资基数等违反社保法律法规的行为。

通过这些信息，再考虑中国巨大的就业人员基数，我们完全可以确认，本研究拟回答的关键科学问题或待揭示的痛点，涉及的潜在收益人数量巨大。本研究的重要性也因此得以确认。[①]

（2）"推测"的创新性点如何？

在引言的第二段后半部分，我们读到"从有关企业社保参保行为的文献来看，既有的研究多注重于观察社保政策本身对企业参保程度的影响，而忽略了最低工资制度等外生劳动力成本冲击的潜在影响"。这句话十分明确地指出：之前有研究讨论过企业参保行为的影响因素，但没有考察过最低工资制度对企业参保的影响。这就指出了一个重要的文献缺口——之前有关企业参保行为的研究没有考察过最低工资制度对其影响。

这样，我们前"推测"的第一个可能的创新点——首次考察最低工资制度可能对企业参保积极性的影响——就基本上可以确定了。当然，是否从来没有关于这一点的文献研究呢？除非读者自己延伸搜索和阅读，从引言中是无法直接看出来的。我们能看到的只是"从有关企业社保参保行为的文献来看，既有的研究多注重于观察社保政策本身对企业参保程度的影响，而忽略了最低工资制度等外生劳动力成本冲击的潜在影响"这句话。因此，只要本文作者能够确认这句话成立，那么我们基于此"推测"的创新点就是成立的。这也是为什么科技论文写作必须做到表述严谨、信息准确的根本原因。

继续往下读，第三段的首句为"相较于已有研究，本文的贡献在于如下几方面：……"。这就告诉我们，这一整段都会讨论本文的创新点。简要概括如下：第一，数据方面，收集并合并了地级市

---

① 事实上，中国的巨大人口基数使得很多应用经济学问题都变得更加重要，因为任何对个体决策者的哪怕只是微小的影响，在总量上都会十分可观。这显然是研究中国经济问题的一大福利。

层面的最低工资标准和社保政策缴费率，与中国工业企业数据库合并；第二，借助最低工资标准的时间和地区差异和工具变量法解决了关键科学问题中潜在的内生性问题，弥补了已有文献的不足；第三，构建了最低工资和社保制度监管指标，从监管力度和违法成本差异、成本效应和替代效应三方面，探讨了最低工资规则对企业参保行为的影响机制。

这里有两点值得注意：一是，由于最低工资制度是否会导致企业参保积极性下降这个科学问题本身就没有在文献中被回答过，因此这一段讲到的数据创新、处理内生性问题和作用机制研究作为关键科学问题的从属问题，自然是创新点。二是，因为这三个创新点隶属于创新的关键科学问题，所以文献缺口并不需要——对应提出数据方面存在的缺口、内生性问题处理上存在的缺口和影响机制上存在的缺口。除非该关键科学问题在文献中已经被研究过，才有必要指出仍旧存在的数据缺口、内生性问题担忧和影响机制缺失等这样的文献缺口。

这样看来，即便该文章的引言只有短短的三段，我们需要从中提取的两个关键信息——重要性和创新性，就都找到了。

既然如此，如果不是对与本文相关文献感兴趣，那么第二节的文献综述就可以跳过去了。但作为训练，我们还是继续分享这一节的内容。

我们很快就可以意识到，这一节每段的段首句非常有用，可以帮助我们很快确定每段内容的主题。

比如，第一段的一句话写道："现有相关文献主要讨论企业社保逃费行为及最低工资对员工附加福利的影响。"这就是说，关键科学问题中的原因（最低工资制度）和结果（企业社保逃费行为）都已经被研究过，现有文献还研究过后者对员工附加福利的影响。这个附加福利是否包括企业给员工缴纳社会保险，我们暂时还不知道。我们的期待不包括，否则在引言中判断的文献缺口就不准确了。这句话也意味着，接下来，作者可能会分开讨论有关企业社保逃费行为的研究和最低工资对员工附加福利影响的两类研究。

文献综述第二段围绕着第一段话的前半句（有关企业社保逃费行为）展开，提供相应的证据：企业逃避缴纳社保的现象突出、手段多样，对此，文献中已经发现的原因包括：企业规模、所有制特征、社保缴费率、国家或地区经济发展水平、社会保险的功能定位、财政分权及其引发的地方政府激励机制。

第三段段首句"从目前有关最低工资的文献来看，绝大多数文献都集中讨论了最低工资对就业和工资水平的影响，少量文献分析了最低工资对企业社会保险缴费和员工福利的影响"，显然是对第一段后半句（最低工资对员工附加福利的影响）的回应。

现在的问题是，已经有文献研究过最低工资对企业社保缴费的影响了，这就是说，我们之前在引言中判断的文献缺口——没有文献研究过最低工资制度对企业参保社保——并不准确。这样看来，起码我们之前推测创新点——首次提出这个科学问题，也是不准确的。这样的话，就要看已有文献在回答这个问题时，还存在哪些不足。这不自觉地就会带着我们回到引言的第三段——有关本文的三方面贡献，并继续在本段中搜索相关信息并进行确认。

仔细研读本节第三段，我们发现，最少有四个研究（Wessels, 1980; Royalty, 2000; Simon and Kaestner, 2004; Long and Yang, 2016）都研究过最低工资对包括社保缴纳在内的附加福利的影响，其中，前三项研究均是关于发达国家的，其结果并不一定适用于中国（这一点作者在本节最后一段总结中也提到了）。但是，现在有一个问题，有学者用中国私营企业的数据研究了这个问题，该研究表明，面对最低工资的增长，私营企业会通过消减社会保险支出和解雇低技能劳动力、临时工等方式降低用工成本。就意味着，我们在标题中"推测"的第二个可能——"用中国数据"作为创新点的可能性不存在。

那第三个创新可能性——"工业企业数据"呢？这就要取决于"中国工业企业"数据是否与文献中的"中国私营企业"数据的异同，如果两者差异并不会显著影响到关键科学问题的答案，即便这一点不同于文献，但这种不同的价值就有限了。但这一点，我们到目前为止无法判断。同时，这让我们不得不开始怀疑，在读标题时我们"推测"但认为不大可能的第四种创新的可能性，就是创新点，并没有体现在标题中。在本节后面的内容中，我们就要带着这样的疑问去阅读。

本节的最后一段中，作者对文献进行了总结，这其中，可以看到四方面可能的缺口：一是，文献中用到的数据不是大样本；二是，有关中国的研究，缺乏对最低工资制度影响企业参保行为的机制探讨；三是，文献中用到的有关中国的"最低工资标准数据"可能存在缺陷，对应地，本文将"收集并合并了地级市层面的最低工资标准和社保政策缴费率"作为一个创新点，就站得住脚；四是，相关文献没有"利用地级市层面最低工资标准的空间和时间差异（更有效地）识别最低工资对企业参保行为的影响及其机制"，结合引言中"作者声称"的贡献第二点，这可能在说，关键科学问题中潜在的内生性问题在文献中没有解决或没有很好解决。结合引言中的第三段，这四点文献缺口的判断应该是可靠的。

至此，我们期待从引言（和文献综述）中获得的研究重要性和创新就有了。现在我们把这些信息补充到 Box 5 的一分钟故事中，这样该故事就可以体现出本文针对的文献缺口与贡献，体现出分量。有兴趣的读者，可以自行完成该故事的补充。

现在，关于本文的引言有两点值得强调：

一是，引言部分对文献缺口的刻画并不完全准确。这一定程度上可能是写作时的不经意造成的，但这样的不经意确实可能让读者产生误解，从而不利于准确地把握本文的真实创新或贡献；

二是，在文献综述最后一段的总结中，作者清晰地指出来既有文献存在的几点不足，但与之前一段对"少数研究"的陈述并不能完全对上号，比如，关于文献中缺乏大样本数据这一点，我们并不能直接知道文献中的数据样本量是多少，其样本量是否不足以支持统计或计量上可靠的结果。而要知道这一点，读者就必须找到相应文章进行阅读。这当然是可以的，但从科技论文高效传播科研成果的角度来说，就略显不足。

第四步，读结论

读懂一篇文章，还需要了解其主要发现的应用价值，这一点读者完全可以期待在正文的最后一部分，也就是论文结论部分，或等同于结论的部分。这就是我们研读单篇文章的第四步。

除了主要发现的应用价值外，读者在结论部分还期待看到本文其他重要科学问题的答案、本文尚存在的不足和未来研究方向。关键科学问题的答案尽管会在结论部分出现，但由于这一点一定已经在摘要中，甚至在标题中出现，因而不再需要在结论中关注。

现在，我们通读本文的结论。

结论由三段组成。第一段中，作者首先简要重述了全文的基本逻辑——最低工资制度作为劳动者权益保护制度，可能会由于增加企业成本而迫使企业采取降低参保积极性的规避措施，从而反过来损害劳动者福利。其次，作者简明扼要地给出了文章中关键科学问题和其他重要科学问题的答案。这里提到的其他重要科学问题，部分已经在摘要中出现过，只是没有答案，另一些并没有出现在摘要中。

第二段的段首句"本文的研究结果对于完善最低工资制度和社会保障制度具有一定的政策启示"清楚地表明本段要讨论主要发现的应用，包括四条：

（1）"最低工资标准的上调可能损害企业社会保险的参保积极性，从而损害劳动者的合法权益。"这一条直接确认了我们之前关于本文属于揭示型研究的判断，但基于这一条，研究人员只是建议

"政府应科学确定最低工资标准调整的时间与频率"，但并不能告诉政府"怎样调整时间和频率是科学的"。本研究并没有研究和证实这一点，所以尚不能直接提出解决企业参保积极性不高这个痛点的办法。

（2）"政府应有针对性地加强对工资水平较低的企业和非国有企业的社保监管，防范企业逃避社保缴费的行为"。这一应用来自本文的其他重要科学问题的回答，也就是关键科学问题的异质性研究分析之一——"本文还发现，最低工资监管较为宽松的地区企业逃费倾向相对较弱，而社保政策监管宽松的地区企业社保逃费行为更为严重"（结论部分第一段）。这一点意味着，本文除了揭示痛点外，也具有一定的改造痛点能力。

（3）"针对目前较高的社保政策缴费率，可通过适当降低社保政策缴费率来提高企业参保积极性，降低企业的劳动力成本负担，从而降低最低工资对企业参保积极性的负面影响。"同样，这一条应用也来自本文的异质性分析，见结论第一段。

（4）"在进行最低工资标准调整的同时，应注重对流动人口等相对弱势劳动者权益的保护，防范企业针对流动人口的结构性逃费。"显然，这一应用也来自本文的异质性分析——"流动人口比例越高的地区，最低工资对企业参保积极性的负面影响越大"。

最后一段，作者比较了本文的主要研究结果和至关重要的一篇文献的结果，得出主要结果一致的结论。同时，作者指出本文的局限性和未来值得研究的方向。

第五步：总结

基于前面四步研读，我们来总结一下这篇文章到底讲了什么故事。我会假装自己是作者，并试着用口语化的方式（非学术用语），把这篇文章的故事复述一遍。我们尝试做一个五分钟的总结版本（有兴趣的读者也可以自己先试试）。下面是我的五分钟版本：

为了提高企业员工的福利，国家出台了最低工资制度，明确要求企业付给员工的工资不得低于某个标准，企业就很不开心，因为这会增加其雇人成本，企业挣的钱可能减少。那该怎么办呢？企业就不得不想办法，看看能不能从其他地方省下来一些钱，比如，不再给员工缴社保，或者降低社保缴纳标准。但企业一定会这么做吗？在美国等一些发达国家，研究人员确实发现了这种现象，但这种现象是不是一定在中国存在呢？这需要研究。与发达国家比起来，像中国这样的发展中国家的企业对于劳动力成本变化更加敏感，遗憾的是，有关中国的这类研究特别少，严格说来只有一篇文章，用了中国私营企业的数据，回答了最低工资标准提高是不是会降低企业给员工缴纳社会保险的积极性，发现了与在美国等发达国家的研究类似的结果。但是那篇文章可能存在一些不足，如样本量不够大、不能代表中国工业企业、没有研究最低工资制度如何影响企业参保积极性的作用机制问题、没有或没有很好处理内生性问题（一种如果处理不好，就可能严重影响到研究结果的模型问题），因此，有必要对这个问题继续进行研究。这篇文章的研究人员就用了一套中国工业企业的大样本数据，并收集了地区市级层面上的最低工资标准、社保缴纳费等信息，采用了更好的研究方法解决了过去研究中没有处理好的内生性问题，这使得他们的研究结果更加可靠。他们发现，与中国的私营企业一样，中国工业企业在面临提高的最低工资标准时，也会采用降低给员工缴纳社会保险的做法。当然，可能担心被监管部门查到的风险，这些工业企业并不会完全不给某些员工缴纳社保，而是会降低缴纳金额，一个可能的原因是，降低缴纳金额更容易规避监管，而不缴纳更容易被监管部门发现。

显然，企业在"躲猫猫"。此外，这篇文章还发现，当最低工资标准提高时，企业这种规避行为在不同的情况下会有所不同。比如，如果一个地方的社保缴费监管相对于最低工资标准监管越严，企业的这种规避行为就越轻，反之，就会越严重；如果一个城市本来的社保政策缴费率就不高，企业的规避也就会轻微一些，反之，

就会比较严重；如果一个城市的流动人口占比很高，企业的这种
"躲猫猫"行为也会更明显一些，可能的原因是流动人口相对于来
自本地员工来说，企业这种降低社保费的行为会更容易一些；这种
规避行为在那些工资水平低、劳动密集的企业中更为严重，但在国
有企业较轻微。

因为有统计数据显示，中国企业仍有很大比例的员工没有做到
应保尽报、足额参保，所以这项研究的选题和发现毫无疑问具有十
分重要的现实意义，不光揭示了企业的这种规避行为可能使得最低
工资制度不能像预期那样改善员工的社会福利，还能基于其研究，
提出一些改善这种现象的建议，比如这篇文章的作者就呼吁，在提
高最低工资标准的同时，要加强对社保参保的监管，尤其是对那些
低工资水平、非国有企业、劳动密集型企业，一定要加强监管。同
时，这项研究也意味着，政府在出台和调整最低工资标准的时候，
要谨慎地进行预评估，更科学地确定调整的时间与幅度。但科学的
调整方案还待进一步的研究。

如果读者能够不看文章就能讲出一个差不多的五分钟版本，那
么你对这篇文章的认知已经达到了很不错的水平。

第六步：研究过程和结果

读者研读这一部分的目标可以概括为两点：学习和挑研究过程
中的毛病。

前面的四步已经足以让读者从整体上了解这篇文章。除了有关
论证的材料、方法和结果等的过程细节外，读者有能力完整地重述
这篇文章讲的主要故事及其重要性和创新性。这就是说，读者不仅
读懂了这篇文章，也可以对其重要性和创新性进行一定的评判，还
具备了把这篇文献和其他文献进行比较的足够信息。对于绝大多数
的经济学文献研读来说，到了这一步就已经足够了。

但是，如果读者想要学习这篇文章的方法、论证过程、结果解
释等，或者由于对其中某些结果不认可，试图找出研究过程中的漏

洞或缺陷，前四步的内容研读是不够的，还需要对研究过程和结果部分进行深入而仔细的研读。

如果重点是出于挑毛病的目标，研读这一部分就始终要围绕着所有本文相关的结果是否可靠这一点展开，任何可能威胁到结果，特别是威胁到关键科学问题结果的方法、材料、理论、论证逻辑、不经意犯错、过度苛刻的假设前提等，都要一一审视，甚至要交叉审视。举例而言，实证方法和数据本身在回答某个关键科学问题上都没有明显问题，但是把该实证方法用在该数据上可能就会产生意想不到的不良后果，这就体现了交叉审视的作用。

对这一部分的学习和评判，需要和读者自身的经济学专业知识与经验积累密切结合，这使得这部分的研读不具有普适性的规律可言。这里我仅列出一些自己在日常文献阅读中，关于这一部分常常边读边问的一些问题，供读者参考：

- 所用材料或数据是否适合于本文所有科学问题的回答？
- 如果有相应的理论模型，是否能恰当地推导出关键科学问题？
- 如果涉及某项或某些假设前提，这些假设前提是否符合现实？如果放松其中的任何一项，会不会对本文关键科学问题的提出和答案构成威胁？
- 主要的研究方法是否适用于回答本文所有科学问题？
- 除了核心的解释变量之外，其他控制变量有没有出现非预期的结果？
- 模型整体的解释力怎么样？
- 模型设定和估计方法中是否存在明显会威胁到本文科学问题答案的缺陷？
- 关键解释变量（本文核心感兴趣的原因）如果在统计上显著，其边际贡献是多大？是否可能没有足够的经济学价值？

- 论证过程中是否有逻辑错误问题，并可能动摇本文关键科学问题的答案？
- 那些围绕着关键科学问题展开的机制研究、异质性分析和稳健性检验，是否都有必要？是否有明显不足？更重要的是，如果缺乏某些机制或异质性研究，会不会完全制约了本文主要研究发现的应用价值？

最后，在探寻这些问题的过程中，我还会不断问自己：我能不能做得比作者更好？如果能，这样的改进有没有可能显著改变本文的核心研究结果？

在整个研读过程中，我不仅会提出很多问题，还会试着基于自己的理解和既有知识回答每个问题，进行一些深度思考。这个自问自答的过程，不仅有利于我更好地评判这篇文章，更可能产生一个有价值的新的研究问题。这对从文献研读中找到新的科研选题至关重要。

第六步做完之后，读者还可以做一个 PPT，把自己当作作者，进行汇报式复述。

第七章
文献检索与文献管理

　　本书至此的大部分章节内容都是从经济学的学科特征及与此相适应的应用科学期刊论文特征出发，讨论文献研读的方法。其中特别强调了现实痛点在经济学研究中的核心地位，并以此为出发点，介绍了 ABC 经济学问题分析范式和 C2B 关键科学问题提出范式，讨论了以改造痛点或揭示痛点为目标的两类常见经济学研究类型，随后结合大量例子力图加深读者对这些要点的认知以及递推法在文献解析中的应用。

　　那么，在操作层面，要怎样才能把这些方法与文献搜索的过程有机地结合起来呢？在这一章，我就和大家分享并讨论一些实践中的小技巧。每个人做文献研究都需要养成自己的习惯，好的习惯不仅有助于提高文献研读效率，还能帮助研究人员用好文献研读成果，服务于自己的研究，能帮助研究人员积小流而成江海，从而受益终身。但好习惯因人而异。本章讨论的内容仅供读者参考，如果其中任何一点有助于读者养成适合于自己的文献研究习惯，那就达到本章的写作目的了。

一、文献研读前准备

1. 基础性准备工作

在文献研读前，做一些基础性准备工作是十分必要的，主要包括：

（1）**了解经济学领域期刊**

如果时至今日，你对经济学领域的主流期刊还完全不了解，强烈建议专门花 3~5 天时间把一般经济学领域的期刊和自己感兴趣的小领域内的学术期刊认真研究研究。首先要做的就是找一两个比较权威的期刊检索列表，比如 Web of Science 就提供了经济学类 500 多种被 SSCI 收录的英文期刊，并按照不同的指标对收录的期刊进行排序 ①，中文的 CSSCI 也都有相应的期刊和排名。尽管这些收录和排名在不同的机构和时期会有较大差异，但那些排名靠前的期刊在一定时期内是比较稳定的。

除了要尽可能记住更多的期刊名称之外，还要到这些期刊的网站上进行必要的浏览，对期刊的基本定位、出版频率、所属领域等情况有大致了解。努力记住一些期刊的缩写对于在文献研究过程中做笔记极为重要。

当然，要想记住这么多期刊并非一朝一夕的事情，能够对经济学领域内前 200 个期刊有一定认识，并能对自己所在小领域排名前 20 的期刊比较熟悉就可以了，其余的期刊可以放在日常工作和学习中不断认识和了解。如果短时间内无法熟悉，那起码要对经济学顶级的前 20~30 个外文期刊和自己所在小领域内前 10 名的期刊十分熟悉。中文的经济学期刊数量本来就十分有限，小领域内就更少了，因此，短时间内记下这些期刊并非不可能。不管是为了提高文献研读的效率，还是为了将来给自己的文章找合适的期刊，花些时

---

① http://jcr-clarivate-com-s.vpn.cau.edu.cn:8118/jcr/browse-journals，该网址是从本书作者所在机构中国农业大学登录后访问的。

间记住这些重要的期刊都是十分值得的。

（2）准备一个（纸质）文献笔记本

做好文献研读工作，准备一个文献笔记本至关重要。在进行文献研读的时候，不仅可以随时记录过程中的一些重要信息，还便于读者在研读的众多文献之间尝试用各种形式建立联系。这一点的好处远远超出很多人的预想。

由于这些想要临时记录的信息或建立的联系起初都是零散的、模糊的，过程中常常需要随着新增文献、新增认知不断修正认知与关系，探索新的分类方法并对文献进行重组等，如果在电脑上做，就没有那么方便，纸质的笔记本就要方便得多。当然如果你觉得这些工作在电脑上一样灵活，我也是鼓励的，只要能灵活掌握其功能，不至于因为某个功能使用问题影响到集中精力研读就好。

（3）新建一个电子文献记录表

表 7-1 是一个供大家参考的重要文献记录样表。我习惯于在每个专题的文件夹下新建这样一个 Office 或 WPS 表格，专门用来记录该专题下的重要文献（相应的文章电子版也会放在同一个文件夹下）。从表头上可以看出来，文献记录表主要内容分为三大块：

第一块是文献的检索或引用信息，包括作者、标题、发表年份与发表期刊 [如果是尚未发表，就写 working paper（sources），并在括号中添加文章的原始出处，以方便以后引用]。期刊名称用标准的期刊简写即可，如果需要，读者可以专门整理一个期刊缩写对照表，随时参考。现在很多人喜欢用一些文献管理应用软件（如 Endnote、Noteexpress、Zotero 等），这个板块的信息可以直接从这些软件中复制过来。

第二块是文章的解析信息，重点包括关键科学问题（RQ）及其答案、ABC 分解、其他重要科学问题及其答案、核心理论、实证方法、数据、主要应用。当其中涉及的主体较多时，可以在同一个单元格中用"/"分开。

表 7-1　收入差距重要文献记录表（样表†）

| | 文献检索信息 | | | | | 文献解析 | | | |
PP-ID	Title	Author	J.	Yr.	Prob.	A	B	C	RQ
001	……	Arker	JDE	2012	数字鸿沟	Prod	收入差距	通信设施，区域政策	……
002	……	Arrow	AJAE	2001	贫困陷阱	Prod	生产投入，收入增长	初始禀赋，义务教育法	……
003	……	Becker	AER	2008	代际贫困	Prod&Cons	教育投入，消费结构，收入	父代财富，风险偏好	……
004	……	Baltimore	Econometrica	2009	收入波动	Prod	Y1,Y2	交易成本，政府规制强度	……
005	……	Bai	季刊	2021	农村收入差距	Prod&Cons	Y2,Y3,Y4	集体组织，基础设施	……
006	……	Carter	DE	2014	中等收入陷阱	Prod	Y3,Y5	风险偏好，科技投入	……

† 样表中所有例子均为本书作者虚构，非真实发表文章；"……"表示省略内容。

（右接上表）

| | 文献检索信息 | | | | 主要结论 | 主要应用 | 核心贡献 | 存在不足 | 重要性 |
PP-ID	Title	Author	J.	Yr.	Con.	Imp.	Cont.	DBK	Sig.
001	……	Arker	JDE	2012	……	……	构建了理论模型	内生性没有处理	***
002	……	Arrow	AJAE	2001	……	……	大样本（30,000）	……	*
003	……	Becker	AER	2008	……	……	……	……	**
004	……	Baltimore	Econometrica	2009	……	……	……	……	***
005	……	Bai	季刊	2021	……	……	……	……	**
006	……	Carter	DE	2014	……	……	……	……	**

第三块是对本文的评述，重点包括本文的核心贡献、读者认为本文存在的不足或可以改进的地方。需要注意的是，讲不足的时候，一定要同时意识到这样的不足可能会带来什么问题，比如：样本太小，可能带来核心参数估计结果不可靠；内生性没有处理，可能带来估计结果无效、有偏；理论框架不清晰，可能使得实证结果不具有一般性等。

对于信息记录的形式，读者当然可以根据自己的习惯填，原则是在自己准确理解的前提下，尽可能简洁，以使得整个表格不至于臃肿，否则就会影响到后期对文献记录的分析。

2. 到哪里找文献？

可进行经济学文献搜索的网站或数据库很多。我自己最常用的有谷歌学术（google scholar）、Bing 必应国际版（主要是外文文章）和中国知网（主要是中文期刊文章）。有条件的话还会访问 Web of Science。此外，我偶尔也会直接在 EconPapers 上进行搜索（https://econpapers.repec.org），该网站完全是开放的，最大的优势是可以搜索到很多工作论文（working papers）。这些网站或数据库基本上都支持按照主题或关键词进行搜索。

此外，一旦找到一篇和自己期待的文章最为相关并发表在较高质量期刊上的文献，就可以打开很多其他找文献的通道，其中最重要的途径莫过于利用这篇文献中的参考文献（references）。通过逐个审视参考文献中列出来的文献，读者往往可以获得很多重要的信息：

- 关于某个主题更准确的关键词，这可以用来进行新的文献搜索；
- 与原先搜索的关键词或主题相关但未想到过的主题或领域，从而可以拓宽研究人员的文献搜索宽度；
- 在参考文献中找到那些与目标文献十分接近且发表在高质

量期刊上的文章，进行向前和向后的文献追踪。读者可以
用这类文章的标题进行搜索，并通过其参考文献，进一
步获取更多文献（backward searching，向后搜索）；读者
也可以通过标题搜索，找到引用该文章的文献（forward
searching，向前搜索）。很多文献搜索检索网站都提供了这
种服务，比如在谷歌学术的搜索页上就会直接提供一篇文
章的所有"引用"，还有这篇文章"被引用次数"，直接点
击就可以看到引用本文的所有文献；

● 从标题中识别是否有综述类的文献，这类文献既可以进行
上述 backward and forward searching，也可以为研究人员
提供感兴趣领域更为系统的文献梳理与分析。顺便说一
下，*Journal of Economic Literature*、*the Journal of Economic
Surveys*、*the Annual Review of Economics*、《经济学动态》
等几个期刊上常发表各类主题下的综述类文献。顺着这些
综述类的文献，往往很容易找到更多紧密相关的文献。

3. 文献检索的起点、目标方向与初始关键词

在本书的第二章第四节，我们讨论过文献研读可以根据实际需
求大体分为四种类型：①跟踪研究前沿，奠定知识厚度；②探索新
领域，开辟新战场；③把握前沿缺口，界定研究创新；④学会新理
论，掌握新方法。

（1）跟踪研究前沿，奠定知识厚度

这类文献研读主要是跟踪式、扫描式的，并不需要有具体起点
与关键词。对于这类文献研读，研究人员需要的是制订一个跟踪前
沿文献的计划。由于每天新发表的文献实在太多，因此，文献跟踪
最好限制在经济学中外文顶级期刊及个人感兴趣的小领域中排名最
靠前的少数期刊内。读者可以对这些期刊加关注或设置订阅，当期
刊有新的发表时，就会收到提示。对于绝大多数文献，研读的内容

限制在标题、作者、机构信息上就可以了，因此，完全可以在目录中进行研读。对于那些特别有兴趣的文献，再打开摘要研读。除非特别感兴趣，这类跟踪式的文献研读并不需要超越标题与摘要来研读文章的其他内容，把感兴趣的文献引用信息分门别类导出到相应的文献管理软件中就可以了，供以后需要的时候再研究。下面重点讨论另外三类文献研读的实践起点、方向与初始关键词：

（2）探索新领域，开辟新战场

对于这类文献研究，研究人员可能处在以下两种初始状态之一：

一是，已经找到一个感兴趣的现实痛点（problem of interest）。这可以理解为只有因果关系中的结果，尚未知原因。比如，收入差距扩大、水资源紧缺、区域发展不平衡、医患矛盾突出、空气污染、食品（不）安全、农村养老压力大、贸易摩擦加剧、生态环境退化等。按照第二章的讨论，这些例子都是站在广泛的人类立场上，从广泛接受的价值判断出发，令人类普遍感到不舒服、不和谐的问题。

对于这个状态，研读时可以把该现实痛点作为文献检索的起点。研究人员可以把能够刻画这个痛点的词汇或短语当做初始关键词，不管是不是最恰当的。文献搜索与研读的重点方向就是寻找导致该痛点的原因，这可以用下面的示意图（图 7-1）表示：

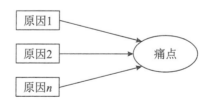

图 7-1　以痛点为起点的文献研究与搜索方向示意图

二是，只有一个感兴趣的话题（topic），尚不清晰这个话题下有哪些可能的痛点。比如中美关系、国企改革、气候变化、人工智能、乡村振兴、医疗改革、一带一路、退耕还林等。显然，这类话题在经济学上，更像是一种政策、科技、自然等外在环境，也就是多数时候可以当做因果关系中的原因，这种状态相当于研究人员只有一个感兴趣的话题，并试图将之作为原因来做些研究，但尚不清楚这个话题下有什么令人不舒服、不和谐的痛点或结果。

对于这种状态，研究人员就可以把话题作为文献研读的起点，将能够刻画这个话题的词汇或短语作为初始关键词，文献搜索与研读的重点方向就是寻找该话题已经或可能导致的痛点（或结果）（图 7-2）。

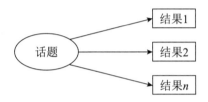

图 7-2　以话题为起点的文献研究与搜索方向示意图

只有话题没有痛点的情况，对于很多在读的研究生来说是十分常见的。对于这些刚刚开始思考自己学位论文的同学来说，导师或许会给一个比较明确的科学问题，但更多时候，导师可能让学生自己找选题或者只给出一个范围，让学生通过文献研读来寻找选题。

很多刚工作不久的青年研究人员也常常面临类似的问题。自己的研究积累不足，刚刚离开导师的指导，需要独立申请研究项目，甚至还需要开拓一些新领域，这个时候，就会出现和学生时代一样的情况，隐隐约约感觉对某些领域有兴趣，但又知之有限。这就需要从一个痛点或一个尚不知有什么痛点的话题开始做文献。

显然，不管文献搜索的起点是痛点还是话题，都是以找到相应的因果关系为主线，而区分痛点和话题，是为了确定寻求因果关系的方向。这对于接下来的文献搜索十分重要。

细心的读者可能已经注意到，所谓"从话题找痛点"对应的就是之前讨论过的揭示型研究，而"为痛点找原因"对应的就是改造型研究。

（3）**把握前沿缺口，界定研究创新**

对于这一类型的文献研读，研究人员多数时候已经在相关领域具备了一定的积累和基础，并且已经有了一个科学问题（research question），哪怕这个科学问题还模模糊糊，并不确定能否真正成为一个可以找到文献缺口的科学问题。也就是说，研究人员已经有了一组因果关系中的原因和结果，不管这个因果关系有多么粗线条。比如，垄断对企业创新的影响、交易成本对市场价格波动的影响、气候变化对农业生产的影响、疫情对经济增长的影响、中美关系对中国区域发展不平衡的影响、人工智能对就业的影响、通货膨胀对就业的影响、自贸区对出口导向型企业竞争力的影响，等等。

这种状态下，研究人员可以把科学问题直接作为文献研读的起点，将能够刻画该科学的短句作为初始关键词，文献搜索与研读的重点方向是寻找文献中上存在的缺口（见图 7-3）。

图 7-3 以关键科学问题为起点的文献研究与搜索方向示意图

（4）**学会新理论，掌握新方法**

对于这类文献来说，研究人员通常已经比较清楚自己正在研究的科学问题是什么，也比较清楚自己研究中碰到了哪些理论或实证方法上的困难。这个时候，文献研究的关键在于找到适合自己科学问题的理论和 / 或研究方法。本书讨论的文献研读方法能派上一定用场，尤其是在识别某个理论或模型与所研究的科学问题之间的适用性时，这些方法尤其有用，因为这会帮助我们从经济学的底层逻辑上思考理论与模型之间的异同。

在文献研究过程中，用经济学的底层逻辑与范式作为指导，对于正确学习新理论、掌握新方法是十分有益的。之所以这么说，是因为我在日常工作和教学活动中，常常看到很多经济学领域的研究人员拿各种各样不同学科的方法，尤其是管理学、社会学、工程学、心理学等学科中的一些理论，进行经济学问题的研究。我当然并不排斥这些方法，事实恰恰相反，我经常鼓励自己的学生要博采众长，但一定要在应用这些理论或方法前，搞清楚这些理论或方法能够弥补哪些经济学理论或方法上的缺陷，这样才能做到取长补短，而不是简单粗暴地套用一个没有听说过的某某理论就完事了，那会让一个本来十分具有经济学特征的科学问题变得不伦不类。掌握了本书讨论的经济学底层逻辑与基本研究范式，判断来自其他学科的理论与方法时，就会更容易看清其与经济学理论与方法之间的异同。

二、文献搜索与过程管理

怎样把第五、六章中的文献研读递推法与文献搜索、文献管理结合起来呢？这正是本节要讨论的主要内容。我将分步进行讨论，并在每一步突出强调要做的重要判断，以及如何利用文献搜索库和文献管理软件进行文献管理。我将结合 Endnote 来展开本节的讨论。Endnote 是一款文献管理软件，与之相似的软件很多，比如 Zotero、Noteexpress、Citvai 等。公开的网络资源上有很多关于这些软件介绍及比较的文章，有兴趣的读者可以自行搜索学习。

第一步，寻找更恰当的关键词

解决上述第二、三、四类文献需求都需要从文献搜索开始。关键词检索往往是文献检索时最先用到的办法，但这时并不容易找到最恰当的关键词，这就需要从一些初始关键词开始检索。能够刻画痛点、话题、关键科学问题中的原因与结果的词汇或短语都可以作为初始关键词，比如气候变化、一带一路、食物浪费、企业生产率、社会网络、收入差距、邻里关系等。

但很多时候，初始关键词常常并不能反馈出特别有价值的搜索结果，对相关痛点或主题的专业表达术语不熟悉或所感兴趣的痛点或主题过细都可能会导致这样的问题，这就需要在文献搜索的过程中，不断尝试更换新的关键词重新搜索，直到找到更恰当的关键词。

有几种办法可以尝试：

一是，在用初始关键词搜索结果的标题中快速扫描类似的关键词。比如，用"邻里关系"搜索时，就可能在搜索结果的标题中看到"社区关系""社会网络"等词汇。把这些可能的关键词写在文献笔记本上，等完成一次搜索结果的扫描式阅读后再逐个用写下来的关键词结合文献研读方向进行搜索。

二是，尝试用自己知道的类似关键词继续搜索。比如，用"餐饮浪费"找不到有价值的文献时，可以尝试用"食物浪费""食品浪费""浪费"等关键词替代；"极端天气"可以用"气候变化""气象灾害"等替代；"企业形象"可以用"企业声誉""企业名誉"等替代。

三是，把初始关键词进行有意义的分解，并单独搜索，比如，"食物浪费"可以分解为"食物"和"浪费"两个关键词，当然，用"食物"进行搜索反馈的记录会过多，意义不大，用"浪费"则更有意义。在分解搜索后，就可以在新的反馈记录标题中快速搜索可能的关键词，比如用"疫情"进行搜索，就会在标题中看到"动物疫病""传染病""人畜共患病""公共卫生"等关键词。

四是，更换搜索范围，从"按主题"搜索改成"按摘要"或"按全文"搜索，然后扫描搜索结果中的标题，从中寻找更恰当的关键词。

　　五是，在任何一轮搜索结果中，寻找排名较高期刊上发表的综述类文章，并逐个打开全文，直接查看该文章中的关键词一栏，并对其参考文献列表中的标题进行扫描式阅读，寻找可能的关键词。通常阅读 5~10 篇文章就足以找到恰当的关键词。

　　注意事项：

　　（1）在寻找恰当的关键词过程中，不管是在反馈记录的标题中，还是在全文的关键词部分或参考文献部分，都不需要花精力进行我们在第五章进行标题研读解析，只是快速扫描式搜寻即可，目标就是寻找可能更恰当的关键词。

　　（2）找到一个新的关键词后，先把该关键词写在文献笔记本上，在完成本轮适当数量的记录扫描前，最好不要开始新的搜索，那样很容易顾此失彼。所谓"适当数量"是一个粗略的范围，就是说没有明显的新关键词继续出现时就可以停止搜索了。

　　（3）由于每次搜索都可能给出很多记录反馈，建议从一开始就把搜索范围限定在期刊或学位论文上。

　　（4）在全文中扫描参考文献的时候，除了找到更多可替代的中文关键词外，还可能在列出的外文文献中找到对应的外文关键词。这样就可以在相应的外文期刊检索网站上（如谷歌学术）继续用这些英文关键词进行搜索。

　　（5）这个过程往往需要进行多轮搜索，直到找到几个更为恰当的关键词为止。对于很多新人来说，这个过程可能需要半天到一天，但稍有经验的人，基本上在一小时内就可以搞定。

　　第二步，在线搜索与阅读

　　在确认了更为恰当的关键词后，就可以进入在线搜索与阅读阶段了。具体操作时，可以根据上一节讨论的文献检索起点状态，把关键词和代表文献研读重点方向的词组合起来进行搜索。具体如下：

　　（1）只有话题的时候，可以用"（话题）的影响"在主题搜索栏中进行搜索，括号中的内容需要用具体刻画该话题的词汇或短语替代，比如人工智能、气候变化、一带一路等；如果想要进一步限定在经济领域，可以在相应的搜索数据库进行勾选，还可以用"（话题）的经济影响"在主题栏搜索。

（2）只有痛点的时候，可以用"（痛点）的原因"在主题栏中进行搜索，比如收入差距拉大的原因、食物浪费的原因、空气污染的原因、食品安全的原因、企业破产的原因等。同样，如果想要进一步限定在经济领域，可以在相应的搜索数据库进行勾选，还可以用"（痛点）的经济原因"在主题栏搜索。

（3）已有关键科学问题的时候，就可以直接用关键科学问题，也就是"（原因）对（结果）的影响"在主题栏进行搜索，比如垄断对企业创新的影响、交易成本对市场价格波动的影响、气候变化对农业生产的影响、新冠疫情对经济增长的影响、中美关系对中国区域发展不平衡的影响等。此外，还可以用"（原因）的影响"和"（结果）的原因"分别进行搜索，这样得到的搜索记录会比直接用科学问题搜索的结果更为宽泛。

（4）为学习新理论、掌握新方法而开展文献研读时，通常只需要在上述三类搜索结果中继续缩小范围进行搜索。可以用"理论""模型""经济学理论""经济学模型"等作为二次搜索的关键词。

对搜索结果的研读要在反馈页面上直接进行，重点是采用在第五章讨论的标题解析方法进行研读。因为这个阶段搜索反馈的纪录通常特别多，所以一定要结合反馈纪录显示的其他信息，如发表期刊、年份、页数等进行快速判断，并完成对文献的第一次分类，分为果断放弃和选择并导入文献管理软件中。

结合标题和搜索页首页的期刊、发表时间等信息，认为没有明显价值的文献，要果断放弃。除了综述类文献与学位论文外，从标题中无法直接提取或"推测"出关键科学问题的文献基本上可以放弃。当这样的文献并不是发表在具有较高学术认可度的期刊上时，就更可以大胆地放弃。

从标题中可以获得足够丰富的信息且对我们的文献研读具有价值，但尚有部分信息（比如关键科学问题的答案、创新性、应用价值等）需要进一步确认的文献，应当导入文献管理软件，如 Endnote 中，就可以留到下一阶段阅读。

很多搜索引擎在这个阶段都会展示一部分摘要或提供浏览摘要的链接，但我依旧鼓励读者训练仅依赖标题和搜索结果首页显示的其他信息对绝大多数的反馈记录进行分类判断。

对于那些不确定的条目，可以选择导出或直接阅读摘要来进行确认。一个可行的建议是，在学习本书介绍的方法之初，由于对标题解析方法还不够熟悉，对期刊的认知也有限，可以对那些无法基于标题直接进行分类判断的文献，直接通过摘要进行判断，再决定放弃还是导入。等到对本书的方法掌握得比较熟练后，就可以完全依赖标题和搜索页信息对所有条目进行分类决策，把那些不确定的条目也导入 Endnote 中，供下一个阶段研读确认。

这个时候就可以根据标题解析的信息，在文献笔记本上按照下面图 7-4—图 7-6 的样式进行记录。

以图 7-11 为例进行说明。如果从"生态退化"这个感兴趣的痛点开始，我们的文献目标就是要找到导致该痛点的原因，文献搜索时，就用"生态退化的原因"进行主题搜索，采用第五章介绍的方法进行在线研读，很容易提炼出一些被研究过的原因，比如，图 7-4 的笔记就表明，安迪（Andy，2013）发表在 JEEM 上的文章，陶等（Tao et al., 2010）发表在 EE 上的文章，蒂姆等（Tim et al., 2012）发表在 AJAE 上的文章，都发现气候变化是导致生态退化的一个重要原因。"过度放牧"和"土地确权"也是原因，相应的文献信息（第一作者的姓，发表年份，期刊简写）添加到对应原因的下方。

显然，这样的笔记对我们直观地从整体上分析文献特别有帮助。

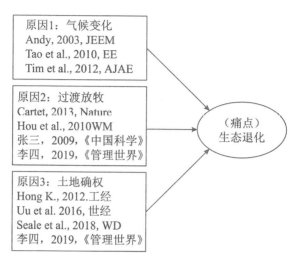

图 7-4 以痛点为起点的文献研究笔记示意图

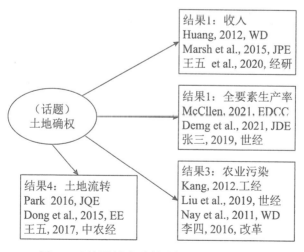

图 7-5 以话题为起点的文献研究笔记示意图

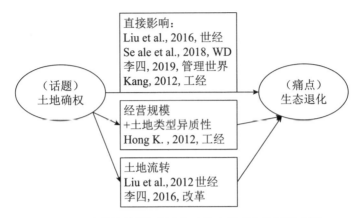

图 7-6　以关键科学问题为起点的文献研究笔记示意图

注意事项：

（1）在导入 Endnote 时，一定选择把摘要一起导入。

（2）看到新的关键词时，先在文献笔记本上写下来，不要在完成上一个搜索结果扫描式阅读前停下来进行新的搜索，那会打乱节奏。

（3）对于那些从标题中就能看出是方法型或综述类的文章，建议直接导入 Endnote 中，供下一阶段继续研读，因为这类文献通常有利于研究人员在理论和方法层面上加深对关键科学问题的认知，也常常可以提供比一般意义上的实证文献更系统和权威的参考文献信息。

第三步：离线研读摘要

不管是否已经在搜索页上读过摘要，这一阶段，仍然要把导入 Endnote 的文献标题过一遍，既可以练习解析标题的能力，也可以极大地提高研读摘要的效率。

导入的文献条目都在 Endnote unfiled 的临时文件夹中，建议及时清理。为了做好这一步，有必要在 Endnote 中建立自己的图书馆目录，对所有导入的文献进行分类分级管理。我的习惯是建两级目录，一级目录用痛点或话题命名，二级目录根据研读的文献内容进行分类设定和命名。

在 Endnote 的右上方，默认显示的信息基本上就是在上一步用关键词搜索反馈的页面信息，点击其中任意一条记录，在 Endnote 页面的右下方就会显示这条记录详细信息，其中，既包括了该文的基本引用信息，也包括了摘要。[①] 这就是我们研读摘要的地方。

在这一步，重点要做两项工作：

（1）按照第五章的方法，对摘要进行解析。确认标题中读取的信息是否一致，重点补充标题中没有读出来的信息，同时，问自己尚有哪些有关理解本文核心内容的信息不齐全，重点关注关键科学问题及其答案，以及还有哪些标题中未能体现的科学问题及其答案，如果有现实痛点和创新点，也要关注这些信息。同时，还要对标题中解析出的不正确的信息进行修正。

每完成一个摘要的解析后，就要对该导出记录进行以下判断和处理：

- 从导出列表中删除。
- 归入相应图书馆目录中，结束阅读；同时在该条文献记录的标注（notes）中添加"*"号。

这类文献可以在将来需要的时候，再回过头来进行回顾，在写项目申请书的文献综述或学位论文开题报告相关章节或综述类文章时，这些收录的文献特别重要，可以帮助我们更系统和全面地梳理和把握相关文献发展脉络。正因如此，对这些收录的文献进行恰当的分类十分重要。关于这一点，我还会在后面的第九章详细讨论。

在标注中加"*"是为了下一步用来对存档的文献进行筛选，标有"*"的记录将通过 Endnote 自带的全文搜索功能进行全文搜索与下载。

哪些文章要下载全文呢？

[①]　如果想要看看这篇文献的关键词，还可以在这个小窗口的左上角下拉菜单部分选择"show all fields"，小窗口中显示的信息就更加丰富。

主要就是三类：第一类是标题和摘要中得到的信息还不充分，但已经意识到这篇文章对自己的研究大概率会有较大帮助，下载的目的是为了方便进一步研读引言、结论甚至全文；第二类是从摘要解析中已经看到文献缺口或可能突破的机会，下载的目的是为了确认文献缺口、价值和突破的可能性；第三类是从标题和摘要中意识到该文章有值得学习的方法、理论或写作技巧等。

（2）每完成一个记录的研读，都要尝试在文献笔记上和之前已经记录的文献进行比较，尝试建立各种可能的联系，可以按相似度进行归类，也可以在上文图7-4—图7-6中填补一些更详细的信息。比如，图7-7中虚线部分就是根据摘要信息补充的内容，其中，左边带箭头的连线是指，在张三（2009）的研究中，不仅验证了过度放牧对生态退化的影响，还研究了土地确权与过度放牧之间的关系，这样的话，过度放牧就变成了土地确权与生态退化之间的因果链条上的中间环节；右下角补充的部分是说，在洪（Hong，2012）的研究中，还发现土地确权对生态退化的影响会在不同的经营规模和土地类型上存在异质性。

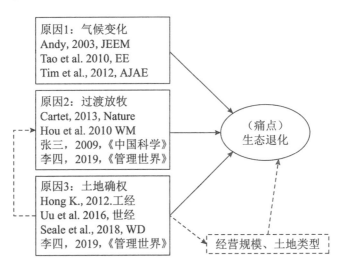

图7-7　文献笔记上建立文献与文献之间的联系

显然，在这一步，读者可以根据从摘要中获得的新信息在图中进行各种有助于提高认知的补充。现在大家就会发现，在笔记本上手写显然具有很大的灵活性，但容易受空间的限制，不太容易修改，当记录的信息特别密集的时候，就会影响视觉效果，因此，除了要选择纸张大点的文献笔记本外，在开始做文献笔记的时候，就要留出足够的空间，用于填补信息和建立联系。用带手写功能的平板电脑进行此类操作可以克服纸张的限制，修改也更灵活一些，但需要熟练操作，否则就会影响思维的连贯性（这一点的影响远比很多人认为的要大）。

文献笔记并没有统一的格式或模板，每个人都可以在实践中摸索并总结出适合自己的方式与习惯。我自己一直习惯于在纸张上记录，常常会越记越满，当满到会影响把握整体结构的时候，就会把局部转移到另外一张纸上，并用数字或符号将它们关联起来。

注意事项：

（1）在文献笔记本上添加信息，一定要十分简洁，只要自己能看得懂即可，千万避免信息过载。

（2）建议先把待搜索的信息记录在文献笔记本上，等清理完当前的导入文件夹之后，再开始新的搜索。否则，既容易打断读摘要的进程，失去专注，使得在文献与文献之间建立联系变得很难，同时，也会因为新文献列表和尚未清理干净的临时文件夹中的文献混在一起，难以区分。

（3）如果对平板电脑上的手写记录应用掌握得不熟练，还是建议在纸张上进行文献笔记记录。特别是在文献研读初期，很多获取的信息是碎片化的，需要反复采用不同的方法在文献间建立联系，按照各种标准进行分类分级管理，这些具有一定随意性的思维过程并不容易在平板电脑上记录，就更难直观展现，这就会干扰对文献的分析。

第四步，引言与结论阅读

等所有导出来的文献摘要都完成了研读，并进行了必要的分类分级后，我们就可利用 Endnote 自带的全文搜索功能，对上一步中标"*"号的文献进行在线全文搜索。能够找到并下载的 PDF 全文将会被自动添加到对应的文献记录上，并在 Endnote 打开页面的右下角用附件的形式显示出来。想要阅读的时候，只需要双击该文件就可以了。

并非所有的文件都能找到全文，读者可以进行额外的搜索，也可以把本地电脑上已经有的 PDF 版本添加到 Endnote 文献列表中。

对于已经下载或添加全文附件的记录来说，并不需要额外添加任何标记，之前已经标记的"*"号可以在任何时候重复使用，比如可以在不同的文件目录下，随时按照"*"进行排序，也可以在所有标记"*"的文献中进行二次搜索。

接下来就是逐篇打开全文，研读引言和结论部分了。具体方法已经在第六章中详细讨论过，不再赘述。

在这一步研读的过程中，可以利用更准确和充分的信息，对之前在 Endnote 中标记"*"的记录进行新的一轮判断与修改：

- 删除原有标记的"*"，也就是降级该文献，甚至可以从 Endnote 中删除。

- 维持原有标记"*"，做好"重要文献记录表"的记录。

- 转移到学习文件夹中。如果这篇文章的某些方面值得学习，通常我会把这类文献单独放在一个方法论的文件夹中，并按照理论模型、实证方法、写作技巧和其他进行分类保存，当然，读者还可以根据需要设置子目录：在理论模型下，就可以分为生产者、消费者、政府、多主体、动态等；在实证模型下，当然可以有更多分类；写作技巧则可以按照这篇文章的亮点进行分类，比如，一篇文章的摘要写得很好，就可以单独把这类文章归在"摘要"子目录下，如果引言写得好，就可以直接归在引言子目录下。

- 升级"*"标记到"**"或"***"。当判断这篇文章对自己拟开展的研究十分有帮助的时候，或者在研读过程中，发现这篇文章存在明显不足时，就可以把原有的"*"标记升级为"**"或"***"。这类文章意味着，要么我们可以找到文献的缺口，为自己接下来的研究选定方向，要么我们找不到重要的缺口，只能暂时搁置，等待有新的想法。不管哪种情况，都需要经过一个反复打磨的过程，这不仅需要对这些文献进行深入细致的全文研读，也需要我们和周围的同学、老师、同事等反复进行讨论、交流，才有可能找到更好的突破口。

在这类文章中，那些具有很好理论框架或本身就是理论或方法型的文献，我通常直接升级到"***"。不管我们能否找到它们的不足，都值得很认真地研读它们。这类理论性或方法性的文章对于研究人员深化某个领域或关键科学问题的认知具有实证文章难以企及的优势，往往能起到触类旁通的效果。

如果把这一步中获得的信息也添加到前面的文献草图上，就会使得上面的信息变得更加拥挤不堪，不利于文献分析。这个时候，在准备工作中建立的"重要文献记录表"（如前文表 7-1 所示）就该派上用场了。按照记录表的信息内容，把这些标记了"*"的文献解析信息一一填入，以备后用。

等按照上面的步骤完成了文献的搜索与研读后，这个"重要文献记录表"和前面的文献记录草图就成了我们从整体上分析相关文献的重要依据。此外，这个记录表在以后的研究开展和文章、报告、申请书写作时都十分有用。

第五步，全文阅读。

被升级到"**"或"***"级别的文献，需要全文打印并细致研读。能够升级到这个级别的文献很可能成为研究人员继续向前推进研究的起始点。

因此，学习、领会并基于对这些文献的认知，挖掘其尚存的不足就成了这一阶段最核心的目标。这里挖掘的不足主要有两类：一是，该文献本身可能存在的不足或缺陷（如方法、数据等缺陷）；二是，相关文献在推进认识、改造或避免现实痛点上尚存的差距。这就是说，有可能某篇文献本身并没有可以挑剔的缺陷，但相对于其背后的痛点改造来说，研究人员认为其仍然存在显著的改进空间。

这就需要对这几篇标"**"或"***"号的文献有更深刻的认知，需要看得比原作者更深刻、更长远、更系统，才有可能看到原作者看不到的缺陷。做到这一点很不容易。

一些值得参考和体会的方法是，把文献研究的焦点从文章内跳到文章外，反复研究其背后的痛点，与大量其他相关的、不相关的研究在脑海中进行碰撞，用自己的专业知识、联想力、洞察力，反复发问、反复推敲，与同事、朋友、同学反复讨论，大量进行头脑风暴。如果开始文献搜索的时候，已经有一个模糊的科学问题，这个时候也要与这些文献进行反复对比、碰撞、相互质疑，才有可能不断提升认知，为找到有价值的缺口和创新点创造可能性。

这个阶段的研读必须要在打印出来的文章上进行，并随时携带。在任何时间，走路时、吃饭时或是在进行体育锻炼的过程中，都可能突然对文章中的某个想不通的问题产生一丝灵光，或在突然间意识到其中某个缺口，随身带着打印的文章和笔，就可以马上在文章中标注或记录下来，不至于忘记。记录在文章上的笔记更要反复回顾、思考、一遍遍质疑与修改。在电脑或手机上进行这样的过程是极为不便的。

即便如此，也未必能找到某个有价值的文献缺口，但不这样做，找到有价值的文献缺口就更难了。这其实也是为什么真正有价值的、首创性的科研成果是可遇不可求的根本原因。身处前沿，前方都是未知，有价值的信息更是深藏在大量纷繁复杂的现象下面，若非抽丝剥茧、深入浅出、上下求索、大胆发问、反复质疑，是很难明辨是非、去伪存真、寻得真谛的。这个过程本身就是科学探索的一部分，甚至是最难的一部分。

说句题外话，这样的探索过程只有科研人员自己知道，是很难被外界观察到和定量化的。科研人员在思维深处能探索到什么，跟当下在很多高校与科研院所对科研人员的考评基本没有关系，是靠科研人员的兴趣与自我价值实现驱动的。

三、从文献研读回到研究实践

文献研读的最终目标是要服务于自己的研究。因此，一旦找到"自认为"有价值的缺口，以及"自认为"可能与可行的创新点，就可以暂时结束文献研读，尝试写项目建议书或直接推进研究了。

所谓"自认为"就是强调科研人员在当前已知的范围内，能够说服自己和团队相信文献缺口是存在的，弥补这个缺口是有价值的，在可以预见的范围内也是可行的。至于是不是一定能在将来说服别人，特别是说服常常站在研究人员"对面"的评审人、主编以及最终研究成果的用户，那是后话。

这也就是说，并不需要等到文献缺口和创新都已经十分清晰了，才开始转入研究阶段。文献缺口成千上万，但真正有价值的、有可能创新性地弥补的缺口，是很难寻觅到的。多数时候，即便找到缺口，创新性地弥补该缺口也很不容易，失败的概率远高于成功的概率，这本身就是科学研究的基本规律。因此，只要在文献研读的过程中，有价值的文献缺口基本清晰了，创新的大体方向有了，没有显而易见的不可行性，就可以暂停文献研读，尝试推进研究。

在文献研读阶段和自己的同学、同事、朋友进行充分的、开诚布公的讨论可以让"自认为"的缺口或创新更有把握。

说到这里，不得不插个题外话。常常在一些场合听到或感觉到一些同学和老师们不愿或不敢与别人讨论自己的想法和创新点。一些人觉得自己的想法还很肤浅，觉得拿不出手，另一些人则担心自己的想法被别人窃取。在当前的科研环境下，确实存在这样的学术不道德行为，因而确实需要加强对学术不道德行为的揭露和治理，但如果因为这样的担心而不敢交流和讨论，我认为是因噎废食。"自认为"的缺口和创新，很可能在研究过程中才发现并非如此，那样留给自己的风险可能更大。至于因为自觉认知肤浅而不愿交流的做法，就更需要反过来想想，正是大量的交流才使得肤浅变为深刻。

最后，我想说，上面讨论的文献检索与研读方法不是从第一步一直走到最后一步就完成了，事实上，多数时候需要循环往复很多轮才有可能实现文献研读的目标——找到缺口和可能的创新点。

举例来说，如果在文献研读之初，研究人员只有一个感兴趣的话题，还不知道这个话题背后可能有什么痛点，那么按照前面的讨论，第一轮的文献研究就要把这个话题当做原因，在文献中探索有哪些可能的结果，特别是具有痛点特征的结果，文献研读的结果可能很多，比如，在图 7-8 中，我们看到新型冠状病毒感染疫情这个话题下，最少有收入下降、收入差距拉大、空气污染变化和物价上升四个结果。其中哪个痛点值得进一步往下研究呢？这就要围绕着其中某个痛点再次展开文献研究，比如考虑到脱贫攻坚刚刚结束，我会对收入差距拉大这个痛点感兴趣。但是，影响收入差距的肯定不只有新型冠状病毒感染疫情，还有很多其他因素，其中甚至有可能包括类似新型冠状病毒感染疫情的因素在文献中早就研究过，比如，"非典"或"埃博拉"对收入差距的影响，或者还有不少非具体传染性疾病对收入差距的影响。这些文献如果只用新型冠状病毒感染疫情这个主题进行文献搜索和研读，就可能触及不到。用"收入差距"或相似的主题进行二轮的文献搜索与研读就十分必要。

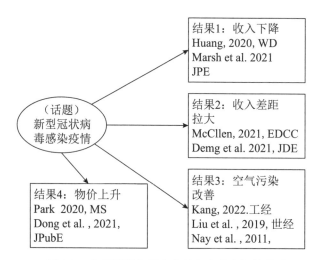

图 7-8　文献笔记上建立文献与文献之间的联系

下一章，我们继续讨论如何利用文献研究的成果开展自己的研究。

第八章
从文献回到科研

　　上一章我们讨论了在实操层面上怎么找文献和读文献，强调的是文献研读的过程管理。本章讨论如何从文献研读回到自己的科研中来，目标是从研读过的众多文献中找到文献缺口，并寻找可能的创新方向。

　　绝大多数读者在完成前几章内容的学习之后，研读经济学文献的效率通常都会极大提高，这不光体现在可以仅仅基于标题和摘要就能大胆地放弃绝大多数过去浪费很多时间研读的文献，还体现在可以比较轻松地读懂一篇文章的核心故事、判断其贡献。但是，在此基础上，想要进一步提出自己研究的突破口与方向，却不是一件容易的事。

　　这很大程度上与科研创新内在的规律有关。有价值的科研突破本来就是可遇不可求的。想象一下，所谓创新就一定意味着站在前沿，身后全是被研究过的东西，眼前却是一片空白。想要创新，想要做出自己的贡献，要么在研究众多已经做过的研究中找不足，试图改进，要么努力在前方一片白茫茫的"空无"中看到别人从未看到的"新大陆"，推开一扇新的窗，这都极为不易。这不仅与我们前述的文献研读有关，更与研究人员的知识积累、过往的研究经历、个人的思维习惯、人生阅历、创造力、想象力等密切相关。没有哪种方法可以教会我们如何创新。

只是，如果能够掌握一些基本的探索方向，一定是有益的。这正是本章第一节要讨论的内容。本章的第二节将回过头来讨论如何从前面的文献中获取灵感，目标是跳出单篇文献，力图从整体上把握当前文献的状态，重点讨论如何深入分析前述文献研读过程中形成的文献笔记和重要文献记录表。在本章讨论中，我仍会时不时地提及本书第三章讨论过的经济学分析范式，以加深大家对这些讨论的认知，努力做到灵活运用这些方法。

本章的内容，对于下一章的文献写作也具有重要参考意义。

一、常见文献缺口类型

一项研究或一篇文章要想清晰地交待自己的创新性和对文献的贡献，就离不开首先交待既有文献中尚存的缺口（literature gap）。换言之，只有看到既有文献的不足或"空白"，才有可能进行创新，也才有可能做出贡献。这说起来简单，但在实践中，界定既有文献和确定文献缺口均非字面上那么简单。所幸的是，在经济学研究中，最常见的文献缺口类型十分有限。在表 8-1 中，我归纳出来八大类（见表头），并针对每种类型，简要地给出了其主要表现、对应后果及弥补该缺口的研究目标。

熟悉表 8-1 中提供的信息，将有利于研究人员从文献研究中找到缺口，从而为科研创新提供可能。事实上，很多读者心里早就清楚，想要进行科研创新，就必须知道文献中的空白或不足，但仅有这样的认识并不能在文献研读实践中帮助大家有效地找到有价值的文献缺口。通过把经济学研究中最常见的文献缺口类型归纳总结，并汇总在一张表中，读者就可以对照着在文献分析中寻找缺口，同时能够不加思索地意识到相应缺口意味着什么、该向什么方向改进。在熟练掌握前，即便拿着这八大类文献缺口类型一一对照着研究文献，也是有帮助的。对于经济学研究中的很多新人来说，表 8-1 十分有用。

表 8-1　经济学研究常见的文献缺口类型

缺口类型	主要表现	后　　果	研究目标
（1）研究空白	针对某个痛点或话题完全没有研究过	痛点无法解决，对该话题可能给带来的痛点或资源利用效率缺乏认知	填补空白，使相应的痛点引起更大的关注
（2）理论空白	对于核心因果关系，缺乏缺乏理论解释	因果关系作用机制识别不当，伪因果关系，实证研究无法从现象认识过渡到规律认识	提出或构建新理论，指导实践与实证研究
（3）理论缺陷	无法验证；理论与现实不一致；理论过于复杂	只能停留在理论认知层面，理论无法解释和预测经济活动，理论不易被掌握与传承	改进理论
（4）认知冲突	对因果关系认知存在分歧，包括有无影响、影响方向或边界效果各层次上的显著分歧	不知道哪个结果可信，认知不到位；无法指导实践。	找到原因，并调和或确认其中的认知
（5）缺失重要原因或结果	针对痛点的某些重要原因或话题的某些重要结果尚未研究过	文献中其他变量的估计结果不可信，文献中对该话题的评估结果可能不可信	完善因果分析，提供新方案，修正旧认知
（6）机制/异质性缺陷	针对某个因果关系的作用机制或异质性认知不足	失去改造痛点、改造或应对话题的能动性和精准性	补充机制或异质性，提高改造能动性与精准性
（7）数据缺陷	样本太小，分布有偏，关键变量度量缺陷，不满足因果识别条件，数据收集成本过高等	实证结果不可靠，无法代表总体，研究门槛过高	提高结果可靠性、代表性，降低数据采集和利用门槛
（8）实证方法缺陷	模型设定有误；估计方法运用不当，估计方法自身有缺陷等	实证结果不可靠，不易推广应用	提高实证结果可靠性，降低方式应用门槛

二、如何找文献缺口?

为了找到文献缺口,可以按照一定次序和答案不断地问自己一系列问题,并试着给出回答。我把这些问答与判断过程,按照文献研究的起点不同,整理成了两个"探宝图"。接下来逐一进行讨论。

1. 从痛点出发——探宝图①

如果从一开始就已经有一个感兴趣的痛点,在经过一系列的文献搜索与研读后,第一个要问自己的问题是:该痛点在文献中有没有被关注过?(见图 8-1,探宝图①)。图中,方形框代表问自己的问题(question),椭圆形框代表答案或选项,菱形框代表建议。如果没有,就接着问,该痛点有可能用经济学方法改善吗?这就要用到我们在本书第三章讨论的 ABC 经济学问题分析方法了。

如果不能,就意味着经济学无法提供直接改善该痛点的办法。这里强调"直接",就是说一些痛点或许有其他非经济学手段可以改善,如新技术、新材料、新工具的发明,经济学或许可以在促进这些发明方面发挥一些作用,从而可能间接帮助改善该痛点,但那样的话,因果链条就太长了,完全可以把新技术、新材料、新工具难以发明作为一个痛点,开始经济学文献与研究。

如果能,就意味着能够按照 ABC 方法找到一些可能的改善方案,当然,也就找到了待验证的关键科学问题(RQ)。现在,可以追问一个问题——这个潜在的改善方案在成本收益上可能划算吗?这个问题的本质就是要努力设想并判断,有没有可能用较小的经济成本实现改善该痛点的目标。如果在验证前,就已经可以断定答案是否定的,那么这个 ABC 对应的 C2B 科学问题起码在经济学意义上就没有继续验证的必要了;否则,就可以尝试着进行验证。

当该痛点在文献中已经被研究过,那就要追问:该痛点是否被经济学家关注过?如果答案是"否",就进入"能用经济学方法改善吗？"这一问题。如果答案为"是"，就意味着在文献中已经有一些 ABC 分析逻辑和对应的 C2B 科学问题被研究过，也就是说，文献中围绕着改善该痛点的目标，经济学家已经开展过一些研究。这种情况下，还能不能在文献中找到缺口和创新的机会，就需要进入探宝图②中继续探寻。除了已经被研究过的 ABC，现在还可以追问："还可能从其他 ABC 或 ABC 组合改善该痛点吗？"并根据相应的答案，按照探宝图，继续向前推进。

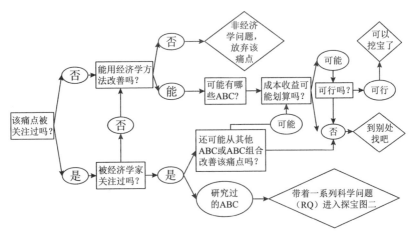

图 8-1　探宝图①

2. 从科学问题出发 ——探宝图②

如果从一个自己设想的科学问题开始文献研读，在文献最后要问自己的是：该科学问题在文献中回答过吗？

当答案为"否"的时候，要十分小心，很可能是文献检索不充分的结果，这个时候就需要用到前面介绍过的各种方法，重新搜索和研读文献（见图 8-2）。反复数次，答案都是"否"的时候，就要问自己："回答该科学问题对于背后的痛点改善预计帮助大吗？"如果答案是"不大"，就可以暂时放弃该科学问题了，如果答案是"不确定"，就要进一步问自己："回答该科学问题具备可行的条件吗？"如果不具备，就只能暂时搁置；反之则可以尝试通过研究回答该科学问题。

当答案为"是"的时候，就要继续问自己："该科学问题在当前的文献中答案是否一致？"并根据文献分析给出"一致"或"不一致"的回答。当然，必须强调，在比较各文献结果时，要首先确认用于比较的每篇文献自身没有明显的错误（注意是"错误"，不是缺陷或不足），如果只是因某些文献明显的错误而导致的答案不一致，则排除这些有明显错误的文献。这样，基于每种回答，还可以接着问一系列的其他问题，直到因没有显著的缺口、价值或可行性而暂停寻找，或向前推进一步进入尝试研究阶段，也就是可以尝试"挖宝"了。这并不能保证最后一定能挖到"宝"，事实上，很多时候不得不在研究过程中进行必要的调整，甚至最终放弃。但无论结果如何，这样一个基于文献研究进行的文献缺口"探宝"过程和研究过程，都是科学研究重要的组成部分。

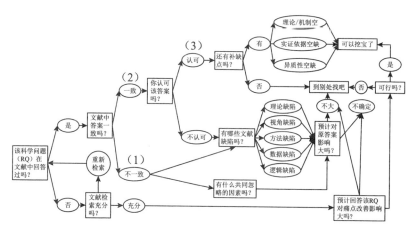

图 8-2 探宝图②

在探宝图②中，有四种情况需要展开讨论：

（1）某个科学问题的答案在文献中不一致，是经济学实证研究中一种十分常见的状态。这种状态是研究人员在文献研究时必须高度警惕和重视的，但现实中且常常被简单地当作该科学问题需要继续（其实就是重复）研究的依据，而不对不一致的原因进行深入分析。

多数时候，导致同一个科学问题在不同研究中有不同的结果的原因可能并不复杂，可能只是研究人员所用的数据在时空上不一致，甚至没有交集，或者是其中一些研究所用数据样本太小或不具有代表性，导致得到的结果不可靠，还可能是其中·些研究在模型设定或估计上存在明显的缺陷。所谓原因不复杂，就是说，如果能把这些问题解决，那么研究人员就有足够的理由相信，之前的不一致结果不复存在。

但是，也有不少时候，导致答案不一致的原因并不清晰。这就是说，得到不同的答案可能并非是因为某个或某些研究自身存在明显的缺陷或不同研究所用数据在时空上不可比，而很可能是因为某种所有研究都没有关注到的因素在发挥作用，而恰恰是这个"隐秘"因素在不同研究的场景中存在系统性或结构性的差异，或者与研究中某些关键的因素之间存在交互作用或不相互独立的关系，从而导致关键科学问题的答案不一致。

这个时候，挖掘出这个或这些"隐秘"的因素可能就会是一个科研创新机会。研究人员需要做的事是谨慎求证：是什么原因导致同一科学问题在不同研究中得到结果不同？一旦通过研究找到原因，就可能在之前不同结果的研究之间搭起一座可协调的桥梁。

然而，遗憾的是，这种答案不一致的状态在很多后续研究中被研究人员忽视，取而代之的是简单地把这种不一致直接作为继续研究的依据，而忽视了背后可能深藏着的"隐秘"因素。结果是新的研究充其量只是把文献中已经存在的 N 篇文献变成了 $N+1$ 篇，答案依旧不一致。这其实就是一种典型的科研"内卷"，就像是给吊起来的汽车踩油门一样，任凭轮胎高速转动，车子却原地不动。

关于这一点，读者可以结合之前表 8-1 中文献缺口类型（4）认知冲突，加以理解。

（2）当某个科学问题的答案在文献中一致或基本一致的时候，研究人员也很容易放弃怀疑，不认为该科学问题还有研究的必要。甚至有不少人在看到自己研究的答案与"一致"的文献答案不一致时，首先就怀疑自己错了，并总要想着法子把自己的答案"鼓捣"的和文献一致了才放心，这是完全错误的。问题当然不在于怀疑自己的答案有错，而在于放弃谨慎求证的态度与过程，一味"迎合"文献，而非挑战文献，生怕自己成为另类，这样就背离了通过应用科学研究不断探索改造世界的初衷。

而事实上，哪怕文献中答案都是一致的，也要问自己一个问题：有没有可能所有文献都错了？这当然是有可能的。理论上的缺陷、视角上的不同、方法或数据上的缺陷、逻辑上的缺陷都可能导致研究结果错误。比如，所有既存的文献可能都基于某个存在某种缺陷的理论，这个时候，即便采用了很优质的数据、很可靠的实证方法，也可能给出与事实完全不符的答案。再比如，既有文献可能都基于一个市场主体的视角回答该科学问题，而其他主体视角下，可能得到完全不同的答案。

大胆地质疑一切，是从文献研读中探索到有价值的文献缺口的关键。哪怕某个科学问题的答案在研读文献中完全是一致的，只要能够逻辑清晰地说出质疑的原因，就意味着提出了一个新的待检验假说，这已经在研究的道路上向前迈出了一大步。当然，提出质疑一定要有自己严谨的逻辑，而不是简单地反问："不研究怎么能知道？"一定要遵循现代科学研究从提出假说到验证假说的过程。

在正式开始研究前，最好还要设想一下，自己的改进对于文献中已经一致的答案会不会产生显著影响。在实证研究中，衡量这个边际改进的重要性，可以从三方面考察，包括：是否会改变原有的统计显著水平（比如从显著变成不显著，或反过来）？是否会改变正负作用方向？边际效应是否会显著提高或下降？在理论研究中，衡量边际改进的重要性可能会使原有理论结果的确定性、正负或大小发生变化。

（3）当既有文献中某个科学问题的答案一致，且提不出有价值的质疑时，研究人员仍然不能轻易放弃"探宝"。这个时候，需要问自己的问题是：还能做出什么补充研究吗？很多研究本身并没有显著的缺陷，但围绕着该科学问题，既有的文献却可能普遍忽略一些研究内容。举例来说，文献可能全部是实证研究，缺乏理论研究，这会使得对该科学问题背后的因果关系认知停留在现象层面上，而现象是千变万化、层出不穷的，因而即便迄今所有的实证研究都给出一样的答案，也不意味着该结论具有一般性。理论构建还有利于人类对过往实践和已取得的认知进行积累和传播，从而有利于未来更高效地改造世界。而缺乏对因果机制的理论认知和实证检验可能就失去改造现实的主观能动性，只能被动应对。同样，如果只有理论研究，却缺乏可靠的实证依据，也不能证明该理论一定符合现实。深入理解这里的基本逻辑，需要结合本书的第一章第一节中讨论的内容。

除了理论或实证依据上的空缺外，实证研究中还常常会缺失异质性分析。这相当于对该科学问题的认知只是在平均意义上，而忽视了该因果关系在不同场景中可能有不同的表现。当然，不是所有的异质性分析都是有理论或现实意义的。

异质性分析有很多现实的价值。第一，在理论层面上，异质性分析有利于人类更系统地认识某个因果关系的作用机制和适应条件。第二，实证研究中，当一组因果关系中的原因长期不可变或暂时不可变时，异质性分析有利于帮助人类认识哪些群体或特定的条件下，这些外在因素给人类带来的不舒服、不和谐会小一些，甚至能够把坏的影响转化成好的一面，这样的研究就有助于人类更好地应对这些外因的冲击。第三，实证研究中，异质性分析还常常有助于识别目标群体，这样可以更有效地集中资源利用，实现更精准的福利改善，或采用配套的措施以减少或避免一项活动给部分群体带来的负面影响。

（4）当我们从一个设想的科学问题开始文献研读的结果是，目前没有文献进行过相关研究，也就是探宝图②第一个问题的答案是"否"的时候，我们就很容易兴奋，觉得自己探到宝了，找到了一个从来没有被研究过的问题。但请先问问自己有没有下面两种可能：

一是文献搜索不到位。当之前所用的关键词太微观、太生僻的时候，就很容易失去一般性，也就很难找到有价值的文献。这个时候，采用第七章第二节的方法进行新的文献搜索就十分必要。

二是原先设想的科学问题可能并没有明显的研究价值——既不能回应改造或揭示痛点的现实需求，也不能为其提供新的方法。这就需要利用本书第一章关于科学研究和第三章关于经济学研究的内容，重新审视设想的科学问题。

当然，还有一种可能就是，原先设想的科学问题真的十分重要且从来没有被研究过。这类科学问题往往来自一些新出现的重大话题（如一项新出台的重大政策或改革措施），或是深藏在纷繁复杂的社会经济现象背后的十分难以觉察的规律。前者往往面临数据可得性的制约，后者则考验研究人员对人类社会运行规律的敏感性和洞察力，都相当不容易。

不容易归不容易，总有人可以做到。通过各种渠道有预见性地积累数据资源，就可以在重大话题发生后第一时间做出反应。平日工作或学习中，不断锤炼自己的洞察力是十分有益的。强化经济学理论水平，并努力把学到的经济学理论灵活地应用在科研活动中，强迫自己在每项科研活动中思考其背后的理论问题，是十分有益的。这与是否要把理论框架或理论模型写到文章中无关。

3. 从话题出发

如果文献研读是从一个感兴趣的话题（topic）开始的，我们前面说过，这个时候进行文献研读的目标是为了找到以该话题为原因

（C）、以市场主体行为（B）或行为结果（$B's$）为结果的因果关系，一旦在文献中找到，不管这组因果关系是否在文献中研究过，就相当于有了关键科学问题（RQ）。那么，接下来继续探寻文献缺口就可以按照探宝图②进行了。因此，从话题出发，并不需要单独的探宝图。

但有一点值得讨论。在拿到这样一个话题的时候，尽快判断一下这个话题背后的人类活动是不是可以比较容易根据结果进行调整和优化。如果不容易，或者完全不能，就意味着，把此话题作为原因考察时，其自身涉及的资源利用与分配就很难改变，这样的话，经济学家要研究的重点就是此话题会不会通过影响市场主体行为而给人类带来新的痛点。重心在该原因导致什么不良后果以及如何应对上，而不在此类活动本身的成本收益判断上。很多不可抗力就是这类主题，如自然灾害、战争、气候变化等，一些政府政策和巨大政府工程也常常具有此类特征，比如乡村振兴计划、三峡大坝和珠港澳大桥建设工程等，因为不管其影响如何，成果收益如何，都不能或已经不能改变此类活动的发生和投入。

如果能够比较容易地基于结果调整话题背后的人类活动，那么经济学家把其作为原因进行因果关系研究时，就既要关心这类活动如何通过影响主体行为带来不良后果，还要考察这类活动本身涉及的资源投入在经济上是否划算。对于微观主体（消费者、生产者）来说，因为其自身有趋利避害的动机，通常会自觉地根据结果优化自己的行为，使得其资源分配与利用自觉地趋于优化，因此，除非存在市场失灵，把微观主体的行为作为原因研究，其意义就十分有限。对于宏观决策主体（中央或各级地方政府）来说，其行为不仅可能给其他市场主体带来负面影响，其自身行为涉及的资源分配是否在经济上划算本身就是个未知数，因此，在研究中关注其带来的不良后果和对该活动进行整体的经济评估都十分重要。比如，政府出台一项农业补贴政策、改革一项财税制度、推动一项国企改革等，都属于这类活动。

三、文献笔记二次分析

读者可能已经意识到，在前面的文献研究过程中，我们会产生两类文献记录资料：文献云图和重要文献记录表。为了从整体上把握文献的基本状态，并力图找到有价值的文献缺口，对这两类文献记录资料进行二次分析至关重要。我们接下来就集中讨论一下这两种笔记的分析问题。过程中，我会按照上一节的探宝图指引，探索可能存在的文献缺口。

1. 文献云图与重要文献记录表

（1）举例分析

假设在经过第五、六章的文献研读过程后，我们形成了围绕痛点"生态退化"的文献云图（见图 8-3）和"重要文献记录表"（以下简称文献记录表或记录表，见表 8-2）。接下来将基于图 8-3 和表 8-2 展开讨论。

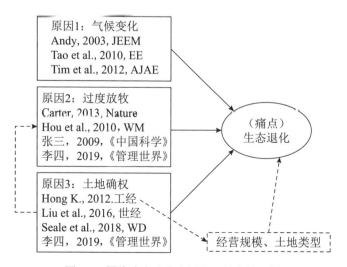

图 8-3　围绕痛点"生态退化"的文献云图

表 8-2　围绕"生态退化"的重要文献解析记录表*

PP-ID	Title	Author	J.	Yr.	Prob.	A	B	C	RQ	Result	Imp.
01	XXX	Andy	JEEM	2003	农地沙化（S国）				干旱对农地沙化的影响？	+	关注气候变化化
02	XXX	Tao et al.	EE	2010	水土流失（T国）	P 小农	开垦坡地	降雨增加	降雨量对开垦坡地的影响；开垦坡地对河水含沙量的影响；	+；+	关注气候变化，改善土壤质量
03	XXX	Tim et al.	AJAE	2012	农地退化（W国）				气温对土地生产率的影响	−	
04	XXX	Carter	Nature	2013	草场退化（T国）				载畜量对草原沙化的影响	+，存在门槛	建议立法禁止载畜量高于门槛
05	XXX	Hou et al.	WM	2010	草场退化（Z国）				放牧频率对第二年牧草分蘖数的影响	−，存在门槛	需规定放牧安全间隔期
06	XXX	张三	中国科学	2009	水土流失（Z国）				放养畜禽出栏量对山地植被覆盖率的影响	−	对兴起的畜禽放养加强监管
07	XXX	李四	管理世界	2019	草场退化（Z国6省）	P 牧民	养牛量；草场退化	草场确权	草场确权对单位面积草场养牛量的影响；草场确权对草地退化的影响	−；−	推进草地确权可以改善草地退化

续表

PP-ID	Title	Author	J.	Yr.	Prob.	A	B	C	RQ	Result	Imp.
08	XXX	Hong	工经	2012	农地退化（Z国3省）	P农民	土壤有机质含量	农地确权	农地确权对土壤有机质含量的影响；机制：确权—土地流转—经营规模—有机肥施用；异质性：平原 vs 山地	+；+；+；平（+）>山（+）	推进农地确权可以改善土壤优质含量
09	XXX	Liu et al.	世经	2016	水土流失（Z国）	P林农	林下经济发展；林地水土流失	林地确权	林地确权对林下经济发展；林下经济发展对林地水土流失	+；0	不必担心林地确权会通过林下经济发展而导致水土流失
10	XXX	Seale et al	WD	2018	生物多样性下降（G国）	P农民	农地生物多样性	土地私有化	土地私有化对农地生物多样性的影响	+/-；存在区域异质性	需采取措施防止土地私有化带来的农地生物多样性下降

* 此表中的文献为作者虚构。

首先，我们花一分钟时间从整体上审视一下图8-3，看到了什么？

- 文献中有三类导致生态退化的原因，分别是气候变化、过度放牧和土地确权。每一类原因下面都有数个研究，分布在2003—2019年期间。
- 发表的期刊有不少经济管理类的（比如，AJAE、管理世界、中国工业经济、WD、世界经济等），但也有很多以自然科学为主的期刊（比如Nature、中国科学），还有一些交叉学科的期刊（比如JEEM、WM、EE）。这告诉我们关心这个痛点的不只有经济学家。
- 除了直接的因果关系，还有个别研究涉及间接的因果链条，比如，洪（Hong，2012）就发现土地确权会通过影响经营规模进而影响到生态退化；李四（2019）既研究了过渡放牧对生态退化的影响，也研究了土地确权对过渡放牧的影响，从而构成了"土地确权—过度放牧—生态退化"的因果链条。

接下来，我们套用探宝图①，看看能不能找到图中每个问题的答案。

Q1：该痛点被关注过吗？

答案：是。

Q2：被经济学家关注过吗？

从发表的期刊来看，基本确定是有的。

从第三章我们知道，判断一项研究是否属于经济学范畴，关键要看是否能从研究中解析出相应的ABC。现在来看看图8-3。第一组因果关系是气候变化对生态退化的影响，显然，气候变化大概率是一个外生原因，如果有一组ABC的话，气候变化就是行为决策的约束（C），生态退化是一个结果（B's），那么主体（A）是谁呢？文献云图记录的信息不足以展现。

那我们现在去看看"重要文献记录表"（表 8-2）。不难发现，在这三个文献中，只有 Tao et al.（2010）的研究以小农户（生产者）为主体，其行为是"开垦荒地"，面临的约束是"降雨量增加"，对应的科学问题（RQ）是"降雨量对开垦荒地的影响是什么？"，从 RQ 一栏，我们还看到，研究人员还进一步回答了"开垦荒地对河水含沙量的影响是什么？"这样形成了一个"降雨量—开垦荒地—水土流失"的因果链条，从而得出气候变化对生态退化的影响（水土流失是生态退化的一个指标）。而对于另外两个文献来说，则并没有清晰的 ABC，因此，很难说是经济学研究，更可能是由气象学家、生态学家或环境学家开展的研究。

继续查看"过度放牧—生态退化"的因果关系，很容易看出，"过度放牧"本身是一个行为（B），这样的话，该因果关系就变成了我们在第三章中讨论的"用行为解释结果"的欠规范经济学问题。如果还能记得那部分的讨论，就会知道，这里面没有行为的约束（C）。这一组中的几篇研究中，只有李四（2019）的文章既回答了"过度放牧对生态退化的影响"，也回答了"土地确权对过度放牧的影响"，后者更容易提取出 ABC 来。从"重要文献记录表"来看，主体是作为生产者的牧民，其行为是"养牛量"，面临的约束（C）是"草场确权（变化）"。

从最后一组"土地确权—生态退化"的文献中，不管是从文献云图上还是从"重要文献记录表"上，都能看出有很多文献符合ABC 范式。有兴趣的读者可以自己对着文献云图和记录表试着加深一下对 ABC 范式的认识。

显然，Q2（被经济学家关注过吗？）的答案为"是"。这样，我们按照探宝图①（见上文图 8-1）继续追问下一层问题，这里有两个：经济学研究过哪些 ABC 或 RQ？还可能从其他 ABC 或 ABC 组合改善该痛点吗？我们逐个讨论。

Q3：经济学研究过哪些 ABC 或 RQ 了？

　　回答这个问题就要从"重要文献记录表"（文献云图通常记录不了这么详细的信息，容易乱）。不难看出，在记录的 10 个文献中，有 5 个都涉及 ABC，其中主体有农民（Tao et al., 2010; Hong，2012; Seale et al., 2018）、牧民（李四，2019）和林农（Liu，2016）；行为或行为的结果则有开垦荒地、养牛量、农地生产率、林下经济发展、林地水土流失、农地生物多样性；相应的约束则有农地、林地和草地确权。

　　这样我们就可以有很多不同维度的关键科学问题（RQ），最微观的 RQ 就是每个文献具体的 RQ，比如草场确权对养牛量的影响？ [1]（李四，2019），但也可以把农地、草地和林地确权一般化为土地确权，看其对各种行为或行为结果的影响，甚至把行为结果一般化为生态退化，从而构成一个更宏观层面上的 RQ——土地确权对生态退化的影响是什么？但考虑到我们开始文献研究的初心是为了找到治理生态退化的手段，因此，可以把该科学问题改成"土地确权能改善生态退化吗？"。

　　带着这样一个问题，我们就来到了探宝图②（见前文图 8-2）。

　　Q4：该科学问题"土地确权能改善生态退化吗？"在文献中回答过吗？

　　对于这个例子来说，答案自然是"是"。

　　Q5：文献中答案一致吗？

　　从"重要文献记录表"可以看出来，这涉及文章编号（PP-ID）07—10 四篇文献，从表中可以看出，土地确权对于改善生态退化似乎并没有一致的结论，对于草场过度放牧和农地有机质改善有帮助，但对于林下水土流失和农地生物多样性影响不显著或存在异质性。如果在不同的研究中所用的指标都能"准确地"代表生态退

---

[1]　由于养牛量对草地退化有正的影响，草场确权对养牛量的影响与草地确权对草地退化的影响在方向上就是一致的。因此，如果研究人员只对草场确权对草地退化的影响方向感兴趣，就可以用养牛量作为草地退化的代理变量。

化，那么，这个结果就出现了我们在表 8-1 中讨论的第 5 种文献缺口——认知冲突。根据表 8-1，这意味着，我们还不能简单地得出"土地确权一定可以改善生态退化"的结论。这就不得不回答下一个问题了。

Q6：有哪些文献缺陷（导致结果不一致）吗？

这相当于是从既有的文献中找可能存在的缺陷，并据此重新判断"不一致"的文献结果是否真的是不一致。回答这个问题就要回到每个涉及的文献中，考证哪篇文章可能存在哪种缺陷，有可能导致这篇文章的结论与其他研究不一致。做到这一点，理论上需要我们一一研读涉及的所有文章，主要是第六章最后提到但几乎被我们忽略掉的文献研读第六步——研究过程与结果部分，重点考察在理论、视角、方法、数据、逻辑上是否有缺陷。但我们可以判断一下先读哪篇，怎么做呢？这就要用到下面 Box 6 的内容——回望初心。

在这个例子中，我们的初心就是判断"土地确权能不能成为改善或治理生态退化的一种手段"。根据这个初心，编号为 07 和 08 的两篇文章显然给出了肯定的答案，尽管其结果可能不可靠，但编号 09 的答案是"没有影响"，编号 10 的答案是"有些情况下会有负面影响"。我们应该先判断一下，这两篇文章的结果是否可靠，然后再视情况，决定要不要读 07 和 08 两篇文章。

Box 8-1. 回望初心

读者已经在上一节看到，探宝图由很多需要研究人员根据文献结果自问自答的问题，但这些问题都是框架性的，实践中，研究人员很多时候还需要穿插着问很多不在探宝图上的问题，以帮助研究人员在每一步做出更准确的判断。但这些问题该怎么问呢？对这个问题，我并没有准确的答案，但有一点却是十分重要的，那就是在问这些问题的时候，时刻不要忘记我们开始研究的初心是什么？对于本节讨论的这个例子来说，我们是把"生态退化"当做现实的痛点，并力图寻找改善该痛点的办法。这就是我们当初做研究的初心。因此，在对文献进行二次分析的整个过程中，或在整个自问自答的过程中，经常提醒自己初心是什么，会有利于研究人员在每一步提出更有价值的问题来。这是本书除ABC、C2B 两个范式之外的另一个要点。

假设我们在编号 09 的文献中发现，研究人员在度量林下经济发展时仅用了 0-1 变量代表是否开发林下经济，把在林下散养几只柴鸡、空地上种了几株草药也认作是做发展了林下经济，取值为1。但我们知道这些活动在通常意义上并不会对林下生态产生明显的影响。当这样的样本在总样本中占有相当比例的时候，用 0-1 变量测度就会严重低估开发程度较高的林下经济活动对林下生态带来的影响，比如在林下挖掘池塘养鱼、种植林下产品、引进外来动植物品种，以吸引游客来钓鱼、采摘、野炊、观光等。

那么，重新定义 0–1 两种状态的边界，或直接用有连续变量特征的开发程度度量林下经济开发，原文中的结果是不是就会不同呢？那是不是就可以把这个作为依据，开展新的研究了呢？先看下一个问题。

Q7：（弥补该缺陷）预期对原文结果影响大吗？

回答这个问题，需要具备对计量经济学的理论知识和对林下经济活动实际情况的认知等。如果基于这些认知，我们发现，尽管编号 09 这篇文章用当前的 0–1 方法测度林下经济发展并不完美，但重新定义 0–1 状态或用连续变量替代都不会显著改变原文的结果——林地确权不影响水土流失，那么就可以认为该结果是可靠的，也就没有必要开展研究。反过来，如果觉得更准确与恰当地测度林下经济活动状态将可能改变原文结果，比如，得到林地确权会减少水土流失，假定水土流失可以代理生态退化，那也就是说林地确权会改善生态退化，这样，09 的结论就和 07、08 的结论一致了——土地确权大概率会改善生态退化，与土地具体为农地、林地还是草地基本无关。这个时候，我们继续研读 07–08 两篇文章的需求就下降了；如果改变林下经济测度后，预期的结论是林地确权会显著加重水土流失，那么，结果就和之前完全反了，这个时候，我们才要回头读 07 和 08 的研究过程与结果部分，以确认这两篇文章原先的结论是否可靠。然后，再视情况按照探宝图②继续判断是否可行并开始研究，或选择（暂时）放弃。

显然，不是每个文献中的缺陷都意味着是一个有价值的文献缺口，只有当这样的缺陷足以动摇到某些核心结论的时候，才有研究的必要。

现在假定我们在逐个分析了这四篇文献后，并没有发现其中任何一篇存在显著缺陷，但是结论就是不一致，那就要继续寻找其他原因，一个最大的可能就是存在文献都忽略了的东西。这就引出了探宝图②中下部的问题。

Q8. 有什么文献共同忽略的因素吗？

举例来说，结果的不同会不会仅由研究的场景（农地、草地或林地）不同，或者来自观察的行为或结果变量不同引起？以研究的场景为例，因为每个文献都只是在自己选定的一种土地类型上进行，所以肯定不会再研究其他土地类型。如果我们把四篇文献中的数据放在一起，进行回归分析，在原文献主要解释变量不变的前提下，加一个土地类型的变量和一个土地类型与确权的交互项，会怎么样呢？如果这些额外控制的变量都在统计上显著，就意味着我们可能得到一个和之前所有文献都不同且更为可靠的确权效应。

如果我们仔细看这些文献，或许会发现所有文献都没有考虑地方政府治理体系与能力的影响，而这个因素可能会同时影响某地正式的土地确权制度推进和非正式制度在土地权利保护中的作用，这就可能导致识别的土地确权效应受到其他因素的影响，从而污染了土地确权的真实效果。如果受数据限制，识别策略运用不当，就更可能导致这样的结果。

类似的问题当然有很多，都可能动摇某些甚至全部文献中的结果。这就找到了可能的文献缺口。至于是不是值得开展研究，还要再考虑下上文的 Q7。我们当然希望把有限的研究资源尽可能用在那些对文献结果影响较大的研究中，因为这样的研究才能更明显地"提升"人类的认知，推动认知前沿不断"向前"发展。给"提升"与"向前"加上引号，皆因今天认为的"提升"和"向前"或许在未来的某一天被证明是错误的，但那不能否定在当前的认知边界内这项研究改进了之前的文献认知。

（2）小结

我用举例的方式和大家分享了如何对文献云图和重要文献记录表进行二次文献分析，应用了上一节介绍的两个探宝图，还回顾了表 8-1 中的文献缺口类型。读者可能已注意到，我通过剥丝抽茧呈现的这个过程和我在自序中描绘的小时候拆装电铃时的过程别无二致。

尽管如此，大家还是能看到，掌握整个分析过程并不容易。因此，做个小结很有必要。

第一，文献云图和重要文献记录表包含的信息量十分丰富。除了依据探宝图指引的路径探索可能的文献缺口外，这两个文献记录资料本身也提供了十分丰富的信息。比如，在重要文献记录表中，如果我们把所有文献按照发表时间进行排序，然后在审视研究涉及的主体、核心约束等，就很容易理出关键科学问题的发展脉络。再比如，如果我们从其中的"核心贡献"栏（见表 8-2 最后一列）和表 8-1 中常见文献类型，我们就很容易看出四篇关于土地确权的文章都具有实证上的贡献，并没有在理论上做出任何贡献。如果读者对经济学上的产权理论有一定的认知，就不难发问：这些研究的实证分析是否有相关理论指引？如果没有，会不会影响到其实证结果？实证结果与理论预期是否一致？如果不一致，是理论存在问题，还是实证研究出了问题？显然，这样的分析可以给读者提供丰富的信息。

第二，对探宝图右侧很多问题的自问自答其实是一个十分漫长的过程。我相信这一点大家已经从前面的例子中感受到了，因为研究人员不得不反复对涉及的文献进行回看、确认和比较。很多时候，研究人员还需要额外进行一些有针对性的文献搜索，找一些公开可得的数据进行一些初步的分析，甚至还需要到做一些田野考察、与一些专家学者、政府主管部门的人员、研究的市场主体（如农民、林农、牧户等）进行讨论，以不断修正自己的判断。这个过程其实已经不能说是单纯的文献研究了，而是一边做文献研究，一边开始探索性地开展研究。

第三，两个探宝图在文献二次分析中有很重要的引导作用，但读者千万不要受其所缚。在教学和学生指导实践中，我注意到很多学生其实不会提出问题，更不会自问自答，并依据答案提出一连串的问题。但大家都知道，科研创新离不开提出问题，只有能提出别人没有提出过的问题，我们才有机会找到别人没有找到过的答案。探宝图正是通过把一系列关键的问答渐次递进地组合在一起，力图给那些不知道该怎么提问的读者提供一些引导。大家或许也注意到了，在上一小节的举例过程中，我其实也问了很多探宝图上未展示的问题，其中有一些是探宝图上问题的辅助问题，而另一些可能全然无关。这其实恰恰反映了正是我们人类思维创造过程的随意性和创新的不可预期性。因此，一旦根据探宝图习得了基本的提问逻辑，就一定要勇于摆脱探宝图的束缚。

第四，不断学习并掌握经典的经济学理论，并自觉地应用到文献分析和研究实践中是极为重要的。在上一节的例子中，我们注意到，文献云图和重要文献列表中都是实证文献，并没有包括罗纳德·科斯（Ronald Coase）、奥利弗·威廉姆斯（Oliver Williamson）等产权理论代表性经济学家的经典文献或著作，也没有涉及埃莉诺·奥斯特罗姆（Elinor Ostrom）的公共池塘理论。这当然并不能说是我们的文献搜索或研读不到位，这些经典理论本来就是经济学教科书上的内容。与实证研究相比较，理论研究是高度抽象的，正因如此，通过理论，千变万化的现象具有了一致性和可比性。因此，不管在文献分析还是在自己的研究实践中，自觉地运用理论将有利于研究人员超越具体场景、对象、行为、测度方法等的限制，在更大的尺度上提取文献间的本质异同，看到文献中存在的共性问题或缺口。

当然，对绝大多数经济学领域的新人来说，很多教科书上的经济学理论基本上只在课堂上囫囵吞枣地学过，在研究实践中，往往很难自如地应用。但我想强调的是，只要在文献学习和研究实践中，有意识地强化对教科书上理论的应用，那些理论就能活起来，就能真正掌握，甚至突然在某个时刻觉察到理论存在的缺陷。

在强化理论学习和应用上，几乎贯穿本书始终的 ABC 经济学问题分析范式为大家提供一根杠杆。就像我们在第三章第四节看到的那样，这个基本模型在不同的经济学理论中有着不同的表现形式，一些时候甚至不需要从 ABC 出发，就能提取出清晰的经济学科学问题来，但是，我们总是可以在复杂的经济学理论背后找到 ABC 的影子。因此，用 ABC 范式作为一根杠杆，回过头来对自己学过的教科书上的经济学理论进行"解剖"，将会极大地提高我们掌握每个理论真谛的效率，有可能帮助我们拾起曾经一度望而生畏的经济学理论。

2. 拓展文献云图

大家或许已经注意到，文献云图上的信息在文献记录表中几乎都能找到，那为什么我们还需要文献云图呢？答案是，文献云图可以用可视化形式更友好地在文献之间建立归类与联系，这比文献记录表更加容易帮助研究人员从整体上把握研究现状，看到既有文献主要集中在哪些方面，在哪些方面还比较薄弱。

下面我用一个更一般化的云图进一步讨论其在文献分析中的作用。如果我们把第七章中的图 7-11—图 7-13 整合在一起，并把话题"土地确权"和痛点"生态退化"分别一般化为原因 1（X_1）和结果 1（Y_1），我们就得到一个拓展的文献云图（图 8-4）。

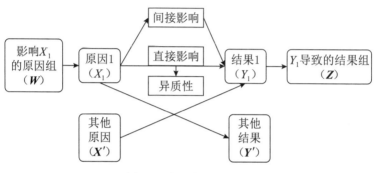

图 8-4　拓展的文献云图

在这个一般化的拓展云图中，研究人员可以从任意原因（X）开始进行文献研读，以找到其可能导致的痛点，也就是向下游寻找；也可以从任意结果（Y）开始，寻找导致该结果的原因，也就是向上游寻找；还可以从任意一个 X 如何影响 Y 的初始科学问题开始，试图寻找相关研究的前沿和缺口。

我们之前说过，将原因作为关键词进行文献搜索时，在原因关键词后面加上"的影响"三个字就更容易得到期待的结果。如果不加这个后缀，不仅会搜索到大量把 X_1 作为原因的文献（包括 Y 和其他结果变量 $\boldsymbol{Y'}$[①]），还会有大量把 X_1 作为结果的文献，从而给出一系列影响 X 的原因（$\boldsymbol{W}$）。如果用结果变量（Y_1）作为关键词搜索时不加"的原因"这个后缀，不仅会搜索到把 Y_1 作为结果的文献（包括 X 和其他原因 $\boldsymbol{X'}$），还会有 Y_1 当原因的文献，从而形成一系列 Y_1 导致的结果（$\boldsymbol{Z}$）。同样地，如果我们用"X_1 对 Y_1 的影响"作为主

①　黑体大写字母表示变量组。

题进行搜索时，就可能获得 X_1 对 Y_1 有直接影响的文献，其中可能包括一些 X_1 对 Y_1 的异质性影响的文献，以及 X_1 对 Y_1 有间接影响的文献。

现在，我们来讨论一下拓展云图有哪些用途：

（1）很容易从云图中直观地看出哪部分研究比较集中，哪部分比较薄弱。比如，当我们看到下面这样一个拓展云图（图 8-5 左），很容易意识到文章中有文献研究 X_1 这个话题或原因对 Y_1 的影响，但却仅限于 Y_1，那么 X_1 会不会也会导致其他不同于 Y_1 的令人不舒服、不和谐的痛点呢？这可能就会成为一个重要的"缺失重要原因或结果"的文献缺口（表 8-1 中的文献缺口类型 5）；当看到图 8-5 这样的云图，我们就很容易意识到文献中没有涉及 X_1 对 Y_1 的异质性研究，甚至还可能忽略了原因 X_1 到结果 Y_1 的主体行为。这样，也比较容易就可能找到一个相关的文献缺口（表 8-1 中的文献缺口类型 6）。

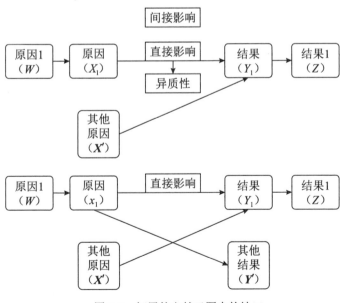

图 8-5　拓展的文献云图中的缺口

当然，这些缺口是不是有研究的价值，这个时候是需要谨慎判断的。一个十分需要警醒自己的问题就是：如果 X_1 会导致很多除 Y_1 之外的痛点，为什么没有文献研究过？如果 X_1 对 Y_1 的异质性影响很重要，为什么没有人研究过？通过反反复复问自己这样的问题，将十分有助于研究人员从一开始就把哪些确实没有重要研究价值的研究设想排除在外，以免花费很多精力研究，最后却说不上研究的重要性。

（2）把拓展云图对标第三章的内容，就很容易识别文献中存在的不规范或欠规范问题，同时，有助于找到改造的方向。例如，在前面的图 8-3 中，我们看到了影响生态退化的原因 2——过度放牧。显然站在经济学视角上，研究"过度放牧"对"生态退化"的影响，就存在用行为解释结果的欠规范嫌疑。这很容易理解，因为所谓过度放牧，就是单位面积上载畜量量过高（超出了草场生长恢复能力），而载畜量高低是由牧民这个生产主体决定的。一旦载畜量确定了，牧民的资源分配就完成了最优化配置，这样，在经济学上进一步研究载畜量对草原生态退化的影响就已经不能起到优化牧民资源分配的作用了。想要改造牧民的资源分配决策，就必须向前追溯研究是什么导致牧民过度放牧这个行为。只有找到那个原因，才有可能改变牧民的最优载畜量决策，进而改变由此带来的草原生态退化问题。

读者可能马上就意识到，上面拓展云图中的 W 这个时候就给出了很多改造的线索，比如我们可以直接问：会不会 W 中的某个因素就是导致 Y_1 的原因？这样，W 中的这个因素（如 W_1）就变成了 ABC 中的 C，A 是牧民，开始做文献时作为原因的 X_1（比如，过度放牧）此时就成了牧民 A 的行为（B），而最初的 Y_1 变成了行为的结果（$B's$）。相应地，新的科学问题就变成了：W_1 对过度放牧（X_1）的影响是什么？W_1 对生态退化（Y）的影响是什么？这样，就实现了对"行为解释结果"的不规范或欠规范问题的改造。有需要的读者，可以回顾第三章第四节中"用行为解释结果"的相应内容。

（3）在检验 X_1 对 Y_1 的影响时，很容易看出某个文献是否遗漏了哪些重要的解释变量。比如，在第 i 个文献中，研究人员发现 X_1 和 X_2 是导致 Y_1 的两个重要原因，在第 j 个文献中，研究人员发现 X_2、X_3 和 X_4 是三个导致 Y_1 的重要原因，那么，就很容易意识到第 i 个文献存在遗漏 X_3 和 X_4 的问题，因此估计的 X_1 和 X_2 对 Y_1 的影响在计量上都是有偏的；同样，第 j 个文献存在遗漏 X_1 的问题，对 X_2—X_4 的参数估计也是有偏的。文献缺口（表 8-1 中的缺口类型 5）就出现了。把 X_1—X_4 同时放到模型中解释 Y_1，就可能弥补文献中存在的缺陷。

（4）更容易通过 Z 呈现研究 Y_1 的重要性。假设研究的人员最初感兴趣的就是土地确权对过度放牧的影响，那么研究人员就必须告诉读者，过度放牧的危害，Z_1 这个时候就可以作为十分重要的证据，支撑研究 Y_1 的重要性。

上面讨论的仅仅是拓展云图最常见的四种用途。事实上，当读者灵活掌握这个云图并能自如地结合重要文献记录表后，就更容易在整体上把握文献中上存在哪些较为突出的问题，并找到潜在的创新方向。

需要说明的是，一些重要的创新很多时候完全不会出现在文献中，也就是说，是完全没有被研究过的科学问题。这种情况下，依赖文献云图和重要文献记录表都很难直接看到文献的缺口。正因为如此，很多特别重要的创新往往需要研究人员更加犀利的洞察力和想象力，要能看到别人看不到的"空白点"。

四、文献树与研究边界

在进行文献研读的时候，很多人都听到过这样一句话："要厘清相关文献的脉络。"尽管这句话本身并不难理解，但在实践操作中，却常常难得心法。因此，有必要单独把文献脉络拿出来做些讨论。为了更好地理解，我们先看一个相对简单的自然系统中的脉络，然后讨论文献脉络与研究边界问题。[①]

1. 河流系统与视距

我们先想象一个场景。假设我们有机会从高空俯瞰黄河，一定会看到很多河流逐级汇聚在一起，形成一条越来越宽的大河，同时，也会不断有分支岔开，流向不同的方向，其中一些还可能在经过一段距离的分开后，在下游的某个地方又重新汇聚在一起，形成很多分岔点和汇聚点。在整个系统中，总能在可见范围内找到每个分支的源头，当然也能找到终点。[②] 此外，尽管视觉上很难从高空看到河水的流向，但总是知道水是从上游不断向下游流动。

对于这样的一个俯视图，如果我们调整视距，就会看到之前看不到的地方或细节。如果我们逐渐缩短视距，看到的区域就会越来越局部，很多远视距看不到的支流就可能被看见，但同时，局部之外的画面就慢慢退出可视范围；如果我们反过来逐渐拉长视距，看到的区域就越来越大了，但同时近视距看得见的支流就逐渐消失了。不管是拉近还是缩短视距，我们看到的都是由起点、终点、分岔点、聚合点，以及具有一定流向的河道共同构成的系统，并无系统构成上的特征差异。这样一个远近视距的系统可以用图 8-6 左右两个示意图表现，其中左图代表一个远视距，右图则是左图虚线框中间图形的放大，表示一个近视距，展现了更多节点和支流。

[①] 如果读者还记得本书的序，就不难理解为什么我在经济学主题的著作中却列举自然或工程领域的例子了。

[②] 严格来说，能否找到终点要取决于能否清晰地定义终点。我们可以把一个汇聚点作为支流的终点，也可以把陆地上的终点（如一个无出口的内陆湖），或者把河流的入海口作为终点。如果没有清晰的定义，终点就很难理解也很难找到，这是因为万事万物即便不在循环中，也在时刻变化着。

　　不管是在远视距还是近视距的图上，都能看到一些延伸出范围的支流和在视距范围内终结的支流。同时，也不难看到，一个近视距上的起点（或入口），放在一个远视距上就可能是一个终点（或出口），而一个远视距上的终点，放在近视距上可能就是一个起点。这就意味着，通过调节视距，理论上就可以看到无限宏观与无限微观的系统了。

　　这样一个河流系统非常直观地呈现出了河流的脉络，而人类社会中有太多的系统与河流系统一样，具有明显的节点与脉络的特征，本书讨论的经济学研究也是如此。

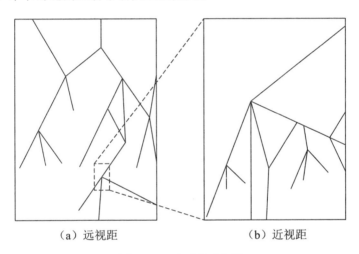

（a）远视距　　　　　　　　　　　　（b）近视距

图 8-6　河流系统示意图

2. 从复杂社会系统到文献树

　　文献脉络就像这样一个河流系统。给定一个视距，总能看到由起点、终点、分岔点、汇聚点和走向共同构成的局部系统，同样，拉近或缩短视距就可以看到不同的样子。很多研究人员在进行文献研读的时候，都曾设想过能不能梳理出这样一个清晰的文献脉络来——我常常称之为"文献树"（literature tree）。显然，上面的两个河流系统示意图都可以直接作为文献树。

现在有两个重要的问题：①既然已经有了前面的文献云图或拓展的文献云图，我们还需要这样的文献树吗？②如果需要，真能从文献研读中梳理出文献树吗？下面逐一回答：

（1）我们真的需要系统的文献树吗？

答案是显而易见的——十分必要。文献树相对于文献云图最少有两个好处：

一是，文献树可以帮助研究人员在更大视域下审视自己感兴趣的痛点、话题或科学问题，从而更容易准确把握相关问题发展的整体脉络，也就更容易预见未来的发展方向，这对于创新极为重要。文献云图充其量只是文献树的一个片段，两者之间的关系就是我们在前面看到的远视距与近视距河流系统。这就意味着，对于一个特定文献云图中原因，若放在更远的视距上可能就变成了另外一个原因的结果；同样，在文献云图中的结果，也可以变成下游某个结果的原因。因此，即便是拓展的文献云图多数时候也无法呈现事物发展的长期或宏观脉络，离开文献树，就可能出现某些选题在局部看上去非常合理，但整体上却漏洞百出。

二是，在寻找更加有效的原因和更精准的痛点上，文献树比文献云图有明显优势。文献树相当于是沿着一个痛点或话题向上和向下不断探索，从而延伸出来的一个很长的因果链条。在这个链条中，如果研究人员只是截取一个因果片段开展研究，就可能面临一个十分常见的挑战——不知道该怎么改变原因，从而即便在研究中证实一组因果关系，也无法通过改变原因实现改造痛点的目标。文献树则可以克服这一难题，帮助研究人员向上找到更恰当的原因，向下找到更准确的痛点。

以图 8-3 为例，其中在过度放牧与生态退化之间的因果就是这样一种情景。尽管好几篇文献都发现过度放牧更容易导致生态退化，但研究本身并不能给出改变牧民过度放牧行为的方案。这是因为，放在现代西方经济学框架下，牧民养多少牛羊、多大强度地放牧都是其自身经济行为最优化的结果。一些人可能会说："加强对过度放牧的监管与行政处罚，或通过立法不允许过度放牧不就可以解决问题了吗？"有这样的疑问一点都不奇怪，因为很多人的直觉都是这样，但请注意，这些研究并没有证明行政处罚或立法禁止对防治过度放牧是有效的。

因此，想要改造生态退化的痛点，就不得不继续追溯是什么原因导致过度放牧。经过研究，可能会发现，禁止过度放牧的立法是有的，但就是没有人监管。那为什么没有监管呢？假设研究后发现，原因可能在于地方政府人手紧张。这就不得不继续找寻人手紧张的原因，结果可能发现，地方政府财政紧张可能是其中最重要的原因。那又是为什么呢？继续追溯就可能发现，地方政府上缴给上级政府的财税额度太高是主要原因。研究人员当然也可以继续追问——为什么上交的财税比例那么高？从而一步一步地把原先只有一个小片段的因果链条拉得很长。

显然，每追溯一次，就会提出一个问题，就意味一个片段的因果关系需要检验。一项研究当然不可能完成每个因果片断的验证，但追溯到一个恰当的点上选取 X 变量显然更加有利于基于研究结果提出具有可操作性的建议。比如，在这个例子中，或许就可以把监管作为 X_1 研究其对过度放牧与生态退化的影响，最后期待提出通过加强对过度放牧的监管防治生态退化的建议；当然，也可能考虑用地方政府财税上缴比例作为 X_1，直接研究其如何通过影响监管力度影响过度放牧和生态退化，或许也可以给出降低地方政府财税上缴比例的建议。但是，把地方政府财税上缴比例作为 X_1 的做法，就会使因果链条过长。

那么，该在哪个点上停止追溯呢？关于这一点，我在随后的小节中还会谈到，这里先做简单铺垫。回答这个问题，我觉得需要考虑两方面：一方面，要尽可能追溯到可以调节的外生变量（外生于痛点所在是主体行为 B 或 $B's$）；另一方面，要取决于文章的设计体量，体量越大，因果链条就可以越长。

在上面的例子中，把监管当做 X_1 是完全可以的。相对于牧民这个过度放牧主体来说，监管已经是外生的，因果识别也比较容易。只是，在提出加强监管这个建议的时候，研究人员并没有为地方政府考虑。为什么他们的监管跟不上？这当然有许多的原因，但如果地方政府本身也是一个最优资源配置主体，那么他们对这项研究结果的反应也只能是："我们承认监管不到位是过度放牧的原因，但却没有更多的资源用来加强监管，拆东墙补西墙式的措施一定会在解决一个痛点的时候，形成一个新痛点。"

如果文章体量和因果识别可行性允许，追溯到地方政府财税上缴比例就成为一个选项，这就不仅可能给过度放牧和生态退化提供一个重要的解释，还能从降低地方财税上缴比例这一点找到地方政府疏于监管这个问题的解决方案，从而使基于研究提出的建议更具有可操作性。

显然，与文献云图比起来，具有更多层级的文献树更有利于研究人员准确地找到有价值且能够调节的原因，从而使得研究成果可以真正服务于改造痛点的本源目标。文献树也可以帮助研究人员更准确地定位痛点的真正所在，从而为选取 Y_1 以及从 X_1 到 Y_1 之间的作用途径和影响机制提供直观的参考。

（2）我们真能从文献研读中梳理出文献树吗？

在社会科学领域，这个问题大体上等同于问：我们能从复杂的人类社会系统中抽象出一个类似河流系统的脉络清晰的系统吗？简单的回答就是，需要提前锚定一个系统。

与河流系统相比较，我们研究的人类社会系统要复杂得多，其中类似河流这样维度的单系统就数不胜数，比如经济系统、行政系统、文化系统、法律系统、宗教系统、血缘系统等，每个个体或群体都有一系列微系统，如社区环境、邻里关系、家庭系统等。系统与系统间除了宏微观上的差异外，多数时候还纵横交错，相互牵制，相互作用，使得整个人类社会系统变得复杂无比。

想要从这样一个纵横交错、纷繁复杂、不断变化的人类社会系统中梳理出一个类似河流系统平面图的脉络来，就必须锚定一个系统。比如，研究人员可以把感兴趣的痛点放在经济系统中进行研究，也可以放在法律系统下进行研究；在经济系统中，还可以锚定在微观经济系统中或宏观经济系统中；等等。通过这样的锚定，研究人员就可以假定该痛点所在的其他系统不变。这一做法有好有坏，好处是使得因果识别成为可能，坏处是识别的因果关系可能与现实世界存在较大距离，而这正是我们要鼓励开展跨学科、多学科交叉研究的原因。

显然，锚定一个系统后，我们就可以对错综复杂的、动态变化的人类社会系统进行降维处理，从而得到一个类似河流系统的简单系统，这是确保我们能通过文献研读梳理出一个文献树的前提。本书在讨论文献研究时，就是把我们研究的对象锚定在经济系统中。

3. 有意义的因果关系与认知阶梯

现在，读者可能在疑惑——在文献研究实践中，我们到底需要文献云图还是文献树？如果能灵活地掌握上一节讨论的视距概念，这个问题本质上相当于在问：我们到底应该在什么视距上审视文献树？或者说到底该给文献研究或自己的研究设定一个多大的边界？

我的答案是：确定的边界必须是满足包括最少一个有意义的因果关系；在此基础上，边界的大小很大程度上要取决于自己的"段位"。

什么是"有意义的因果关系"呢？放在包括经济学在内的应用科学上，这包含四个要点：①因果关系中必须是一个感兴趣的痛点，并内嵌一组 ABC，以确保某个原因一定是通过改变主体的某个行为而作用于痛点。②在这组关系中，改变某个原因，能够预测并观察到结果变化，哪怕结果会反过来影响原因，并产生新的结果，与上一个循序中的结果也不在同一水平上，也就是说该因果可以是一个螺旋式演进的因果链，而不是一个完全闭合的因果链。③如果研究的目标是改造痛点，最少有一个原因是可以被操控。这一点强调的是人类的能动性。④为了改造目标痛点而产生的不易预见的其他痛点，可暂时不考虑。这不是说新痛点不重要，而是说就一篇文章的研究体量而言，是可以暂时忽略的。

怎么理解"段位"呢？满足有意义的因果关系的边界仍然可以有大有小。实践中，研究人员该从大边界还是小边界着手呢？这就要看研究人员能够认识和操纵的边界大小了，也就是取决于自己的"段位"。

很多经济学领域的新人也许上过不少经济学的课程，但因为对纷繁复杂的经济学现象的认知仍十分有限，所以真正能把课堂上学到的经济学理论灵活地运用到解释现实世界中，是需要很长的路去走的，更不用说直接用课堂知识改造现实世界。受此影响，新人们往往要么视距太远，要么视距太近，导致边界太大或太小。太大的话，痛点的维度也会很大，从因到果的作用路径也会非常粗，与非经济系统之间的交互作用就会十分复杂，这对绝大多数的新人来说，就会有把握不住痛点、看不到文献缺口（大问题很容易被广泛研究过）、不能厘清作用机制等问题。反过来，如果边界太小，就很容易出现只见树木，不见森林的尴尬。比如，在小边界内看上去是很痛的现象，可能放在大边界内看，非但不痛，还有可能是好的；同样，在小边界内看上去很合理的改造方案，放在大边界内，可能就完全行不通。

因此，根据自己的"段位"确定边界大小十分重要。对于新人来说，还是建议从小边界开始做起，随着自己对经济学理论知识掌握的熟练程度的提高，对现实经济世界认知程度的提升，在大边界内抽象出独立系统或同时考量多个系统的能力就会增强，也就是随着"段位"的提升，就可以逐步拉远视距，放大研究边界。我把这个过程称之为认知阶梯。当然，需要注意的是，不管选定的边界是大是小，研究选题都要满足包含"有意义的因果关系"的基本要求。

在认知阶梯的晋级中，远视距下有很多自己并没有研究过的"小边界"可能已经隐退，但此前在某个或某些"小边界"上的研究认知，仍然可以帮助研究人员大致推测出远视距下隐退的其他"小边界"上的规律（这是由研究的一般性决定的）。在远视距下研究更大尺度的因果关系时，就不会因为看不到其中一些小边界上的问题，而出现顾此失彼的现象。

为什么不建议从大边界向小边界过渡呢？举个例子来回答。

如果一个人可以当好村长，那么，他就有较大可能当好镇长，而且，不需要在该镇里的每个村庄都当一遍村长，因为在一个镇里，村庄之间存在较大的共性，因此，带领一个村庄的经历与技能可以很好地帮助他带领好一个乡镇，尽管需要学习一些新东西。但是，如果反过来，一个上来就当县长的人，可能因为不熟悉乡镇和村庄，既当不好县长，也做不好镇长，甚至做不好村长。

4. 调节视距寻找文献缺口

很多软件中都有 ⊕ 和 ⊖ 这两个小图标，点击可以实现显示比例的放大或缩小（zoom-in or zoom-out），如果在看地图的时候使用，就一定会感受到我在上一节说到的不同视距下看到不同范围与细节的画面感。

现在想象一下，如果我们对眼前的文献树进行放大或缩小的处理，是不是就能感受到和调节视距看地图一样的效果？在越远的距离越能看到全局，越能看到主线，在越近的距离就越能看清局部，越能看到细节。在一个人的"段位"还不够高的时候，从远视距下看问题的能力通常就比较有限，但当"段位"提高到一定高度的时候，就能通过这种调节视距的办法，对文献树进行远近视距反复扫描，这将十分有利于找到文献缺口。

但是，在这个过程中，注意用眼光在可见的文献树与空白区域间来回扫描，重点关注：

- 文献树中的空白区域，思考有没有尚未被研究过的局部区域；
- 已知因果链条的起点、终点，审视是否恰当，能否通过向前或向后延伸的办法找到更准确的痛点和更好的改造痛点的办法；
- 已知因果链条是否有平行的原因或平行的结果，探索改造结果的未知途径，或更充分揭示一个话题可能带来的不良后果；
- 已知因果链条是否可靠，努力提出新方案、更新旧认知。

对文献树的缩小和放大并不像可见的电子地图那样直观，很多时候是需要在自己的大脑中构建这样的文献树并调节视距，所以难度不小，对新人来说就更不容易。但强迫自己具备这样的意识，养成这样的习惯，在练习一段时间后，一定会感受到明显的收获。

很多时候，我们在调节视距的过程中，会因把握不准维度而跳转错位，本来想向远视距调节，却把很多近视距上才能看到的细节呈现在远视距的视图中，或者反过来把远视距下的大线条置入了不当的近视距视图中。对于经济学人来说，找几本宏微观经济学教材，认真审读一下教科书的目录层级是十分有用的。如果能更好地掌握学科划分，就更加有益，这方面，也建议大家熟悉 JEL 分类编码（JEL classification codes）的构成。

更重要的是，在日常的生活和工作中，多练习对各种事物或现象的分类、分级是十分有益的。比如，空调、电冰箱、洗衣机等都可以归为家用电器类，家用电器、床上用品都属于家庭生活用品类。再比如，在现代西方经济学体系下，资源稀缺是起点，在这个起点下，可以按照资源所有划分为消费者、生产者、政府与无主体（公共资源就可以看做是无资源所有人），在生产者内，可以按照产品形式分为产品生产者或服务生产者，按照生产规模可以划分为小生产、寡头和垄断生产者。这样的例子数不胜数，但真正做起来并不那么容易，特别是放在经济活动中，更不容易。准确地把握一种经济现象的层级与归类，就要对划分标准有十分清晰的认知，一点含糊都可能导致张冠李戴、错误百出，进而把文献树搞乱，失去其作用。只有多练习、多思考，才能掌握地更准确、更灵活。

第九章
经济学研究中的文献写作

文献写作在科学研究和科技成果传播中占有十分重要的地位。文献写作有多种类型，各自有不同的目标与侧重点。常见的类型有三类：期刊论文中的文献接续、研究计划书中的文献综述和综述类文章。接下来，本章就逐一进行讨论。

一、期刊文章的文献接续

1. 目标与形式

有必要先解释一下"文献接续"这个新词。在准备本节内容之初，我其实使用的是"文献综述"一词，但很快意识到那样很难把期刊文章中的文献部分与研究计划书、学位论文中的文献综述区分开来，甚至不容易和综述类文章区分开来。单独赋予期刊文章中的文献部分一个新词"文献接续"正是为了强调其与通常意义上的文献综述或综述类文章之间的区别。具体如下：

期刊文章中文献部分的核心目标主要是通过对本研究的前序研究（prior studies）的陈述，展现出本文针对的文献缺口（literature gaps），以支撑本文的创新性（innovation）和文献贡献（contributions to literature）。因此，期刊文章中的文献部分陈述的前序文献主要是那些被本文作为前进的基础的文献。一些时候，为了引出或烘托前序文献，作者也会在文献部分利用其他文献进行适当的铺垫，但这并不会改变前序文献是服务于文章创新性和文献贡献的原则。基于这一点，期刊文章中的文献部分与英文中的"antecedent"更加吻合。我使用"文献接续"一词，正是取承接前序研究，并继续向前推进之意。①

作为对照，在研究计划书或学位论文中的文献综述（literature review）则完全不同。文献综述通常也要支持本研究，但其重心却在于向读者或评审人呈现有关文献的整体发展脉络、特征、趋势、不足等，因此，所涉及的文献就远不止直接支撑本研究创新性和贡献的那些文献，而会更加宽泛。综述类文章更为不同，不仅要向读者呈现系统的文献综述，还要超越所有综述过的文献，看到单篇文献无法看到的问题（problem）、观点、方向等。因此，与通常意义上的理论或实证研究一样，综述类文章的作者需要在文章一开始就提出本文的科学问题，并利用文献资料和文献分析方法对科学问题进行回答，相当于对文献资料的二次研究，这才有可能看见单篇文献看不到的东西，也才能体现其单独作为一篇期刊文章发表的核心价值。

期刊文章中文献接续的目标决定了其写作必须服务于本文的创新性。在经济学期刊文章中，文献接续通常有两种形式：一是内嵌在引言中，二是在引言后单设一节讨论文献。如果内嵌在引言中，文献接续部分通常很简洁，一般1~3个自然段。只要能清楚地陈述前序文献尚存的改进空间或缺口，并指出弥补该缺口的价值，就足够了。如果用单独一节讨论文献，引言部分就可以不提及文献接续的内容，即便提及，也要更加简洁，把相应的文献接续与评论内容

---

① 在现实中，很多作者会策略性地把很多事实上不对本文构成支撑的文献也引用到自己的文章中，以降低因为"忽略"潜在评审人而被拒稿的概率，但这种做法从纯粹科学研究与人类认知的继承与发扬上讲，并没有真实的价值。

放在独立文献小节中即可。①

　　具体到一篇经济学论文上，是采用引言内嵌式还是独立的文献小节，主要取决于两点：一是目标期刊的风格，二是前序文献是否需要较大篇幅才能陈述清楚。

　　需要注意的是，在很多已发表的文献中，我们经常会看到，作者已经在引言中比较清晰地交待了文献的缺口，并指出了弥补该缺口的价值，但仍然会单独加一节讨论文献。这多半是为了符合期刊的要求。仔细审读不难发现，尽管独立文献小节提供了比引言更丰富的文献，但基本上只是引言中文献接续部分的扩充版，很少能额外提供有利于读者理解文献缺口和本文创新与贡献的新内容。

2. 常见写作误区与改造

　　针对不同类型的文献缺口，期刊文章文献接续的具体写作会有稍许差异②，但只要能满足这部分内容的基本目标，具体写作完全可以不拘一格。评估自己的文献接续写得好与不好的一个办法就是换位思考。试着站在读者的立场上，看看能不能从写作中清晰地看到本文针对的文献缺口和本文的创新与贡献，如果能，就是好的，否则就需要改进。

　　在具体的实践中，有关文献接续的写作常常有下面五方面的误区或突出问题，接下来逐个讨论，并提出相应的修改建议。

　　（1）呈现文献缺口前铺垫过长

　　比如，一个研究极端天气对中国粮食安全影响的文献，如果研究人员从文献研究中获得的信息是"文献中已经有不少实证研究，

①　绝大多数期刊文章中并不把独立的文献小节称作文献接续，而是多用文献综述或文献回顾。这并不重要，我在本章中用"文献接续"只是为了把期刊文章的文献部分与通常意义上的文献综述或综述类文章区别开来。

②　有需要的读者，还可以到第八章第一节回顾一下讨论过的经济学研究常见文献缺口类型。

结果也比较一致，但这些研究都没有构建极端天气对粮食安全影响的理论模型"，诚如我们之前讨论过的那样，这会导致实证研究的结果可能不具备一般性、作用机制可能不清晰等问题。这项研究的贡献就在于构建了一个理论模型，还用实证数据检验了这个模型。实证结果与文献并没有太大差异，所以本研究对文献的核心贡献就是提出了一个分析极端天气对粮食安全影响的经济学理论模型。这可以为未来类似的实证研究提供重要的理论基础。

对于这样一个研究，如果作者在文章的文献接续部分这样写（为简便起见，我只写出来关键句，而用"……"表示支撑前面关键句的素材。读者可以把每个关键句当做一个段落的主题句）：

"中国的粮食安全问题一直受到高度关注……很多学者研究过影响中国粮食安全的技术、制度、农户特征等因素……近年来，中国各地的极端天气现象发生率越来越频繁……这让很多学者关注极端天气对农业生产和粮食安全的影响……这些研究基本上都表明极端天气给中国的农业生产造成了较大的危害……但是，所有这些研究都没有提出极端天气如何影响粮食安全的经济理论模型，这导致……为此，本研究以农户为决策主体，在现代西方经济学的框架下，构建了一个气候反应经济学模型……"

从主题句中不难看出，作者在指出文献缺口（下划线部分）前，进行了大量的铺垫，从中国粮食安全的重要性，到影响粮食安全的因素，再到极端天气的发生率，显然这些与本文所指出的文献缺口"缺乏理论研究"并没有直接关系。那什么样的文献可以直接支撑本研究针对的文献缺口呢？答案是那些研究"极端天气对粮食安全影响"的实证研究。

当然，所有这些铺垫并不是都不正确或不重要。我想强调的一个重要的逻辑是：如果本文拟补充理论模型是重要的，那就意味着，过往文献中已有的相关实证研究也是重要的，对应科学问题中的解释变量——极端天气和被解释变量——粮食安全一定都是很重要的因素，否则文献中的实证研究就不重要了，在本研究中进一步补充理论研究也就不重要了。按照这个逻辑，即便在文献缺口前围绕着极端天气和粮食安全进行一些铺垫，也完全不需要浓墨重彩。

有了这些认识，修改这类问题就很简单了，直接把那些不直接体现缺口的内容删除即可。比如，改写成这样：

"近年来，受极端天气现象频发的影响，很多学者对其可能给农业生产和粮食安全造成的影响进行了实证研究。比如：A采用……的数据，研究了……，发现……B采用了……数据，研究了……，发现……C采用了B用过方法，研究了……，发现……但是，至今并没有研究从理论上讨论极端天气如何影响粮食安全，这会导致……等问题。为了弥补这一缺口，本研究在现代西方经济学的框架下，以农户为决策主体，构建了一个气候反映经济理论模型……"

显然，与前面举例时的写法相比，删除不必要的内容使得整个文献的逻辑简洁明了，读者也就很容易抓住这篇文章针对的文献缺口和贡献了。

（2）只列文献不讨论缺口

继续用上面的例子来说，如果写成下面的样子，就进入了"只列文献不讨论缺口"的写作误区：

"近年来，很多研究关注极端天气对中国农业生产和粮食安全的影响。比如：A采用农户调研数据研究了自我汇报的极端天气发生状况对农户玉米产量的影响，发现……B调研了农户的玉米生产行为，并把农户数据与县级气象监测数据进行了合并研究，发现……C利用了全国18个省份的省级统计面板数据，采用固定效应模型识别极端天气对样本省份三大主粮产量的影响，发现……本研究以农户为决策主体，在现代西方经济学的框架下，构建了一个气候反映经济理论模型……同时，采用省级统计面板数据，对模型的理论预测进行实证检验……"

显然，尽管作者用了数段陈述了 A、B、C 开展的相关研究，还细致指出了每项研究用到了什么数据、什么实证分析方法，也给出了各自的结果等细节。但是，由于并没有清晰地指出"尚没有一项研究从理论上研究过极端天气如何影响粮食安全，这导致……"的文献缺口及弥补该缺口的价值，导致读者不得不自己去猜想过往文献的不足和本文的贡献。这种误区按照凯姆勒和托马斯的说法就是"把自己排除在（文献综述）外了"（凯姆勒和托马斯，2020）。

当然可以辩解，从"本研究以农户为决策主体，在现代西方经济学的框架下，构建了一个气候反映经济理论模型……"中可以推测出文献中的不足是缺乏理论研究，也可以推测出构建理论模型可能是本研究的贡献。但是，读者怎么知道 A、B、C 的文献没有进行过理论研究呢？又怎么知道针对这个具体的科学问题为何一定要进行理论研究呢？对这些问题读者要想搞清楚，就必须找到那三篇文献，并自行阅读和比较，否则就只能推测本文的贡献是"构建了一个气候反映经济理论模型"，并姑妄信之。这就给读者评价本研究的价值与贡献造成了不必要的麻烦。

对这种情况进行修改也十分简单，就是清晰地指出这三篇文献都没有在理论上讨论为什么极端天气会影响农业生产和粮食安全，这会引出实证模型的设定缺乏足够依据、很难搞清极端天气对农业生产与粮食安全的影响机制并从众多影响路径中识别出最重要的路径、实证结果缺乏一般性等问题。我们需要避免在指出文献缺口时对过往研究评论不当，但仍需要清晰地指出文献尚存的缺口或改进空间。这两者之间的界限需要每个人认真体会和把握。

（3）文献缺口模糊不清

与上一种情况十分相近的另外一种文献写作问题是：看上去交待了文献缺口，但稍加推敲就发现并不清楚。比如，把"研究很少""只有少数研究"或类似的表述当做文献缺口。

　　把"研究很少"当做文献缺口这类现象在包括经济学在内的社会科学研究论文中十分常见。不可否认，由于社会科学研究对象的复杂性和多变性，导致很多研究即便采用的方法相同，也常常会得出不一致的结论，这给研究人员针对同一个科学问题进行多次研究提供了依据，但这并不等于"研究很少"就可以"理所当然"地被当作文献缺口。

　　这是一个基本的逻辑问题，因为"研究很少"只能说明，在过往研究中找到文献缺口的概率可能大一些，但并不能排除一种可能性——从"很少"的文献中已经很难看到明显的文献缺口。好的研究，哪怕只有一篇文章，也常常能够把人类对一个科学问题的认知提高到很高的水平，让人很难继续提出新的质疑。因此，"研究很少"事实上并不能说明文献缺口是否存在，更不能呈现缺口。

　　修改的办法就是继续深入挖掘现有文献仍能改进的空间。举例来说，如果针对某个科学问题，研究人员在文献中找到四篇密切相关的文献，其中第一篇文献可以在 A 和 B 两方面改进；第二篇文献在 C 和 D 两方面可以改进；第三篇文献改进了 A、C 和 D，但在 B 点上仍可以改进；第四篇文献采用了不同于第三篇文章的策略，但同样也未能改进 B 点，这可能会导致……的问题。由此可见，即便相关文献不多，也要努力从中找出真正的文献缺口所在，而不是武断地用"研究很少"直接作为文献缺口。在这个例子中，如果 A、C 和 D 的改进，并不能促使 B 的改进，那么进一步改进 B 来考察该科学问题就可能是一个重要的文献缺口。

（4）只讲缺口不讲弥补缺口的价值

　　很多时候，读者能够从文献缺口中认识到弥补该缺口的价值，其实，在写作时直接讲出来，能帮助研究人员先把研究的价值理得更清楚。事实上，在文献接续中只讲缺口不讲价值，多数时候恰恰意味着研究人员自己并没有理清楚，这反过来会导致研究人员不能准确评估自己研究的贡献。

　　比如"尽管该问题在发达国家有很多研究，但在发展中国家却没有人研究过""文献中还没有人用中国数据对这一问题进行过检验""过往研究都以大田作物为研究对象，却没有讨论过极端天气对蔬菜生产的影响""虽然有关这个问题已经有一些研究，但研究人员所用是数据都比较过时"等，从这些表述，我们虽然能看到文献缺口（严格来说是本文与文献的不同），但是很难说出弥补该缺口的价值。有一个问题常常被大家忽略：如果用发达国家数据研究的结果适用于发展中国家，那为什么还要继续在发展中国家开展相关研究呢？除非能够给出几个让人怀疑发达国家的结论并不一定适用于发展中国家的理由，否则继续在发展中国家开展这样研究就是对科研资源的浪费。同理，如果不交待极端天气对大田作物的影响与对蔬菜生产的影响有什么显著不同，那么，在大田作物上研究的结果就可以用来预测极端天气对蔬菜生产的影响，而无须浪费人力、物力继续开展该研究。

　　显然，通过强迫自己在文献接续的写作中交待弥补文献缺口的价值，就能迫使研究人员不得不深入问自己，是否有必要把一个文献中已经存在的科学问题在不同的国家、对象、区域、时点上进行新的检验，从而可以更深刻而清晰地厘清本研究与文献的区别与对文献的贡献。

　　改造这类文献写作问题的办法就是认真挖掘弥补文献缺口的价值，并补充到论文的文献写作部分。比如：

　　知识产权保护对企业科研投入的影响在发达国家已经开展过大量研究。比如，……（REF①1）；……（REF2）；……（REF3，REF4）。尽管研究结果会因制度（REF1）、企业规模（REF2）和行业特征（REF3）等有所不同，但总体上，这些研究都认为用法律形式加强知识产权保护有利于促进企业的科研投入和技术创新，这也符合理论上的一般认知（REF5）。但是，文献中上没有人用中

---

① REF 代表引证文献。

国数据检验过这一结论。我们认为中国特有的一些文化与经济制度可能使得文献中的认知不再显而易见：

首先，在中国文化中，绝大多数人都不想或不敢做第一个'吃螃蟹'的人，因为大概率会失败或被别人嫉妒而受到打压，俗称'枪打出头鸟''木秀于林，风必摧之'就能充分体现这种文化特征（REF6）。用经济学语言来讲，就是创新的风险很大，那么，知识产权保护虽然可能给企业或个人带来没有保护时更多的获益，但如果获益不能超过人们对'枪打出头鸟'的风险担忧，那么知识产权保护就不可能发挥作用。

其次，与绝大多数发达国家不同的是，中国国有企业在经济总量中占比很大，而且几乎渗透到经济社会的方方面面（REF7）。国有企业与私营企业最大的不同在于，民营企业可以按照市场规则运行，但国营企业则可能不完全按照市场规则运行，因为很多时候国有企业还需要承担更多的社会责任和战略任务（REF8）。这会使得国有企业与民营企业之间形成不对称竞争，从而削弱知识产权保护对民营企业开展科研创新的激励作用。因此，这些中国文化中的特征和经济体系中较高的国有经济占比现象，就可能使得知识产权保护对企业科研投入与创新动力的影响不像文献中那样确定。

在这三个段落中，第一段主要陈述了该科学问题在发达国家中开展的一些研究及其发现，指出"没有在中国研究过"这一缺口，并在段落的最后，提出发达国家的发现可能在中国并不成立的质疑。在第二段和第三段则给出了质疑的理由。这样，本文用中国数据进行检验才有了意义。请注意，这个时候，本文的研究结果不仅对于中国有价值，对于世界范围内其他与中国具有相似文化和经济构成的国家来说，在认识知识产权保护对企业创新的作用这个问题上，也具有重要的参考价值，这就是研究的一般性所在。

（5）文献缺口与贡献不对应

一篇文章中，指出的文献缺口必须能在本文中得以弥补，不能弥补的缺口，就可以不用提出。指出的文献缺口超出了本文实际上能够弥补的范畴，或者反过来，文献缺口与贡献牛头不对马尾，都不妥当。

改造的方法就是把两者对应起来。用一般化的方式来举例：

假设在经过一系列的文献研究之后，研究人员在相关文献中找到多个不足，比如 A、B、C 三方面缺口，但如果在自己的文章中，只能弥补 A，并不能弥补 B 和 C，那么文献缺口的写作就要限制在 A 上，而不要延伸到 B 和 C 上。这当然意味着，本研究也极可能面临着与文献相同的不足——B 和 C 两个缺陷。那要不要在本文中弥补了 B 和 C 两个缺口后再写文章呢？这取决于所具备的条件，以及不弥补 B 和 C 是否会对本文的核心贡献——弥补 A 的价值有影响。如果未弥补 B 和 C 不影响或不显著影响弥补 A 的价值，那 B 和 C 就可以在本研究中被暂时搁置。负责任的作者这个时候可以把没有考虑 B 和 C 的影响放在文章最后一部分——本研究未能回答的问题及未来研究方向，以和读者共享这一远见。如果未弥补 B 或 C 会显著影响弥补 A 的价值，甚至可能得到完全相反的结论，那么，只弥补 A 的文章就不具备发表的条件。

同样，如果自己改进了文献中 A、B、C 三点，也没有在做这些改进时，出现之前研究中没有的缺陷（比如 D）。那么，在写文献缺口时，就要把 A、B、C 三个缺口都写出来，而不是只写其中的一个或两个，除非其中的某个缺口是子缺口。

二、研究计划书的文献综述

本书一直聚焦在期刊文章上，但考虑到本书的潜在读者中会有不少在读硕博士研究生和中青年科研人员，这个群体需要经常性地写研究计划书，因此，有必要专门针对研究计划书中的文献综述写作做一些讨论。

1. 目标与写作原则

　　撰写研究计划书（research proposal）是很多科研活动必不可少的内容，不管是在基础研究还是应用研究中都是如此。研究计划书的核心目标是说服出资方为研究人员拟开展的科研活动提供资助或其他帮助，而做到这一点，就要在计划书中清晰地呈现本研究对文献的贡献，并让评审人员相信申请人对相关问题的文献脉络与进展有清晰的认知，能抓住发展趋势与关键问题。写好其中的文献综述部分就担当着这个不可替代的重任。

　　在讨论前，为避免误解，有必要对两类科研项目的差异先做一点交待。科学研究根据出资方对研究创新性的要求不同可以分为两大类：

　　第一类的出资方十分强调研究的创新性。对于这类研究，出资方要么希望通过研究帮助自己获得竞争优势，要么希望通过研究产生具有公益性的成果，以服务全行业、全社会、全人类。各个国家的自然科学基金或社会科学基金就具有十分明显的创新性特征，很多国内外知名的科研类基金也是如此。正因为强调创新，所以这类研究特别强调对人类已有成果的继承与发扬。[①]

　　第二类的出资方并不在意研究的创新性，只在意基于某些专业技能掌握一些事实、总结一些规律、开发一种产品或平台、收集一些数据等。之所以要资助该研究，多数时候只是因为出资方不具备相应的知识技能和人员配置，或者委托他人做研究在经济和制度上更加合理。因为不强调创新性，所以这类项目在写研究计划书的时候，往往并不需要特别严格的文献传承，也不强调研究的创新性。

---

① 中国国内通常把来自企业或组织委托的竞争性项目归为横向项目，而把来自自然科学基金、社会科学基金、科技部、教育部的项目，以及各级政府部门资助的项目归为纵向项目，后者通常比前者有更多的优惠待遇。但我并不太赞同这种没有实质意义的划分方法，更倾向于根据出资方是否把创新性作为评估申请书的一个必不可少的指标来进行划分。

在中国当前的科研管理体系中，这类研究项目通常被归为横向项目（注意反过来并不成立）。对于这类项目申请的研究计划书来说，文献综述就不那么重要，甚至可以说一点都不重要，重要的是，资助方想要实现的目标，申请人能否帮助他们实现。

本节讨论的研究计划书文献撰写主要针对第一类研究。硕博士的学位论文开题报告也属于此类。

掌握下面两点对于抓住研究计划书文献写作要点至关重要：

第一，研究计划书中的文献综述不同于期刊文章的文献接续。两者的区别我们已经在前面讲到过，这里想要补充的是，研究计划书往往不像期刊论文那样聚焦在一个科学问题上，而是针对某个话题或痛点开展的一系列研究，通常会形成多种形式的成果，比如期刊论文、研究报告、著作、决策参考报告等。对于一些重大、重点项目来说，研究内容覆盖面更加宽泛和系统，远非一篇期刊论文中的科学问题所能涵盖。

第二，研究计划书的评选专家常常来自不同领域。出资方在对研究计划书进行评选的时候，往往会邀请不同领域的专家参与，也就是常说的大同行。这主要是为了避免一项研究设计过于专注自己的小领域而看不到学科自身的缺陷和其他领域的研究进展，但这种做法意味着，一些评审专家可能会因为对该领域不够熟悉而无法准确判断一项研究的选题价值、创新性与贡献。这个时候，计划书中的文献综述部分就成了评审专家判断这些关键点的重要依据。

如果把期刊论文中的文献接续说成是支撑本研究创新与文献贡献的一个点，那么研究计划书中的文献综述就要围绕文献缺口呈现一个具有时间长度和学科跨度的面。时间轴上的长度主要是帮助评审人员抓住本研究针对的话题或痛点的演化趋势、特征，判断申请人选题的意义，学科上的宽度主要是通过呈现不同学科在此话题或痛点上进展与不足，强化本研究所在学科在开展该研究中的优势与不可或缺。

有了这两点认识，研究计划书中文献部分也就有了清楚的写作原则——以研究感兴趣的话题（topic）或痛点（problem）为中心展开，这既包括在时间轴上梳理该话题或痛点的演化，也包括在横截面上向不同学科的延伸，并最终落脚在当前围绕话题或痛点的文献缺口，以及弥补缺口的重要性和紧迫性上。写的好文献综述不仅有助于让评选专家认可这一点，增强对本研究的期待和信心，还经常能让评选专家从中获得新知，拓宽视线与眼界，甚至产生加入此类研究行列的冲动。简而言之，计划书中的文献综述要能先给评审专家进行一些知识铺垫，帮助其更准确地判断本项目的研究价值。

现在，一个实操层面的问题就是，时间轴上应该追溯多远，学科跨度上应该延伸多宽呢？这并没有一致的答案。基本的原则是按照文献的时间轴和与本研究的学科距离进行轻重粗细的安排，时间轴上越早、学科距离上越远的内容，写作上分配的体量就越小，线条就越粗；反之，则体量越大，线条越细。

在学科跨度上还要充分考虑感兴趣的话题或痛点自身的学科特征以及项目设计规模大小。有些话题或痛点涉及十分广泛的学科，比如粮食安全、气候变化、营养健康、乡村振兴、人民生活、生态环境、人工智能等，而有些则具有较窄的学科跨度，比如企业创新、作物营养、能源勘探、动植物育种等。此外，越大的项目通常覆盖面就会越宽、越系统，可能涉及的学科就会越多。因此，在文献写作中，就越需要超越小学科进行文献梳理。

因此，研究人员平时多花写时间学习、思考、理解与积累科学与学科构成体系及划分标准是十分有用的。

2. 常见写作误区与改造

一旦确定了研究计划书中的文献综述的目标与原则，也就知道这类型的文献综述大体要写成什么样了。接下来，就继续讨论一下这类文献写作中常见的误区或存在的问题。上一节有关期刊论文文献接续写作时常见的几个误区在研究计划书中也存在，不再赘述，这里重点补充两类常见问题。

（1）局限在具体科学问题上

研究计划书的文献综述如果局限在具体的科学问题上，往往就无法支撑研究的全部内容与创新。碰到对本研究的领域不够熟悉的评审专家，还会增加其判断本研究价值的难度。这类误区常见的一种表现形式就是，研究人员会先把一个科学问题按照原因与结果拆开，逐一讨论相关文献，然后再合并起来进行讨论。这种写作方法很容易导致文献综述条块化、隔离化，在组织文献材料和写作时，也很难清晰地呈现出文献缺口。

（2）先述后评

很多研究人员在写计划书中的文献综述部分时，喜欢先述后评，也就是先把相关文献逐文或逐类进行复述，但过程中并不对文献进行对比、分析和评判，而是在文献综述的结尾部分，用专门的段落进行总结性评述。

稍有评审经验的人知道，这种先述后评的写法，常常使得评审人员很难判断总结性评述中的观点或表述准确性，想要判断，就不得不返回前面的文献陈述部分寻找相应的证据。这就相当于把对文献评述的结论与证据硬生生分离开了。如果前面的文献陈述内容不多还好，但如果内容十分丰富，这个时候让评审专家从中寻找证据，再逐一判断结尾处的总结性评述是否准确、到位，其难度可想而知，对于本就可能对该领域不够熟悉的评审专家来说，就更加艰难。这样的结果是，要么专家只能对最后的总结性评述姑妄信之，要么就会直接挑毛病否定该研究。

改造的方法很多，没有最好只有更好。我个人更喜欢依据研究选题的发展脉络为主线，述评穿插，甚至以评带述，逐步呈现每个发展阶段出现的主要缺口，以及后续研究如何弥补之前的一些缺陷，但仍有一些缺口没有填上，或者产生了新的缺口，还会在必要的时候，穿插不同学科或领域内的研究，这一方面可以呈现自己对文献发展脉络的整体认知水平，另一方面也能通过恰当的比较，凸显本研究与其他学科在研究此话题或痛点上的互补性或独特优势。

3. 写作举例

下面通过一个长例子来体会一下这类文献综述的写作。假如有一项围绕中国食物浪费的研究计划想重点开展两项内容的研究，一是采用一种新方法估计和推断中国食物浪费严重程度与变化趋势，二是从经济学视角探寻治理食物浪费的有效手段。其文献综述部分就可能写成下面这个样子。为简便起见，我把其中一些不影响理解写作脉络的语句用……替代。

食物浪费不仅可能威胁到一个国家的食物安全，还可能因为其生产中的资源消耗和处理时的污染排放给人类社会可持续发展与生态安全构成巨大挑战。……（REF）。因此，减少食物浪费常常被看做是保障食物安全的 B 计划，也在实现可持续发展目标中被给予厚望。

但这需要首先准确地知道食物浪费的严重程度及其呈现的特征。

遗憾的是，尽管不少学科的研究人员一直试图给出一个准确的估算，但结果却千差万别……比如，A 采用 m 方法测度了……，据此推断中国每年的食物浪费量约为……万吨（REF）。尽管 m 方法有着难以比拟的操作优势，但却可能存在的较大测量误差，为此 B 在……年采用了 n 方法对中国消费端的食物浪费进行了重新估算，得出的结论是……（REF），这几乎是 A 推断结果的……倍。据此，B 建议我国政府和社会各界应该高度关注食物浪费问题，并采取更积极的措施进行治理。

C 则认为 m 和 n 方法都可能面临很大的微观样本选择偏差，从而使得研究结果无法更准确地推断总体，所以他们采用了 k 方法，该方法的基本思路是……，结果发现中国的食物浪费远没有 A 和 B 研究估计的那么严重，只有……（REF）。显然，在食物浪费的严重程度上，学术界至今没有一致性的结论。

　　对食物浪费严重程度估算结果差异大的问题不只在中国如此，在很多发达国家也是如此。……（REF）。由于发达国家通常有较好的全国层面统计数据，这一定程度上提高了其对食物浪费量估计的准确程度，但研究中采取的推算方法与文献中中国学者采取的方法基本一致。这或许可以解释为什么在发达国家不同研究的估计结果也存在很大差异。

　　本研究拟采用大数据方法试图更准确地估算中国每年的食物损耗或浪费量。这一方法可以从……个方面弥补文献中各种方法的不足。更具体的信息将在申请书的第……部分研究方法部分讨论。

　　尽管食物浪费的准确测度上还存在不少困难，但探索造成食物浪费影响因素的研究很早就已经开始。最早的研究甚至可以追溯到二战时期的 D（REF），他们发现，尽管在战争时期各国均把粮食当做重要的战略资源，但也正是因为战争，使得和平时期较好的粮食产后储运环节常常由于基础设施和管理跟不上而造成巨量的损失与浪费。因此，如何避免战争对粮食储运体系的破坏极为重要。

　　在 D 的研究之后，已知文献对粮食浪费的关注程度迅速下降，这一定程度上可能与二战后全球人口的快速增长有关，因为人口的快速增长会使得全球范围内食物短期现象普遍且长期存在（REF）。

　　这种状况在 1990 年由……发布了《全球食物损失与浪费报告》之后出现了根本变化。按照该报告……（REF）。尽管对该报告中的一些食物浪费的估算量，有很多研究并不赞同（如，REF），但不可否认，自该报告公布以来，学术界开始围绕着浪费量、产生的后果及其影响因素等掀起了一个小高潮，形成了不少研究成果。

　　这些研究来自不同的学科，并各有侧重。其中，资源或生态学家把食物本身作为研究对象，侧重于考察整个食物供给链条上形成的食物浪费量，并在生命周期理论的框架下，对食物浪费的资源消耗与环境影响进行估算（如 REF），但这类研究很少深入讨论和识别造成食物损耗或浪费的原因。工程装备与加工储藏科学领域的研究人员则以农产品收获、加工、储运各个环节上的工程装备、设备为研究对象，研究技术与装备改进对减少供给链条上食物浪费的影响，如改进烘干设备（REF）、采用冷链运输（REF）、开发大型仓库温度智能控制技术（REF）等。这些研究并没有把处在供给链终端的餐饮机构和居民家庭的食物加工与储藏过程中的损耗或浪费纳入其研究范畴。管理学的研究人员则考察如何通过改进供应链管理水平与效率降低农产品与食物供给链上各环节上产生的食物浪费量，他们发现，企业通过建立稳定的上下游合作关系和建立科学的物流监测与动态预警系统可以显著降低供给链上的食物损耗（REF）。

不同于这些领域的研究，经济学领域研究人员则把从田间到餐桌的所有行为主体作为研究对象，试图通过收集微观主体层面的数据，并采用各种统计与计量分析方法，定量研究食物损失或浪费背后的行为动机与原因。与其他学科不同的是，经济学家通常假定行为主体都具有经济理性，也就是说，即便是产生食物浪费，也是在经济上最理性的选择，因此，减少食物浪费就必须分析其背后的基本经济机制。

按照微观主体的不同，这些研究大体可以分为三大类，分别是农户、企业（包括涉农产品和食品的各类企业及餐饮机构）和消费者。以农户为主体的研究主要关注田间管理与农户销售之前产生的农产品损失与浪费。如：……发现……（REF）；……发现……（REF）。

以企业为主体的研究要少得多，一定程度上可能与企业数据的收集难度大有关系，这或许也能解释为什么有限的几个研究全部采用案例研究法的原因，如：……研究发现……（REF）；……认为……（REF）。

相较于农户和企业，以消费者为主体开展的食物浪费研究要多得多，基本上都是通过微观调研数据，进行定量的统计和计量分析，目标是探寻消费终端上食物浪费产生的影响因素。H通过研究……表明……、……和……是导致家庭食物浪费的主要原因（REF）；I在H的基础上，进一步考察了……的影响，发现……，这意味着H的研究结果可能高估了……在食物浪费中的作用（REF）。考虑到H和I中采用的模型都存在较严重的内生性问题，J采用……和……的方法，再次对……进行了研究，结果表明，如果不处理……变量的内生性问题，就可能导致严重高估……变量在家庭食物浪费产生中的贡献（REF）。

不同于J，K和M在各自的研究中采取了……的方法解决……变量的内生性问题，他们的研究结果却与J完全相反（REF）。他们认为所用数据不同可能是其中的原因。但这从理论上并不成立，因为这三项研究都利用了来自……的数据，而且抽样方法和样本量都能满足统计推断的可靠性。这就意味着，对内生性问题处理的方法不同可能并非唯一导致其结论不同的原因。尽管在这三个研究之后仍有不少研究关注消费者层面上的食物浪费及其影响因素，但都没有沿着J、K、M继续深入探索为什么他们的结果不一致。

值得注意的是，尽管已知的实证文献均一致地发现……和……会导致显著的食物浪费，但由于每项研究的实证模型设定都不相同，所以从理论上并不能认为这些实证上一致的结论是可靠的，比如，所有这些研究可能共同遗失了重要的解释变量。

因此，从理论上构建消费者食物浪费的行为模型十分重要。但在已知的范围内，至今并没有一项研究构建这样的理论模型。这一定程度上解释了为什么不同研究在变量选择上存在很大差异，也导致在不同研究之间进行比较变得十分困难，甚至完全不可能，在同一总体中得出不同结论也就在所难免。

三、综述类文章

这一节我们简单讨论综述类文章的写作。开始前，先讲解一下研究人员应当写给自己的文献报告，因为综述类文章写作需要大量这样的文献报告作为支撑。

1. 文献报告

此处的文献报告是指研究人员在文献研读过程中写给自己的一份总结报告，其基本内容是研究人员对文献云图和重点文献记录表的分析结果概述，目标是帮助研究人员提纲挈领地记录文献的构成、发展脉络、特征、缺陷等。

在日常学习和工作中，很多人并没有写这种报告的习惯，但如果我们这样做了，就一定会发现其在科研实践中有很多好处，突出体现在三方面：

一是，帮助研究人员高效地记录文献研究和文献分析的成果，不至于忘记，还便于随时回看，并从中得到不同的启发。在学术研究领域，随着时间的推移，每个人读过的文献都会十分丰富，这其中很多在我们完成一个计划书的写作或完成一些论文的发表后就少有机会再涉及。如果不用文字形式记录下来，久而久之，就很容易被遗忘。

二是，方便研究人员在论文或研究计划书写作中随时调取文献观点与来源，甚至可以直接复制部分记录的内容（当然是自己写在文章报告中的内容）。

三是，随着文献积累，该报告会越来越丰富，这可以帮助研究人员在更长的视距和更宽的视野下看到局部看不到的发展脉络、存在缺陷等，进而为开展文献综述类的研究和论文写作奠定基础。

因为文献报告完全是写给自己的，所以并没有什么确定的形式，只要方便研究人员记录、总结，并能够在需要的时候，随时调取就可以了。

2. 综述类文章

综述类文章，也就是英文中的 review paper，是一种常见的学术论文类型。

先来强调一下综述类文章与前面讨论的文献接续和文献综述的区别。简言之，一篇文章中的文献接续的目标是为了呈现文献缺口，为研究人员接下来如何在论文中弥补缺口提供支撑；一项研究计划书中的文献综述是在呈现缺口的基础上，还要帮助评审人员更准确地判断研究计划书的选题是否恰当、研究的价值，甚至判断研究取得突破的可能性。因此，这两类文献都是服务本论文或本研究的。综述类文章却主要是服务于他人，特别是服务于学术界。那么，综述类文章能给学术界提供什么？

回答这个问题前，我想先举一个例子解释一下我心目中的综述类文章。

想象一下，我们刚接手了一副未完成的画，画面上除了一些已经完成或半完成的绿叶和花朵外，别无他物。对于很多人来说，想要在这样的基础上继续画下去是十分困难的，因为我们可能完全不知道要画成什么样子，也不知道已经画出来的这些绿叶和花朵之间有什么规律与联系，甚至无法判断哪些绿叶或花朵可能画得不当。

这个时候，就需要绘画老师帮着指点一下，比如，指出已经画完的绿叶与花朵之间可能存在的某种我们看不出来的规律，描绘一下可能成型后的样子，以及为了完成剩下的部分，需要修改哪些完成的地方、需要补充哪些内容等。

这个负责指点的人，也许一开始就知道要画一幅什么画，比如一簇牡丹或几株海棠，也许只是从已完成的绿叶和花朵中判断出这可能是月季花。无论哪种情况，这个人都具备一种能力，就是给接手这幅画的人一些接下来该怎么办的建议或分享一些看法。

写一篇综述类文章的作者就扮演着这个绘画老师的角色。

基于这个例子，就比较容易理解一篇综述类文章到底要给学术界提供什么了，主要有四方面内容：

（1）描绘出过去与未来的文献脉络

这就像前面例子中的绘画老师一样，综述类文章的作者需要围绕某个痛点、话题或方法告诉学术界未来"完成的"文献整体"可能的样子"，这就既要能看到已有文献的样子，也要能"设想"出未来文献的样子。之所以说"可能的样子"是因为和绘画一样，综述类文章描绘的脉络或蓝图并非是唯一的、固定不变的样子，这就像通常情况下绘画创作没有规定画成什么样子一样，毕竟一千个人心中就有一千个哈姆雷特，综述类文章也只是照着绘画老师心目中的样子给出的文献蓝图，仅供研究人员参考。

描绘文献脉络当然离不开主线。综述类文章中的主线和其他经济学期刊论文一样需要从一个痛点或话题开始，因此也不能缺少想回答的主要科学问题，只是与常规论文（regular article）相比，综述类文章通常会涵盖多个科学问题，其中或许有一个处在中心位置的关键科学问题，也或许没有。即便在后一种情况下，作者也会在文章中试图用某种方式把各个同样重要的科学问题进行有机结合，使之成为一个整体。这就像一幅画可以有多个场景，但彼此之间一定不是完全割裂的。有需要的读者可以回看一下第八章第四节讨论的文献树。

需要强调的是，多数时候综述类文章描绘的只是由有机地联系起来的主线构成的结构性草图（sketch），而不是"完成"的作品。换言之，综述类文章的作者多数时候会在文章中留白，待学术界进一步填补，这正是综述类文章服务于学术界的一个重要表现，也是这里讲的"主线"的真实含义。

（2）看到单篇文献看不到的认知与不足

如果文献中围绕着某个主题已经形成了 A、B、C 三个结论，那么通过综述文献，就要力争看到 A、B、C 之外的其他认知，而不只是 A、B、C 的罗列或某种方式的串联。即便是串联，其目标之一也是力图通过串联看到单篇文献看不到的研究发现。比如，三篇回答相同科学问题的文献可能给出不同的答案，通过文献研究，就不仅要能看到结论的不同，还要努力看到为什么结论不同。如果给出的原因在逻辑上是严谨的，对文献中的不同结论的解释是成立的，这样的认知就有可能成为超越单篇文献的新知了，值得进一步研究验证。

除了新知，识别出既有文献中存在的明显不足，甚至是错误，也是综述类论文给学术界的重要贡献。这就像是绘画老师要指出已完成的绿叶或花朵中哪些画得不当或不对一样。如果不修改或纠正这样的不当，就可能给后续研究和整体的发展造成干扰，甚至把未来研究引向歧途。

（3）分析并指出未来研究的方向与重点

综述类文章还要根据描绘的脉络或蓝图给出未来研究中需要补充的方向与重点研究领域。这无疑是此类文章对文献最核心的贡献所在。不同于从既有文献中梳理出一些特征规律和不足，看到文献中从来没有研究过的区域更加不容易，这需要研究人员具备很强的预见力、想象力、洞察力和构图感。

只对过去文献进行梳理，却不能指出未来研究的方向与重点的文献综述充其量只是一个升级版的文献报告。同样，只强调未来研究的方向与重点，而缺乏对既有文献的深刻梳理，就会因为缺乏与过往研究必要的联系与传承，而使得对未来研究方向与重点的判断缺乏学理上的支撑。

显然，写好综述类文章不仅仅需要研究人员能够熟练而灵活地掌握本书讨论的文献研读理论与方法，更需要研究人员具备扎实的学科理论基础。既存的文献就像是一幅半成品画作中已完成的绿叶或花朵，其形态、样式各有不同。理论的一般性能帮助研究人员不受制于单篇文献，理论自身的延展性也有利于研究人员从一个点出发向前或向后"顺藤摸瓜"地找出主线，绘出蓝图。

就此点而言，综述类文章多数时候对新人有很大挑战。多数新人往往对理论与知识的把握是点状的，知识结构和系统意识都还比较欠缺，只有随着研究实践与知识积累，理论与认知才会逐渐由点到线、由线到面，最后延展到体和系统，这个时候，研究人员对一个特定主题的审视视角才能上升到一定高度，眼光才能深入到一定深度，眼界才能覆盖足够的宽度，从而看到从单篇文献中看不到的规律、趋势、特征等。这样形成的文献综述才真正对学术界、对未来研究的突破具有指导性意义。

结 语

马克思主义具有鲜明的实践品格，不仅致力于科学"解释世界"，而且致力于积极"改造世界"。

坚持问题导向是马克思主义的鲜明特点。问题是创新的起点，也是创新的动力源。

人们必须有了正确的世界观、方法论，才能更好观察和解释自然界、人类社会、人类思维各种现象，揭示蕴含在其中的规律。

——习近平

科学在人类漫长的社会实践中诞生，并自诞生之日起，就不断帮助人类认识自我、突破自我，帮助人类与周遭世界和谐相处、演化共生。这就需要人类不断观察世界、解释世界，并利用蕴含在其中的规律来改造人类自身与周遭世界。改造令人不舒服、不和谐的资源利用与分配，就是经济学作为科学重要组成部分的根本使命。

这就不可避免地涉及"改不改？""向哪改？"和"怎么改？"三个基本问题，这其中，对前两个问题的回答都离不开立场与价值判断。没有清晰的立场与价值判断，就等于不知道"为谁改？"，也就无从判断痛点是否真是痛点，更无从确定改造的方向，研究就失去了目标。

但是，读者已经注意到，在本书几乎所有章节中，现实痛点基本上被我假定成了"路人皆知"且无须争论的"共识",并把揭示和改造痛点的讨论基本置于现代西方经济学的框架下。问题是,这还能体现立场与价值判断在经济学研究中的决定性作用吗?这样的经济学研究还能解释和指导中国改革开放四十多年来的经济发展与实践吗?

对这些问题,我至今并没有清晰的答案,只有一些直觉和疑惑想和大家分享。

第一,现代西方经济学在立场上值得认真推敲。在立场上,现代西方经济学强调要站在本书贯穿始终的市场主体的立场上,也就是资源所有人立场上。但是,资源所有人的资源(包括自然禀赋与人类创造的财富)从哪里来的呢?对这个问题,现代西方经济学的办法是用私有制赋予其合法性,但似乎并不想追问其源头。这就使得现代西方经济学框架下的资源所有人实际上是资源"占有人",而不一定是资源"创造人"。但从佩蒂到斯密,再到马克思,都认为劳动是价值创造的唯一源泉,换言之,只有劳动者才是资源的真正创造人,即便是自然禀赋,在转化成人类可以消费的产品前,也需要付出必要的劳动,比如打猎、采集野果、伐木、采矿等,还要承担很多甚至可能威胁到生命的风险,更不要说人类创造的财富。因此,用资源所有人立场替代价值创造人立场,就有了偷梁换柱、浑水摸鱼之嫌。

第二,现代西方经济学的价值判断可能存在狭隘性。在价值判断上,现代西方经济学假定每个资源所有人都是理性经济人,其行为目标就是个人利益最大化。这就相当于把研究对象局限在可交换或可货币化的一般商品或服务内,从而把经济利益之外所有影响行为主体选择偏好的其他价值判断排除在外。在我学习和利用现代西方经济学的理论与方法体系开展研究的前十多年里,对用经济利益作为基本和唯一的考量这一点,曾一度十分笃定。但近年来,我常常在思考一个问题:既然"利"如此重要,为什么在我们国家几千年文化传统与治国理念（比如广为人知且影响深远的"仁、义、礼、智、信"）却偏偏把"利"排除在外呢？如果我们像现代西方经济学那样信奉"利"字当头，那在逻辑上和经济学研究的实践中，不就相当于把"利"放在比"仁、义、礼、智、信"都更重要的位置上了吗？是我们历史上的治国理念全错了？还是"资源利用"根本不属于"治国理政"范畴？显然都不是。那反过来，把"利"作为配置资源的唯一价值判断是不是就过于狭隘了？

事实上，在我们今天的社会活动中，不管是在宏观决策还是微观决策中，经济利益多数时候只是一个非常重要而非唯一的参考指标。我们的很多行为遵循生物本能（斯密，2020；Kahneman and Tversky，1979），也有很多行为仅仅是习惯或基于习俗，甚至基于个人不经意也无须经意的公德，比如尊老爱幼、和睦邻里、珍惜生命、不好吃懒做、不恃强凌弱等。很多时候，即便决策者想考虑经济因素，也常常不会忽视政治取向（Stigler，1982）。同时，经济社会的复杂性和经济指标短期内的不可得性也常常迫使决策者转而依赖经济因素之外的其他因素进行判断，比如投资子女教育，我们很少有听到父母亲会先认认真真核算上学的投资回报，再来决策是否继续让孩子上学；当新型冠状病毒感染疫情突然爆发的时候，要不要立刻采取严格的管控措施甚至封城？这样的决策别说在短时期内不可能做出可靠的经济评估，就是能够给出经济评估，也要同时结合大量其他方面的考虑。把人民的生命健康放在第一位就是在这样的情形下做出的选择。

第三，或许是时候跳出现代西方经济学的框架体系，探索构建在立场与价值判断上更具包容性的经济学体系。毋庸置疑，现代西方经济学自引入中国以来，在指导中国的市场化改革和推动中国经济的高速发展中，在推动中国经济与世界经济的接轨上，在培养具有科学精神的经济学人才方面，都发挥了历史性的作用。但这不等于说，发源并繁荣于西方发达国家的现代西方经济学体系一定就最合适中国，甚至一定适合其发源的西方国家（Veblen，1898，1899）。事实上，失败的案例不胜枚举。市场在提高资源配置效率的同时，也带来了贫富差距拉大、周期性过剩等各种新的社会问题（皮凯蒂，2014）。

显然，市场经济有其适用条件，现代西方经济学的理论体系需要借鉴和改造。在中国，这就要在让市场在资源配置中发挥决定性作用的同时，坚持和发展中国特色社会主义，坚持以马克思主义为指导，解决改造世界"为谁改？""向哪改？"这样的立场问题；这就要在构建和完整中国特色社会主义市场经济理论体系时，坚持扎根中国的传统文化，研究多元价值判断在资源利用与分配中的作用与包容性，更要坚持用科学的语言讲好中国故事，让中国经济发展的实践经验与中国特色的经济理论用科学的方式服务于全人类。

现在，我想请读者再读一遍结语的引语：

马克思主义具有鲜明的实践品格，不仅致力于科学"解释世界"，而且致力于积极"改造世界"。

坚持问题导向是马克思主义的鲜明特点。问题是创新的起点，也是创新的动力源。

人们必须有了正确的世界观、方法论，才能更好观察和解释自然界、人类社会、人类思维各种现象，揭示蕴含在其中的规律。

这是习近平同志 2016 年 5 月 17 日在哲学社会科学工作座谈会上的讲话中的三句话。我用这三句话来结束本书，盖因深以为然且深受感动。

参考文献

小罗伯特·埃克伦德，罗伯特·F. 赫伯特. 2017. 经济理论与方法史 [M]. 北京：中国人民大学出版社.

唐·埃思里奇. 1998. 应用经济学研究方法论 [M]. 朱钢 等译. 北京：经济科学出版社.

戴维·罗杰·奥尔德罗伊德. 2008. 知识的拱门——科学哲学和科学方法论历史导论 [M]. 顾犇，郑宇建，郏斌祥，蒋斌译. 北京：商务印书馆.

范内瓦·布什等. 2004. 科学：没有止境的前沿 [M]. 范岱年，解道华 等译. 北京：商务印书馆.

洪永淼. 2016. 马克思主义政治经济学、西方经济学与中国经济学的内涵及其相互关系 [EB/OL]. 厦门大学邹至庄经济研究院官网. https://chowcenter. xmu.edu.cn/info/1094/19941.htm.

洪永淼，汪寿阳，任之光，薛涧坡，钟秋萍，钟锃光. 2021. "十四五" 经济科学发展战略研究背景与论证思路 [J]. 管理科学学报，24(2):13.

洪永淼，汪寿阳. 2020. 数学、模型与经济思想 [J]. 管理世界，10:12.

哈里利·纪伯伦. 2021. 先知 [M]. 蔡伟良 译. 北京：中信出版社.

经济合作与发展组织. 2010. 弗拉斯卡蒂手册：研究与试验发展调查实施标准 [M]. 张玉勤 译. 北京：科学技术文献出版社.

芭芭拉·凯姆勒，帕特·托马斯. 2020. 如何指导博士生学术写作：给导师的教学法 [M]. 陈淑华 译. 上海：上海交通大学出版社.

林毅夫. 1995. 本土化、规范化、国际化——庆祝《经济研究》创刊 40 周年 [J]. 经济研究，10:5.

林毅夫. 2001. 经济学研究方法与中国经济学科发展 [J]. 经济研究，4:8.

林毅夫. 2018. 经济学家要做政策研究，也要进行理论创新 [J]. 金融经济，12:2.

罗必良. 2020. 构建"三农"研究的经济学话语体系 [J]. 中国农村经济，7:22.

卡尔·马克思.2018. 资本论 [M]. 第一卷. 中共中央马克思恩格斯列宁斯大林著作编译局编译. 北京：人民出版社.

劳伦斯·马奇，布兰达·麦克伊沃. 2020. 怎样做文献综述——六步走向成功 [M]（第 2 版）. 高惠蓉，陈静，肖思汉 译. 上海：上海教育出版社.

托马斯·皮凯蒂. 2014. 21 世纪资本论 [M]. 巴曙松，陈剑，余江，周大昕，李清彬，汤铎铎 译. 北京：中信出版社.

路德维希·米塞斯. 2020. 经济科学的最终基础——一篇关于方法的论文 [M]. 朱泱 译. 北京：商务印书馆.

钱颖一. 2002. 理解现代经济学 [J]. 财经科学，S1:8.

保罗·萨缪尔森，威廉·诺德豪斯. 2012. 经济学 [M]. 北京：商务印书馆.

亚当·斯密. 2020. 道德情操论 [M]. 蒋自强，钦北愚，朱钟棣，沈凯璋 译. 北京：商务印书馆.

孙立冰. 2020. 论中国经济学现代化的马克思主义发展道路——质疑洪永淼西方经济学中国化观点 [J]. 马克思主义研究，6:14.

田国强. 2005. 现代经济学的基本分析框架与研究方法 [J]. 经济研究，2:13.

田国强. 2016a. 现代经济学的本质（上）[J]. 学术月刊，8:5-15.

田国强. 2016b. 现代经济学的本质（下）[J]. 学术月刊，8:5-15.

王国刚. 2017. 坚持问题导向，推进中国经济学研究的创新发展 [J]. 经济研究，5:3.

习近平. 2016. 在哲学社会科学工作座谈会上的讲话 [C]. 人民日报，2016-05-17，2.

杨瑞龙. 2019. 新中国成立 70 年来经济学研究范式的演变与创新 [M]. 经济理论与经济管理，11.

杨瑞龙. 2021. 构建中国经济学的微观分析基础 [J]. 经济学动态，3:10.

张黎. 2008. 怎样写好文献综述——案例与评述 [M]. 北京：科学出版社.

周新年. 2019. 科学研究方法与学术论文写作 [M]（第二版）. 北京：科学出版社.

朱富强. 2013. 从方法导向到问题导向：现代经济学研究范式的转向 [J]. 中国人民大学学报，2:9.

BANKS, JAMES, RICHARD BLUNDELL, ARTHUR LEWBEL. 1997. Quadratic Engel curves and consumer demand[J]. The Review of Economics and Statistics, Vol. LXXIX, No. 4: 527-539.

GOMORY, RALPH, ROLAND SCHMITT. 1988. Science and product[J]. Science, 240(4856):1131-1204.

GOODSON, PATRICIA，2016. Becoming an academic writer: 50 exercises for paced, productive, and powerful writing[M]. 2nd Ed., SAGE Publications, Inc..

HART, CHRIS, 2018. Doing a literature review: releasing the research imagination[M]. 2nd Ed., SAGE Publications Ltd..

HOBHOUSE, LEONARD T., 1911. Liberalism[M]. History of Economic Thought Books, 4(3), pp.185-186.

KAHNEMAN, DANIEL, AND AMOS TVERSKY, 1979. Prospect theory: an analysis of decision under risk[J]. Econometrica，47(2), 263-292.

LADD, GEORGE W, 1987. Imagination in research: an economist's view[M]. Iowa State University Press.

MCCLOSKEY, DEIRDRE N, 2019. Economical writing：thirty-five rules for clear and persuasive prose[M]. 3rd Ed., Chicago: University of Chicago Press.

RIDLEY, DIANA, 2012. The literature review: a step-by-step guide for students[M]. 2nd Ed., SAGE Publications Ltd..

ROMER, PAUL M., 2015. Mathiness in the theory of economic growth[J]. American Economic Review, 105(5), 89-93.

STIGLER, GEORGE, 1982. The economist as preacher and other essays[M]. Chicago: University of Chicago Press.

STOKES, DONALD, 1997. Pasteur's quadrant: basic science and technological innovation[M]. Washington, DC: Brookings Institution Press.

VEBLEN, THORSTEIN, 1898. Why economics is not an evolutionary science [J]. Quarterly Journal of Economics, Vol. 12:373-426.

VEBLEN, THORSTEIN, 1900.Why economics is not an evolutionary science[J]. Quarterly Journal of Economics, Vol. 14 :240-269.

VEBLEN, THORSTEIN, 1899. The perconceptions of economic science [J]. Quarterly Journal of Economics, Vol.13:121-150, 396-426.

VEBLEN, THORSTEIN, 1899.The perconceptions of economic science[J]. Quarterly Journal of Economics, Vol.14:240-269.